用友 ERP 系列丛书·用友 ERP 认证系列实验用书

用友ERP财务管理系统实验教程(U8 V10.1 版)

王新玲 李孔月 康 丽 编著

清华大学出版社
北 京

内 容 简 介

本书以突出实战为主导思想，以一个企业单位的经济业务为原型，重点介绍了信息环境下各项业务的处理方法和处理流程，书中为读者贴身定做了十几个实验并提供了实验准备账套和结果账套，每个实验既环环相扣，又可以独立运作，适应了不同层次教学的需要。

本书共分8章，第1章和第2章介绍了用友ERP-U8 V10.1管理软件的使用基础——系统管理和基础设置；第3~8章分别介绍了ERP财务管理系统中最重要和最基础的总账、报表、薪资管理、固定资产、应收款管理和应付款管理6个模块的基本功能，并以实验的形式介绍了6个模块的使用方法。

本书是用友ERP认证系列实验用书，也可以作为普通高等院校本科和专科会计以及经济管理等相关专业的教学实验用书。

图书在版编目(CIP)数据

用友ERP财务管理系统实验教程：U8 V10.1版/王新玲，李孔月，康丽　编著. —北京：清华大学出版社，2013.5（2018.9重印）

（用友ERP系列丛书·用友ERP认证系列实验用书）

ISBN 978-7-302-32234-4

Ⅰ. ①用… Ⅱ. ①王… ②李… ③康… Ⅲ. ①企业管理—供应链管理—计算机管理系统—教材 Ⅳ. ①F274-39

中国版本图书馆CIP数据核字(2013)第084541号

责任编辑：刘金喜
装帧设计：唐　宇
责任校对：成凤进
责任印制：李红英

出版发行：清华大学出版社
　　　　　网　　　址：http://www.tup.com.cn，http://www.wqbook.com
　　　　　地　　　址：北京清华大学学研大厦A座　　　　　　　　　邮　　编：100084
　　　　　社 总 机：010-62770175　　　　　　　　　　　　　　　邮　　购：010-62786544
　　　　　投稿与读者服务：010-62776969，c-service@tup.tsinghua.edu.cn
　　　　　质 量 反 馈：010-62772015，zhiliang@tup.tsinghua.edu.cn
　　　　　课 件 下 载：http://www.tup.com.cn，010-62794504
印 装 者：清华大学印刷厂
经　　销：全国新华书店
开　　本：185mm×260mm　　　　　印　　张：16.5　　　字　　数：391千字
　　　　　（附光盘1张）
版　　次：2013年5月第1版　　　　　印　　次：2018年9月第14次印刷
定　　价：45.00元

产品编号：053497-02

序

用 ERP 武装中国企业

中国企业在经历了"发挥劳动力成本优势"、"装备现代化"两个发展阶段后，现在正进入以应用 ERP 为代表的"企业信息化"发展阶段，并为"自主技术与产品研发"阶段建立基础。

ERP(企业资源计划)系统是当今世界企业经营与管理技术进步的代表。对企业来说，应用 ERP 的价值就在于通过系统的计划和控制等功能，结合企业的流程优化，有效地配制各项资源，以加快对市场的响应，降低成本，提高效率和效益，从而提升企业的竞争力。

在发达国家，ERP 从 20 世纪 90 年代中期开始普及。中国从 20 世纪 80 年代开始导入 ERP 的前身 MRP 及 MRPII，经过导入期和发展期，现在开始进入 ERP 普及应用时期。在 ERP 普及时代，ERP 将不只是少数大型企业的贵族式消费，而是更多企业(包括中小企业)的大众化应用。

在中国 ERP 的发展时期，国产 ERP 产品和服务能力得到了长足发展。国产 ERP 以其产品结合中国和亚洲商业环境与管理模式、技术上的后发优势、深入的服务网络以及良好的性价比在中国和亚洲市场逐步成为主流，将对中国 ERP 的普及发挥主力军作用。

在 ERP 普及时代，企业需要大量的 ERP 应用人才，全社会需要 ERP 知识的广泛普及。用友公司作为中国 ERP 应用市场最大的软件及服务提供商，不仅把推动 ERP 在中国企业普及作为其商业计划，更作为全体用友人的历史使命和共同追求的事业。出版"用友 ERP 系列丛书"就是用友普及教育计划的一个重要组成部分。

ERP 应用是中国企业继装备现代化("硬武装")之后的又一次武装("软武装")。我们期待着 ERP 在中国企业的普及应用，能够使千百万中国企业的经营与管理水平获得一次历史性的进步，中国企业在全球市场的竞争力实现跨越式提升。

用友软件股份有限公司董事长兼总裁

前　言

　　企业信息化的全面推进，引发了新一轮对企业信息化人才的强势需求。ERP(企业资源计划)系统融先进管理思想、最佳企业业务实践于一体，受到企业界的广泛关注，几乎成为企业管理软件的代名词。作为中国最大的企业管理 ERP 软件供应商，用友 ERP 在国内得到了最广泛的应用。正是洞悉了企业对 ERP 应用人才的迫切需求，用友软件于 2003 年推出了面向社会大众的"用友 ERP 认证"，旨在普及 ERP 教育，提升学员的 ERP 应用技能，帮助企业建立遴选 ERP 应用人才的标准。

　　用友软件根据市场的用人需求，结合多年行业应用经验，设置了具有前瞻性和实用性的培训课程，既有理念体系贯穿其中，展示 ERP 蕴含的先进管理思想，又有大量实用技能的培训，使您熟练掌握 ERP 应用技术，具有利用 ERP 系统管理企业业务的能力。

　　为了规范认证业务，用友软件组织了相关行业专家、院校教师和实施顾问等，成立了用友 ERP 认证课件编写组，收集了大量资料及企业案例等，精心策划、共同开发了用友 ERP 认证系列实验用书，本书即为其中之一。

　　本书从企业应用的实际出发，遵循由浅入深、循序渐进的原则，力求通俗易懂，便于操作。读者可以通过每一个实验亲自体验 ERP 财务管理系统的功能，掌握其功能特点及应用方式，提高信息化环境下的业务处理能力。

　　本教程共分 8 章，以用友 ERP-U8 V10.1 为实验平台，以一个单位的经济业务贯穿始终，分别介绍了 ERP 财务管理系统中最重要和最基础的总账、报表、薪资管理、固定资产、应收款管理和应付款管理 6 个子系统的应用方法。每章的内容都包括功能概述、实验目的与要求及教学建议，每个实验都包括实验准备、实验要求、实验资料和实验指导。

- 功能概述主要介绍各个系统的基本功能。
- 实验目的与要求部分明确了通过该实验应该掌握的知识点。
- 教学建议中提示了在教学过程中应该注意的问题和建议的教学时间。
- 实验准备部分指出了为了完成本实验应该准备的数据环境。
- 实验要求部分对实验内容提出了具体要求。
- 实验资料部分提供了企业业务数据作为实验的背景资料。
- 实验指导部分针对实验要求和实验资料具体描述了完成实验的操作步骤，并且给出了操作中应该注意的重点问题。

　　本书附录提供了一套综合实验，以检验学员是否掌握了实验教程中所讲述的内容。

　　本书附一张 DVD 光盘，包括三部分主要内容：用友 ERP-U8 V10.1 教学版安装程序、实验账套和教学课件。

本教程既可以作为用友 ERP 认证培训教材,又可以作为普通高等院校本科和专科会计所开设的会计信息系统的实验用书,还可以单独使用。使用对象是希望了解会计信息化的广大企业的业务人员、高等院校经济管理专业的学生和教师。

本书内容及结构由用友 ERP 认证课件编写组集体讨论确定。王新玲编写第 1~3 章,李孔月编写第 4~6 章及附录,康丽编写第 7 章和第 8 章。此外,参加编写工作的还有李冬梅、王晨、王贺雯、石焱、吕志明、张霞、宋郁、吴彦文、辛德强、陈利霞、张冰冰、王腾、房琳琳、周宏、赵建新、张恒嘉、彭飞、汪刚、李静宜、何晓岚、张琳、刘金秋、陈江北等。本书在编写过程中得到了用友新道科技有限公司的大力支持,在此表示衷心的感谢。

服务邮箱:wkservice@vip.163.com。

编 者
2013 年 1 月

光盘使用说明

欢迎您使用《用友 ERP 财务管理系统实验教程(U8 V10.1 版)》(以下简称"实验教程"),此实验教程光盘中所附的内容包括用友 ERP-U8 V10.1 教学版软件、实验账套和教学课件。光盘中的备份账套是实验得以顺利操作的保证。

1. 用友 ERP-U8 V10.1 软件安装

该实验教程是在"用友 ERP-U8 V10.1"系统中进行操作的,您必须在计算机中安装用友 ERP-U8 V10.1 教学版软件,然后进行实验的操作。

用友 ERP-U8 V10.1 的安装方法和设置请参见光盘中的"U8 V10.1 安装说明.doc"文档。

2. 账套使用方法

光盘中的备份账套均为"压缩"和"只读"文件,应首先将相应的压缩文件从光盘复制到硬盘中,再用解压缩工具进行解压缩(建议用 WinRAR 3.42 或以上版本进行解压缩),得到可以引用的相应账套。引入账套之前,需将已解压到硬盘中的账套备份文件的"只读"属性去除,否则将不能引入相应的账套。

您可以在做实验前引入相应的账套,也可以将实验结果与备份账套相核对以验证实验的正确性。

3. 教学课件

为便于教学,本书所附光盘中提供了本实验教程的教学课件,任课教师可根据授课时的具体情况选择使用,以提高教学效率。

目　　录

第1章

系 统 管 理

功能概述

系统管理的主要功能是对用友 ERP-U8 管理系统的各个产品进行统一的操作管理和数据维护，包括以下内容。

- ◆ 账套管理：账套指的是一组相互关联的数据，每一个企业(或每一个独立核算部门)的数据在系统内部都体现为一个账套。账套管理包括账套的建立、修改、引入和输出等。

- ◆ 年度账管理：在用友 ERP-U8 管理系统中，每个账套里都存放有企业不同年度的数据，称为年度账。年度账管理包括年度账的建立、引入、输出和结转上年数据，清空年度数据等。

- ◆ 用户及权限的集中管理：为了保证系统数据的安全与保密，系统管理提供了用户及其功能权限的集中管理功能。通过对系统操作分工和权限的管理，一方面可以避免与业务无关的人员进入系统，另一方面可以按照企业需求对各个用户进行管理授权，以保证各负其责。用户及权限的集中管理主要包括定义角色、设定系统用户及设置用户功能权限。

- ◆ 系统运行安全的统一管理：系统管理员要对系统运行安全负责，在系统管理中，可以对整个系统的运行过程进行监控、清除系统运行过程中的异常任务、设置系统自动备份计划等。

实验目的与要求

系统地学习系统管理的主要功能和操作方法，理解系统管理在用友 ERP-U8 系统中的重要地位，掌握在系统管理中设置用户、建立企业账套和设置用户权限的方法，熟悉账套输出和引入的方法。

教学建议

建议本章讲授 2 课时，上机实验 2 课时。

实验一　系统管理

实验准备

已安装用友 ERP-U8 管理软件，将系统日期修改为"2014 年 1 月 1 日"。

实验要求

- 增加用户
- 建立账套(不进行系统启用的设置)
- 设置用户权限
- 设置备份计划
- 将账套修改为有"外币核算"的账套
- 账套备份

实验资料

1. 用户及其权限(如表 1-1 所示)

表 1-1　用户及其权限表

编号	姓名	口令	所属部门	认 证 方 式	角　色	权　　限
001	周健	1	财务部	用户+口令(传统)	账套主管	账套主管的全部权限
002	王东	2	财务部	用户+口令(传统)		除"恢复记账前状态"的总账权限、公共目录设置权限
003	张平	3	财务部	用户+口令(传统)		总账系统中出纳签字、查询凭证及出纳的所有权限

2. 账套信息

账套号：300

单位名称：北京华兴股份有限公司

单位简称：华兴公司

单位地址：北京市海淀区花园路甲 1 号

法人代表：杨文

邮政编码：100088

税号：100011010266888

启用会计期：2014 年 1 月

企业类型：工业

行业性质：2007 年新会计制度科目

账套主管：周健

基础信息：对存货、客户进行分类

分类编码方案：

科目编码级次：4222

客户分类编码级次：123

部门编码级次：122

存货分类编码级次：122

收发类别编码级次：12

结算方式编码级次：12

3. 自动备份计划

计划编号：2014-1

计划名称：300 账套备份

备份类型：账套备份

发生频率：每周

发生天数：1

开始时间：18:00

有效触发：2

保留天数：0

备份路径：C:\账套备份

账套：300 北京华兴股份有限公司

实验指导

1. 以系统管理员身份登录系统管理

操作步骤：

(1) 执行"开始"|"程序"|"用友 U8 V10.1"|"系统服务"|"系统管理"命令，进入"用友 U8[系统管理]"窗口。

(2) 执行"系统"|"注册"命令，打开"登录"系统管理对话框。

(3) 系统中预先设定了一个系统管理员 admin，第一次运行时，系统管理员密码为空，如图 1-1 所示。单击"登录"按钮，以系统管理员身份进入系统管理。

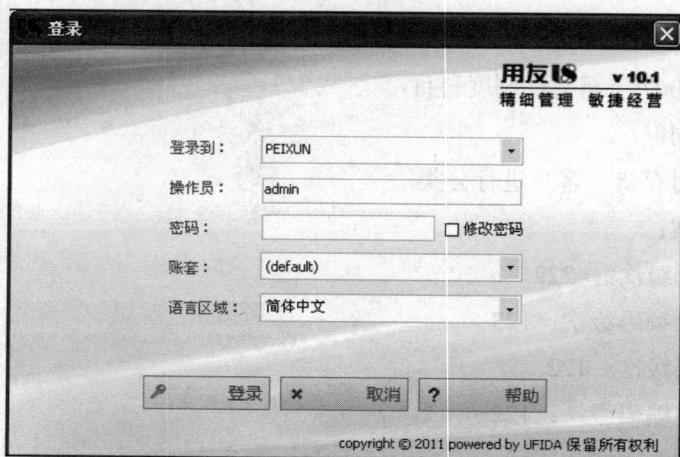

图 1-1　以系统管理员身份登录系统管理

提示:

系统管理员的初始密码为空。为保证系统运行的安全性,在企业实际应用中应及时为系统管理员设置密码。设置系统管理员密码为"super"的操作步骤是:在系统管理员登录系统管理对话框中选中"修改密码"复选框,单击"登录"按钮,打开"设置操作员密码"对话框,在"新密码"和"确认新密码"文本框中均输入"super",如图 1-2 所示。最后单击"确定"按钮,返回系统管理。在教学过程中,由于多人共用一套系统,为了避免由于他人不知道系统管理员密码而无法以系统管理员身份进入系统管理的情况出现,建议不要给系统管理员设置密码。

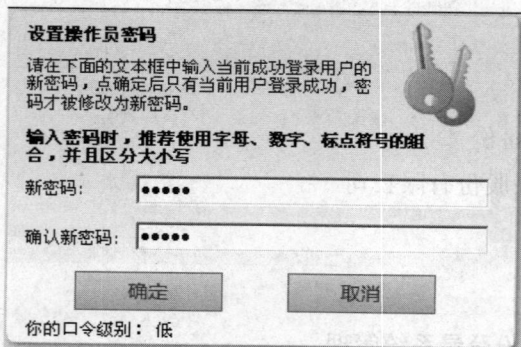

图 1-2　为系统管理员设置密码

2. 增加用户

只有系统管理员(admin)才能进行增加用户的操作。

操作步骤:

(1) 以系统管理员身份登录系统管理,执行"权限"|"用户"命令,打开"用户管理"对话框。

(2) 单击"增加"按钮,打开"增加用户"对话框,录入编号"001"、姓名"周健"、认证方式"用户+口令(传统)"、口令及确认口令"1"、所属部门"财务部",在所属角色列表中选中"账套主管"前的复选框,如图 1-3 所示。

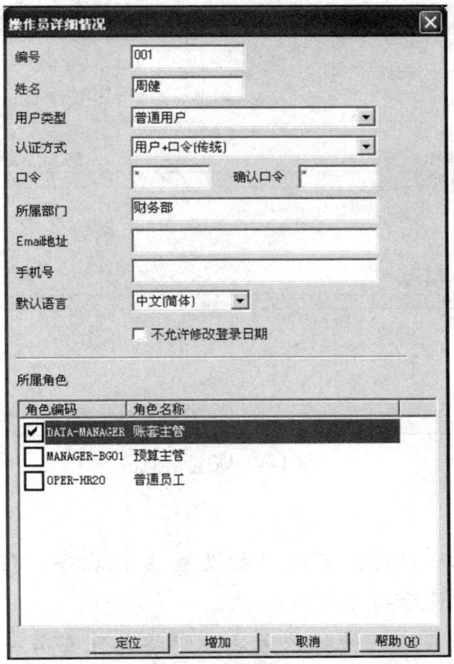

图 1-3　增加用户

(3) 单击"增加"按钮,依次设置其他操作员。设置完成后单击"取消"按钮退出。

提示:

◆ 在增加用户时可以直接指定用户所属角色。如:周健的角色为"账套主管"。由于系统中已经为预设的角色赋予了相应的权限,因此,如果在增加用户时就指定了相应的角色,则其就自动拥有了该角色的所有权限。如果该用户所拥有的权限与该角色的权限不完全相同,可以在"权限"|"权限"功能中进行修改。

◆ 如果已设置用户为"账套主管"角色,则该用户也是系统内所有账套的账套主管。

◆ 用户启用后将不允许删除。如果用户使用过系统又被调离单位,应在用户管理窗口中单击"修改"按钮,在"修改用户信息"对话框中单击"注销当前用户"按钮,最后单击"修改"按钮返回系统管理。此后该用户无权再进入系统。

3. 建立账套

只有系统管理员可以建立企业账套。建账过程在建账向导引导下完成。

操作步骤:

(1) 以系统管理员身份注册进入系统管理,执行"账套"|"建立"命令,打开"创建账套"对话框。

(2) 选择"新建空白账套",单击"下一步"按钮,打开"账套信息"对话框。

(3) 录入账套号"300",账套名称"北京华兴股份有限公司";启用会计期"2014 年 1 月",如图 1-4 所示。

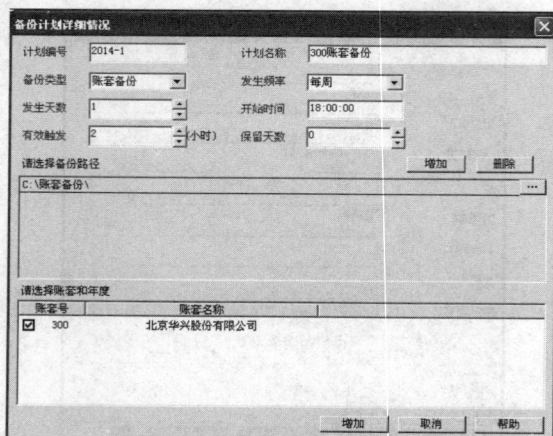

图 1-4　账套信息

提示:

- ◆ 账套号是账套的唯一标识,可以自行设置 3 位数字,但不允许与已存账套的账套号重复,账套号设置后将不允许修改。
- ◆ 账套名称是账套的另外一种标识方法,它将与账套号一起显示在系统正在运行的屏幕上。账套名称可以自行设置,并可以由账套主管在修改账套功能中进行修改。
- ◆ 系统默认的账套路径是用友 ERP-U8 的安装路径,可以进行修改。
- ◆ 建立账套时系统会将启用会计期自动默认为系统日期,应注意根据所给资料修改,否则将会影响到企业的系统初始化及日常业务处理等内容的操作。

(4) 单击"下一步"按钮,打开"单位信息"对话框。录入单位信息,如图 1-5 所示。

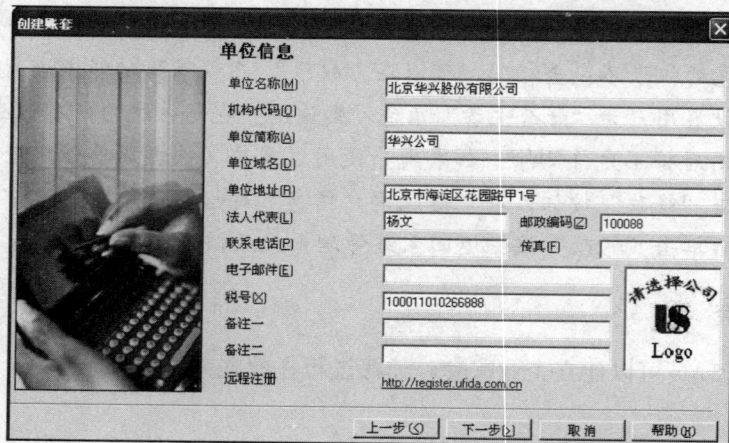

图 1-5　设置单位信息

提示：

◆ 单位信息中只有"单位名称"是必须录入的。必须录入的信息以蓝色字体标识(以下同)。

◆ 单位名称应录入企业的全称，以便打印发票时使用。

(5) 单击"下一步"按钮，打开"核算类型"对话框。

(6) 单击"账套主管"栏的下三角按钮，选择"[001]周健"，其他采用系统默认，如图 1-6 所示。

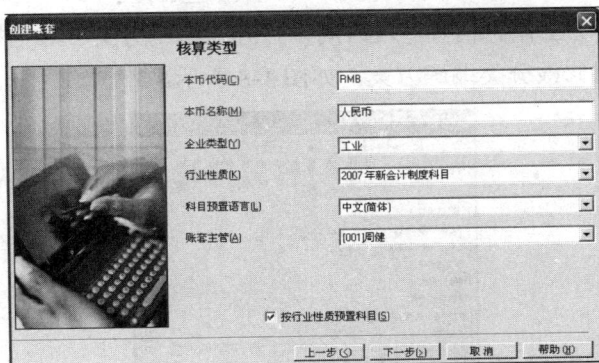

图 1-6 设置核算类型

提示：

◆ 行业性质将决定系统预置科目的内容，必须选择正确。

◆ 如果事先增加了用户，则可以在建账时选择该用户为该账套的账套主管。如果建账前未设置用户，建账过程中可以先选一个操作员作为该账套的主管，待账套建立完成后再到"权限"功能中进行账套主管的设置。

◆ 如果选择了按行业性质预置科目，则系统根据您所选择的行业类型自动装入国家规定的一级科目及部分二级科目。

(7) 单击"下一步"按钮，打开"基础信息"对话框。分别选中"存货是否分类"及"客户是否分类"前的复选框，如图 1-7 所示。

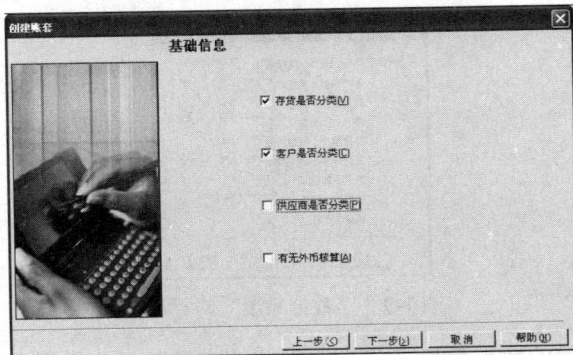

图 1-7 设置基础信息

提示：

♦ 本企业要求对存货、客户进行分类，不对供应商进行分类，且无外币核算。

♦ 是否对存货、客户及供应商进行分类将会影响到其档案的设置。有无外币核算将会影响到基础信息的设置及日常能否处理外币业务。

♦ 如果基础信息设置错误，可以由账套主管在修改账套功能中进行修改。

(8) 单击"下一步"按钮，打开开始创建账套对话框。

(9) 单击"完成"按钮，弹出系统提示"可以创建账套了么？"。单击"是"按钮，系统自动进行创建账套的工作。稍候一段时间，打开"编码方案"对话框。

(10) 按所给资料修改分类编码方案，如图 1-8 所示。

图 1-8　修改编码方案

提示：

♦ 编码方案的设置，将会直接影响到基础信息设置中相应内容的编码级次及每级编码的位长。

♦ 删除编码级次时，必须从最后一级向前依次删除。

(11) 单击"确定"按钮，再单击"取消"按钮，打开"数据精度"对话框，如图 1-9 所示。

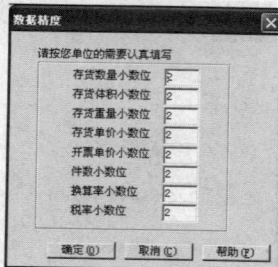

图 1-9　"数据精度"对话框

(12) 默认系统预置的数据精度的设置，单击"确定"按钮，稍等片刻，系统弹出信息提示框，如图 1-10 所示。

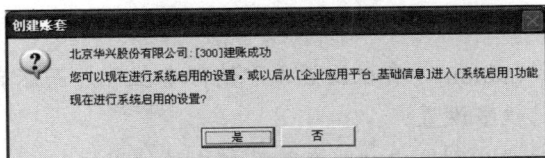

图 1-10 是否进行系统启用提示

提示:

如果选择"是"按钮,则可以直接进行"系统启用"的设置;也可以单击"否"按钮先结束建账过程,之后再在企业应用平台中的基础信息中进行系统启用设置。

(13) 单击"否"按钮,结束建账过程。系统弹出"请进入企业应用平台进行业务操作!"提示,单击"确定"按钮返回,单击"退出"按钮完成建账过程。

4. 设置用户权限

设置用户权限的工作应由系统管理员(admin)或该账套的主管在系统管理中的权限功能中完成。在权限功能中既可以对角色赋权,也可以对用户赋权。如果在设置账套时已经正确地选择了该账套的主管,则此时可以查看;否则,可以在权限功能中设置账套主管。如果在设置用户时已经指定了该用户的所属角色,并且该角色已经被赋权,则该用户已经拥有了与所选角色相同的权限;如果经查看后发现该用户的权限并不与该角色完全相同,则可以在权限功能中进行修改;如果在设置用户时并未指定该用户所属的角色,或虽已指定该用户所属的角色,但该角色并未进行权限设置,则该用户的权限应直接在权限功能中进行设置,或者应先设置角色的权限再设置用户并指定该用户所属的角色,则角色的权限就自动传递给用户了。

查看周健是否是 300 账套的账套主管

操作步骤:

(1) 在系统管理中,执行"权限"|"权限"命令,打开"操作员权限"对话框。

(2) 在"账套主管"右边的下拉列表框中选中"[300]北京华兴股份有限公司"账套。

(3) 在左侧的操作员列表中,选中"001"号操作员周健,如图 1-11 所示。

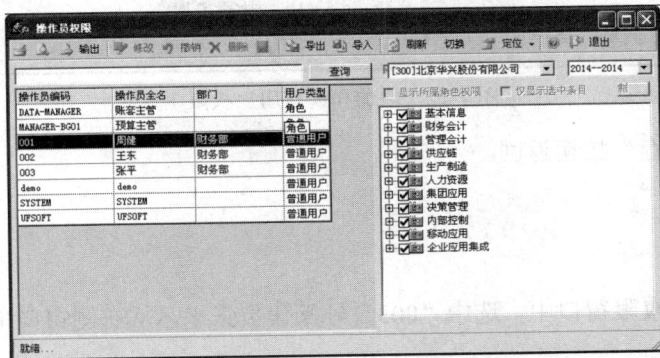

图 1-11 操作员权限

提示:

♦ 只有系统管理员(admin)才有权设置或取消账套主管。而账套主管只有权对所辖账套进行操作员的权限设置。

♦ 设置权限时应注意分别选中"账套"及相应的"用户"。

♦ 如果此时查看到 300 账套主管前的复选框为未选中状态,则可以单击该复选框将其选中,设置该用户为 300 账套的账套主管。

♦ 账套主管拥有该账套的所有权限,因此无须为账套主管另外赋权。

♦ 一个账套可以有多个账套主管。

为王东赋权

操作步骤:

(1) 在"操作员权限"窗口中,选中"002"号操作员王东。

(2) 单击"修改"按钮 。

(3) 在右侧窗口中,单击展开"基本信息",选中"公共目录设置"前的复选框。

(4) 在右侧窗口中,单击展开"财务会计"|"总账"前的复选框。单击展开"凭证",取消"恢复记账前状态"的选中状态,如图 1-12 所示。

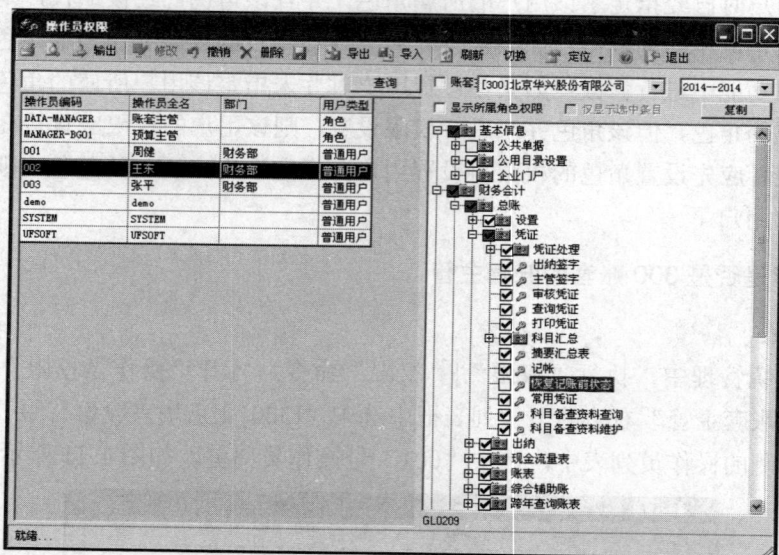

图 1-12 增加和调整用户权限 1

(5) 单击"保存"按钮返回。

为张平赋权

操作步骤:

(1) 在操作员权限窗口中,选中"003"号操作员张平,从右侧窗口中可以看出,张平此时没有任何权限。

(2) 单击"修改"按钮 ☑。

(3) 单击"总账"前的"+"标记，依次展开"总账"、"凭证"前的"+"号标记。

(4) 单击"出纳签字"、"查询凭证"前的复选框，再单击"出纳"前的复选框，如图
1-13 所示。

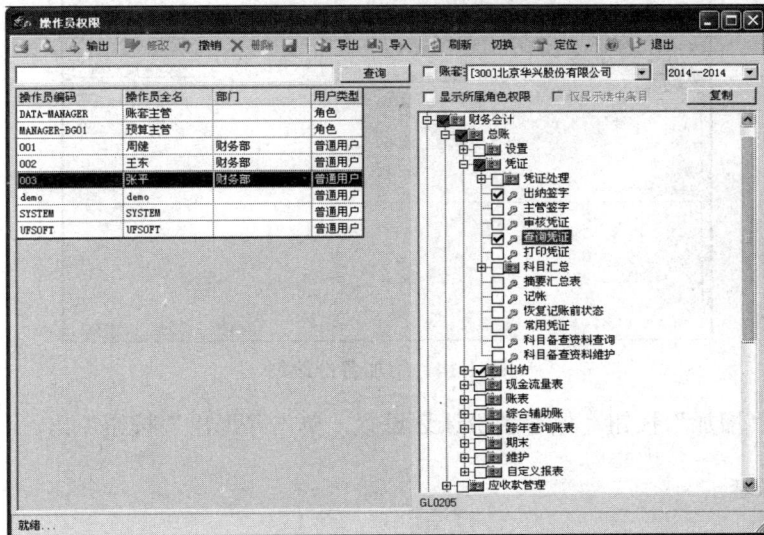

图 1-13　增加和调整用户权限 2

(5) 单击"保存"按钮返回。

提示：

如果已经设置了出纳角色且为该角色赋予了相应权限，那么只需要给张平指定出纳角
色即可拥有相应权限。

5. 设置系统自动备份计划

设置系统自动备份计划的工作应由系统管理员(admin)在系统管理的"系统"|"设置备
份计划"功能中完成。

操作步骤：

(1) 在 C:盘中新建"账套备份"文件夹。

(2) 在系统管理中，执行"系统"|"设置备份计划"命令，打开"备份计划设置"对
话框。

(3) 单击"增加"按钮，进入"增加备份计划"窗口。

(4) 录入计划编号"2014-1"、计划名称"300 账套备份"；单击"发生频率"栏的下三
角按钮，选择"每周"；在"开始时间"栏录入"18:00:00"；在"发生天数"栏录入或选
择"1"；单击"增加"按钮，在请选择备份路径选项区中单击"浏览"按钮，打开"请选
择备份路径"对话框。

(5) 选择"C:\账套备份\"文件夹为备份路径，单击"确定"按钮返回。

(6) 选中"300 北京华兴股份有限公司"前的复选框，如图 1-14 所示。

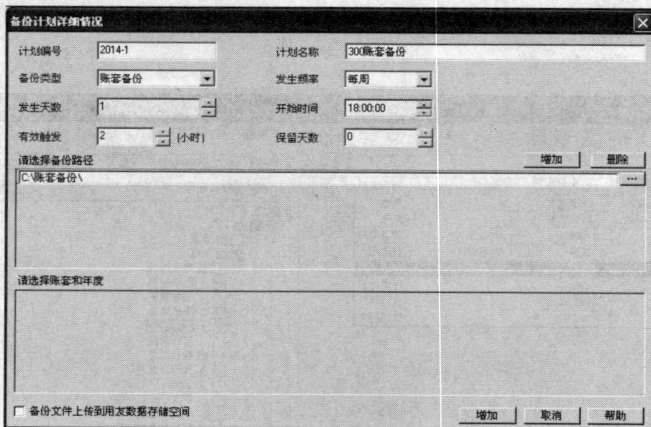

图 1-14　增加备份计划

(7) 单击"增加"按钮，保存备份计划设置，单击"退出"按钮退出。

6. 修改账套

修改账套的工作应由账套主管在系统管理中的"账套"|"修改"功能中完成。

操作步骤：

(1) 执行"系统"|"注册"命令，打开"登录"系统管理对话框。

提示：

如果此时已由其他操作员注册了系统管理，则应先通过"系统"|"注销"命令注销当前操作员后，再由账套主管重新注册。

(2) 录入操作员"001"(或周健)，密码"1"，单击"账套"栏的下三角按钮，选择"[300] (default)北京华兴股份有限公司"，如图 1-15 所示。

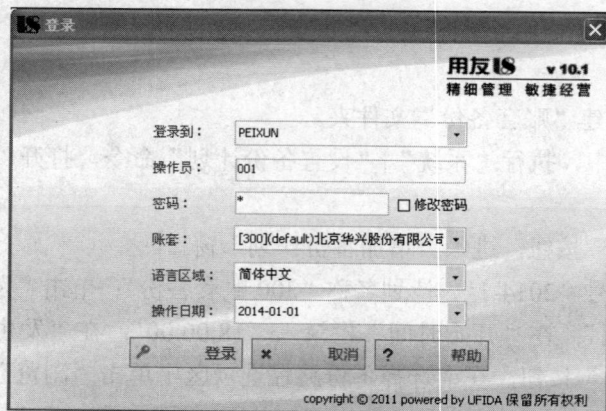

图 1-15　账套主管登录系统管理

(3) 单击"登录"按钮，以账套主管身份登录系统管理。

(4) 执行"账套"|"修改"命令，打开"修改账套"对话框。

(5) 单击"下一步"按钮，打开"单位信息"对话框。

(6) 单击"下一步"按钮，打开"核算类型"对话框。

(7) 单击"下一步"按钮，打开"基础信息"对话框。

(8) 单击选中"有无外币核算"前的复选框。

(9) 单击"完成"按钮，系统弹出提示"确认修改账套了么？"。

(10) 单击"是"按钮，并在"编码方案"和"数据精度"窗口中分别单击"取消"和"确定"按钮后确定修改成功。

7. 账套备份

账套备份的工作应由系统管理员在系统管理中的"账套"|"输出"功能中完成。

操作步骤：

(1) 在 D: 盘中新建"300 账套备份"文件夹，再在"300 账套备份"文件夹中新建"(1-1)系统管理"文件夹。

(2) 由系统管理员注册系统管理，执行"账套"|"输出"命令，打开"账套输出"对话框。

(3) 单击"账套号"栏的下三角按钮，选择"[300]北京华兴股份有限公司"，在输出文件位置选择"D: \300 账套备份\(1-1)系统管理\"，如图 1-16 所示。

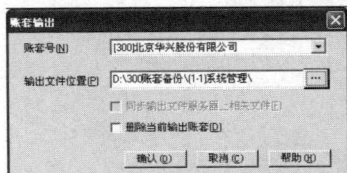

图 1-16　"账套输出"对话框

(4) 单击"确认"按钮，系统进行账套数据输出，完成后，弹出"输出成功"信息提示框，单击"确定"按钮返回。

提示：

◆ 利用账套输出功能还可以进行"删除账套"的操作。方法是在账套输出对话框中选中"删除当前输出账套"复选框，单击"确认"按钮，系统在删除账套前同样要进行账套输出，当输出完成后系统提示"真要删除该账套吗？"，单击"是"按钮则可以删除该账套。

◆ 只有系统管理员(admin)有权进行账套输出。

◆ 正在使用的账套可以进行账套输出而不允许进行账套删除。

◆ 备份账套时应先建立一个备份账套的文件夹，以便将备份数据存放在目标文件夹中。

第 2 章

企业应用平台

功能概述

顾名思义，企业应用平台是用友 ERP-U8 管理软件的集成应用平台，可以实现系统基础数据的集中维护、各种信息的及时沟通、数据资源的有效利用。企业应用平台为企业员工、合作伙伴提供了访问系统的唯一通道；通过企业应用平台，用户可以设计个性化工作流程，提高工作效率，还可以实现与日常办公的协同进行。

企业应用平台中包含的内容极为丰富，与系统应用相关的主要项目包括以下几项。

♦ 设置：包括基本信息、基础档案、数据权限和单据的设置。在基本信息中，可以设置系统启用、修改建账时设置的分类编码方案和数据精度。在基础档案中可以设置用友 ERP-U8 管理软件各个子系统公用的基础档案信息，如机构人员、客商信息、财务信息等。在数据权限中可以针对系统数据的操作权限进行进一步细分。单据设置提供了个性化单据显示及打印格式的定义。

♦ 业务：将用友 ERP-U8 管理软件分为财务会计、供应链、集团应用等功能群，每个功能群中又包括若干功能模块，此处也是用户访问用友 ERP-U8 管理软件中各功能模块的唯一通道。

♦ 工具：提供了常用的系统配置工具。

实验目的与要求

理解企业应用平台在用友 ERP-U8 管理软件中的作用。掌握在企业应用平台中设置系统启用、建立各项基础档案、进行数据权限设置及单据设置的方法；理解各项基础档案在系统中所起的作用及各项目的含义。

教学建议

建议本章讲授 2 课时，上机实验 2 课时。

实验一　基础设置

实验准备

引入"D:\300账套备份\(1-1)系统管理"的备份数据，或引入光盘中的"实验账套\(1-1)系统管理"中的数据。

实验要求

- 启用总账系统(启用日期为 2014 年 1 月 1 日)
- 设置部门档案
- 设置职员档案
- 设置客户分类
- 设置客户档案
- 设置供应商档案
- 设置操作员王东有权对张平及周健所填制凭证的查询、删改、审核、弃审以及关闭的权限
- 利用单据设计功能将"应收单"表头中的"币种"项目和"汇率"项目删除
- 账套备份

实验资料

1. 部门档案(如表 2-1 所示)

表 2-1　部门档案表

部门编码	部门名称
1	人事部
2	财务部
3	供应部
4	销售部
401	销售一科
402	销售二科
5	生产部

2. 人员类别

企业在职人员分为以下四种(如表 2-2 所示)：

表 2-2　企业在职人员类别

人员类别编码	人员类别名称
1011	企业管理人员
1012	经营人员
1013	车间管理人员
1014	生产工人

3. 人员档案(如表 2-3 所示)

表 2-3　人员档案表

人员编码	人员姓名	性别	人员类别	行 政 部 门	是否业务员
001	杨文	男	企业管理人员	人事部	
002	周健	男	企业管理人员	财务部	
003	王东	男	企业管理人员	财务部	
004	张平	女	企业管理人员	财务部	
005	杨明	男	经营人员	供应部	是
006	刘红	女	经营人员	销售一科	是
007	韩乐乐	男	经营人员	销售二科	是
008	刘伟	男	车间管理人员	生产部	
009	齐天宇	男	生产工人	生产部	

4. 客户分类(如表 2-4 所示)

表 2-4　客户分类表

类 别 编 码	类 别 名 称
1	北京地区
2	上海地区
3	东北地区
4	华北地区
5	西北地区

5. 客户档案(如表 2-5 所示)

表 2-5　客户档案表

客户编码	客户名称	客户简称	所属分类	税　　号	分管部门	分管业务员
01	北京天益公司	天益公司	1	110320104320012	销售一科	刘红
02	北京大地公司	大地公司	1	110433249543899	销售一科	刘红
03	上海邦立公司	邦立公司	2	210003232432247	销售一科	刘红

(续表)

客户编码	客户名称	客户简称	所属分类	税　　号	分管部门	分管业务员
04	上海明兴公司	明兴公司	2	210854987043340	销售一科	刘红
05	鞍山钢铁厂	鞍山钢铁厂	3	120456486329565	销售二科	韩乐乐
06	石家庄伟达公司	伟达公司	4	320854584389288	销售二科	韩乐乐
07	陕西光华公司	光华公司	5	559438888288425	销售二科	韩乐乐

6. 供应商档案(如表 2-6 所示)

表 2-6　供应商档案表

供应商编码	供应商名称	供应商简称	所属分类	税号	分管部门	分管业务员
01	北京无忧公司	无忧公司	00	110435845278434	供应部	杨明
02	辽宁大为公司	大为公司	00	430455882395738	供应部	杨明
03	天津杰信公司	杰信公司	00	120885694387622	供应部	杨明

实验指导

1. 启用总账系统

启用系统有两种方法，一种是系统管理员在建立账套时直接启用，另一种是账套主管在企业应用平台的基本信息中进行系统启用。300 账套并没有在账套建立后直接启用任何系统，现在在企业应用平台中分别启用总账、应付及应收系统。

操作步骤：

(1) 执行"开始"|"程序"|"用友 U8 V10.1"|"企业应用平台"命令，打开"登录"对话框。

(2) 录入操作员"001"(或周健)，密码"1"，单击"账套"栏的下三角按钮，选择"[300](default)北京华兴股份有限公司"，如图 2-1 所示。

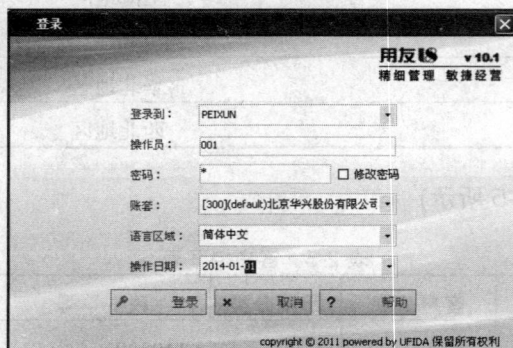

图 2-1　登录企业应用平台

(3) 单击"登录"按钮，进入"企业应用平台"窗口。

(4) 在"基础设置"选项卡中，执行"基本信息"|"系统启用"命令，打开"系统启

用"对话框。

(5) 选中"GL 总账"前的复选框，弹出"日历"对话框。

(6) 选择"日历"对话框中的"2014 年 1 月 1 日"，如图 2-2 所示。

图 2-2　启用总账

(7) 单击"确定"按钮，系统弹出"确实要启用当前系统吗？"信息提示框，单击"是"按钮，完成总账系统的启用。

(8) 依此类推，分别启用"应收款管理"和"应付款管理"系统。

提示：

- ◆ 只有账套主管才有权在企业应用平台中进行系统启用。
- ◆ 各系统的启用时间必须大于或等于账套的启用时间。

2. 设置部门档案

操作步骤：

(1) 在"基础设置"选项卡中，执行"基础档案"|"机构人员"|"部门档案"命令，进入"部门档案"窗口。

(2) 单击"增加"按钮 ，录入部门编码"1"、部门名称"人事部"，如图 2-3 所示。

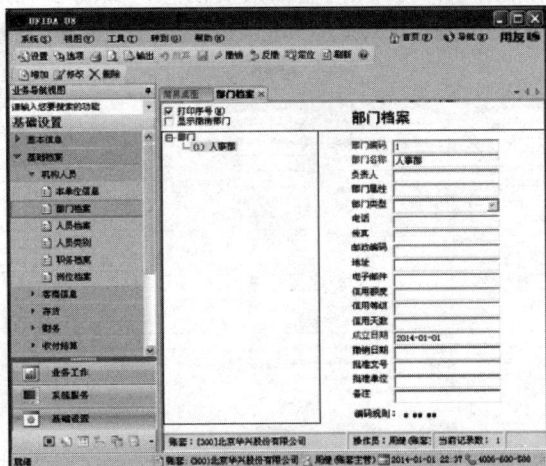

图 2-3　部门档案

(3) 单击"保存"按钮。以此方法依次录入其他的部门档案。

提示：

◆ 部门编码必须符合在分类编码方案中定义的编码规则。

◆ 由于此时还未设置"人员档案"，因此部门中的"负责人"暂时不能设置。如果需要设置，必须在完成"人员档案"设置后，再回到"部门档案"中以修改的方式补充设置。

3. 设置人员类别

操作步骤：

(1) 在"基础设置"选项卡中，执行"基础档案"|"机构人员"|"人员类别"命令，进入"人员类别"窗口。

(2) 单击"增加"按钮，按实验资料在正式工下增加人员类别。

提示：

◆ 人员类别与工资费用的分配、分摊有关，工资费用的分配及分摊是薪资管理系统的一项重要功能。人员类别设置的目的是为工资分摊生成与凭证设置相应的入账科目做准备，可以按不同的入账科目需要设置不同的人员类别。

◆ 人员类别是人员档案中的必选项目，需要在人员档案建立之前设置。

◆ 人员类别名称可以修改，但已使用的人员类别名称不能删除。

4. 设置人员档案

操作步骤：

(1) 在"基础设置"选项卡中，执行"基础档案"|"机构人员"|"人员档案"命令，进入"人员列表"窗口。

(2) 单击左侧窗口中"部门分类"下的"人事部"。

(3) 单击"增加"按钮，按实验资料输入人员信息，如图 2-4 所示。

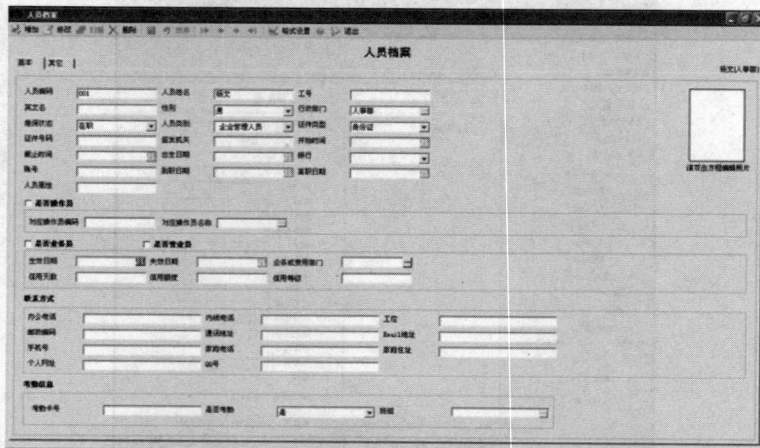

图 2-4　增加人员档案

(4) 单击"保存"按钮。

(5) 同理依次输入其他人员档案。

提示：

◆　此处的人员档案应该包括企业所有员工。

◆　人员编码必须唯一，行政部门只能是末级部门。

◆　如果该员工需要在其他档案或其他单据的"业务员"项目中被参照，需要选中"是否业务员"选项。

5. 设置客户分类

操作步骤：

(1) 在"基础设置"选项卡中，执行"基础档案"|"客商信息"|"客户分类"，进入"客户分类"窗口。

(2) 单击"增加"按钮，按实验资料输入客户分类信息，如图 2-5 所示。

(3) 单击"保存"按钮。

(4) 同理依次录入其他的客户分类。

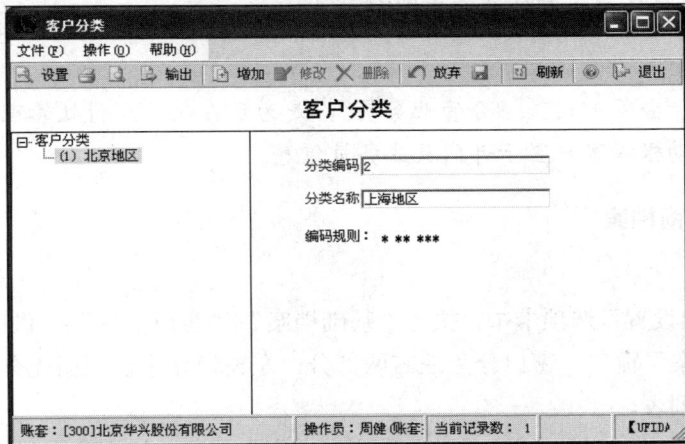

图 2-5　客户分类

提示：

◆　客户是否需要分类应在建立账套时确定。

◆　客户分类编码必须符合编码规则。

6. 设置客户档案

操作步骤：

(1) 在"基础设置"选项卡中，执行"基础档案"|"客商信息"|"客户档案"命令，打开"客户档案"窗口。窗口分为左右两部分，左窗口显示已经设置的客户分类，单击鼠标选中某一客户分类，右窗口中显示该分类下所有的客户列表。

(2) 单击"增加"按钮，打开"增加客户档案"窗口。窗口中共包括 4 个选项卡，即"基本"、"联系"、"信用"和"其他"，用于对客户不同的属性分别归类记录。

(3) 按实验资料输入"客户编码"、"客户名称"、"客户简称"、"所属分类码"、"税号"、"分管部门"、"分管业务员"等相关信息，如图 2-6 所示。

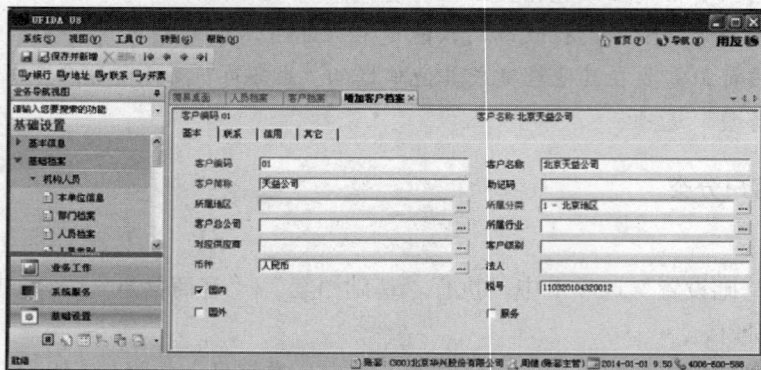

图 2-6　增加客户档案

(4) 单击"保存"按钮。

(5) 以此方法依次录入其他的客户档案。

提示：

之所以设置"分管部门"、"分管业务员"，是为了在应收应付款管理系统填制发票等原始单据时能自动根据客户显示部门及业务员信息。

7. 设置供应商档案

操作步骤：

(1) 在"基础设置"选项卡中，执行"基础档案"|"客商信息"|"供应商档案"命令，打开"供应商档案"窗口。窗口分为左右两部分，左窗口显示供应商无分类，右窗口中显示所有的供应商列表。

(2) 单击"增加"按钮，打开"增加供应商档案"窗口，按实验资料输入供应商信息。

(3) 同理，依次录入其他的供应商档案。

提示：

♦ 在录入供应商档案时，供应商编码及供应商简称必须录入。

♦ 由于该账套中并未对供应商进行分类，因此所属分类为无分类。

♦ 供应商是否分类应在建立账套时确定，此时不能修改，如若修改只能在未建立供应商档案的情况下，在系统管理中以修改账套的方式修改。

♦ 供应商编码必须唯一。

8. 设置数据权限

操作步骤：

(1) 在"系统服务"选项卡中，执行"权限"|"数据权限分配"命令，进入"权限浏览"窗口。

(2) 在左侧的"用户及角色"列表中选择"002 王东"，再单击"授权"按钮，打开"记录权限设置"对话框。

(3) 单击"业务对象"栏的下三角按钮，选择"用户"。

(4) 单击">"按钮将"003 张平"从"禁用"列表中选择到"可用"列表中，以此方法选择"001 周健"，如图 2-7 所示。

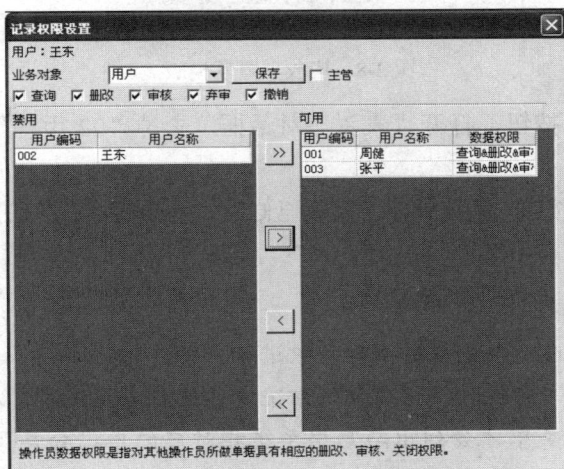

图 2-7　记录权限设置

(5) 单击"保存"按钮，系统弹出"保存成功"信息提示框，单击"确定"按钮。

提示：

◆ 必须在系统管理中定义角色或用户，并在分配完功能级权限后才能进行数据权限分配。

◆ 数据权限包括记录级权限和字段级权限。可以分别进行授权。

◆ 可以在"数据权限控制设置"中选择需要进行设置的数据权限。

9. 单据设计

操作步骤：

(1) 在"基础设置"选项卡中，执行"单据设置"|"单据格式设置"命令，进入"单据格式设置"窗口。

(2) 在左侧窗口中执行"应收款管理"|"应收单"|"显示"|"应收单显示模板"命令，进入"应收单"格式设置窗口，如图 2-8 所示。

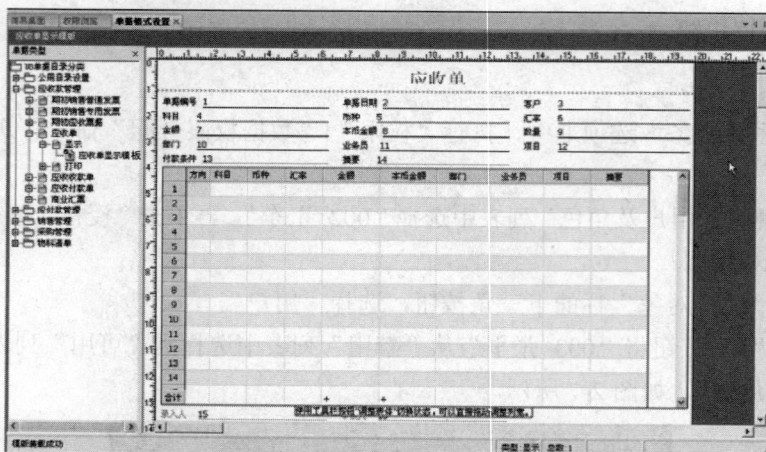

图 2-8　应收单显示模版

(3) 单击表头项目按钮，打开"表头"对话框，去掉"22 币种"和"23 汇率"选中标记。

(4) 单击"确定"按钮，系统弹出"模板已修改，是否保存？"信息提示框，单击"是"返回。

提示：

◆ 单据设计只能在"企业应用平台"中进行。

◆ 只有在启用了"应付"、"应收"系统或其他业务系统时，在"企业应用平台"的单据目录分类中才会列出与启用系统相对应的单据分类及内容。

◆ 单据设计功能可以分别进行不同模块中不同单据的显示格式和打印格式的设置。

◆ 可以分别就单据的显示格式和打印格式设置单据属性设计、表头项目设计、表体项目设计、单据项目属性设计、单据标题属性设计。

10. 账套备份

在"D: \300 账套备份"文件夹中新建"(2-1)基础设置"文件夹。将账套输出至"(2-1)基础设置"文件夹中。

第 3 章

总 账 系 统

功能概述

总账系统的任务就是利用建立的会计科目体系，输入和处理各种记账凭证，完成记账、结账以及对账的工作，输出各种总分类账、日记账、明细账和有关辅助账。总账系统主要提供凭证处理、账簿处理、出纳管理和期末转账等基本核算功能，并提供个人、部门、客户、供应商、项目核算等辅助管理功能。在业务处理过程中，可以随时查询包含未记账凭证的所有账表，充分满足管理者对信息及时性的要求。

总账系统具体包括以下内容。

◆ 系统初始化：是为总账系统日常业务处理工作所做的准备，主要包括设置系统参数、设置会计科目体系、录入期初余额、设置凭证类别、设置结算方式等。

◆ 日常业务处理：主要包括填制凭证、审核凭证、出纳签字、记账以及查询和汇总记账凭证。

◆ 出纳管理：提供支票登记簿功能，用来登记支票的领用情况，并可查询银行日记账、现金日记账及资金日报表，定期将企业银行日记账与银行对账单进行核对，并编制银行存款余额调节表。

◆ 账簿管理：提供按多种条件查询总账、日记账及明细账等，具有总账、明细账和凭证联查功能。另外还提供了辅助账查询功能。

◆ 期末处理：完成月末自动转账处理，进行试算平衡、对账、结账及生成月末工作报告。

实验目的与要求

系统地学习总账系统初始化、日常业务处理的主要内容和操作方法。要求掌握总账系统初始化中设置会计科目、录入期初余额及设置相关分类、档案资料的方法；掌握总账系统日常业务处理中凭证处理和记账的方法；熟悉出纳管理的内容和处理方法；熟悉期末业务处理的内容和方法。

教学建议

总账系统是 ERP 财务管理系统中的基础内容，是在实际工作中运用最为广泛的系统，其功能较为全面，学习时要根据不同模块的组合，结合会计工作的实际，灵活地运用总账系统的功能为不同单位的实际工作服务。

建议本章讲授 8 课时，上机练习 12 课时。

实验一   总账系统初始化

实验准备

引入"D: \300 账套备份\(2-1)基础设置"的账套备份数据，或引入光盘中的"实验账套\(2-1)基础设置"。将系统日期修改为"2014 年 1 月 31 日"，以账套主管的身份注册进入企业应用平台。

实验要求

- 设置系统参数
- 设置会计科目：指定会计科目
- 设置会计科目：增加会计科目
- 设置会计科目：修改会计科目
- 设置项目目录
- 设置凭证类别
- 输入期初余额
- 设置结算方式
- 账套备份

实验资料

1. 300 账套总账系统的参数

- 可以使用应收受控科目；可以使用应付受控科目。
- 不允许修改、作废他人填制的凭证；凭证审核控制到操作员。

2. 会计科目(如表 3-1 所示)

(1) 指定"1001 库存现金"为现金总账科目、"1002 银行存款"为银行总账科目。
(2) 增加会计科目

表 3-1　会计科目表

科 目 编 码	科 目 名 称	辅助账类型
100201	工行存款	日记账、银行账
122101	应收职工借款	个人往来
160501	专用材料	项目核算
160502	专用设备	项目核算
160503	预付大型设备款	项目核算
160504	为生产准备的工具及器具	项目核算
190101	待处理流动资产损溢	
190102	待处理固定资产损溢	
221101	应付工资	
221102	应付福利费	
222101	应交增值税	
22210101	进项税额	
22210105	销项税额	
222102	未交增值税	
500101	直接材料	
500102	直接人工	
660201	办公费	部门核算
660202	差旅费	部门核算
660203	工资	部门核算
660204	折旧费	部门核算
660205	福利费	部门核算
660206	其他	

(3) 修改会计科目
- "1121 应收票据"、"1122 应收账款"、"2203 预收账款"科目辅助账类型为"客户往来";
- "2201 应付票据"、"2202 应付账款"、"1123 预付账款"科目辅助账类型为"供应商往来";
- "1605 工程物资"科目及所属明细科目辅助账类型为"项目核算"。

3. 项目目录

项目大类为"自建工程",核算科目为"工程物资"及明细科目,项目内容为 1 号工程和 2 号工程,其中 1 号工程包括"自建厂房"和"设备安装"两项工程。

4. 凭证类别(如表 3-2 所示)

表 3-2   凭证类别

类 别 名 称	限 制 类 型	限 制 科 目
收款凭证	借方必有	1001，1002
付款凭证	贷方必有	1001，1002
转账凭证	凭证必无	1001，1002

5. 期初余额(如表 3-3 所示)

表 3-3   期初余额情况表

科 目 名 称	期初余额/元	备 注
库存现金	8 000	
银行存款/工行存款	222 000	
应收票据	1 170	2013-11-22，大地公司购买乙产品，价税合计 1 170 元，付票据一张，票号 78989
应收账款	14 540	2013-11-12，天益公司购买甲产品，价税合计 7 020 元，货款未付，发票号 78987； 2013-11-18，明兴公司购买甲产品，价税合计 7 020 元，货款未付，发票号 78988； 2013-11-22，为明兴公司代垫运费 500 元。
应收职工借款	6 000	供应部杨明出差借差旅费 6 000 元
预付账款	20 000	2013-11-23，预付北京无忧公司货款 20 000 元
原材料	75 332	
库存商品	50 000	
固定资产	1 212 000	
累计折旧	155 124	
短期借款	120 000	
应付票据	25 740	2013-11-23，向大为公司购钢材 25 740 元
应付账款	62 010	2013-11-15，向北京无忧公司购钢材 38 610 元； 2013-11-18，向杰信公司购油漆 23 400 元
预收账款	30 000	2013-11-26，预收伟达公司货款 30 000 元
应交税费/应交增值税/进项税额	3 832(借)	
应交税费/应交增值税/销项税额	20 000	
长期借款	200 000	
实收资本	1 000 000	

6. 结算方式(如表 3-4 所示)

表3-4 结 算 方 式

结算方式编码	结算方式名称
1	现金
2	现金支票
3	转账支票
4	信汇
5	电汇
6	银行汇票

7. 本单位开户银行

本单位开户银行：工行北京支行花园路办事处；银行账号为"001-23456789"。

实验指导

1. 设置系统参数

操作步骤：

(1) 在企业应用平台"业务工作"选项卡中，执行"财务会计"|"总账"命令，打开总账系统。

(2) 在总账系统中，执行"设置"|"选项"命令，打开"选项"对话框，单击"编辑"按钮。

(3) 在"凭证"选项卡中选中"可以使用应收受控科目"复选框和"可以使用应付受控科目"复选框。

(4) 在"权限"选项卡中选中"凭证审核控制到操作员"复选框，取消选中"允许修改、作废他人填制的凭证"复选框，如图 3-1 所示。

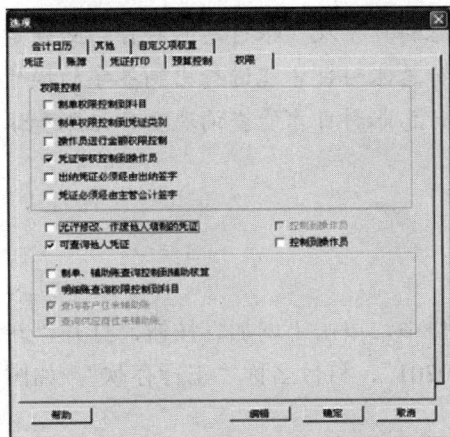

图 3-1 设置选项

(5) 单击"确定"按钮保存并返回。

提示:

总账系统的参数设置将决定总账系统的输入控制、处理方式、数据流向、输出格式等,设定后一般不能随意改变。

2. 指定会计科目

操作步骤:

(1) 在企业应用平台的"基础设置"选项卡中,执行"基础档案"|"财务"|"会计科目"命令,进入"会计科目"窗口。

(2) 执行"编辑"|"指定科目"命令,打开"指定科目"对话框。

(3) 单击">"按钮将"1001 库存现金"从"待选科目"窗口选入"已选科目"窗口。

(4) 单击选择"银行科目"选项,单击">"按钮将"1002 银行存款"从"待选科目"窗口选入"已选科目"窗口,如图 3-2 所示。

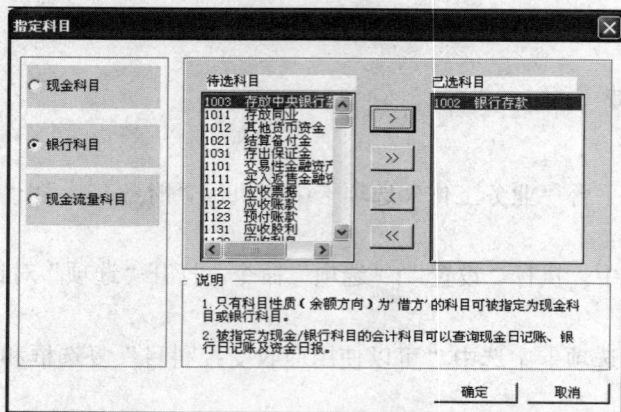

图 3-2　指定科目

提示:

- ◆ 被指定的"现金总账科目"及"银行总账科目"必须是一级会计科目。
- ◆ 只有指定现金及银行总账科目才能进行出纳签字的操作。
- ◆ 只有指定现金及银行总账科目才能查询现金日记账和银行存款日记账。

(5) 单击"确定"按钮。

3. 增加会计科目

操作步骤:

(1) 在"会计科目"窗口中,单击"增加"按钮,打开"新增会计科目"对话框。

(2) 录入科目编码"100201"、科目名称"工行存款",如图 3-3 所示。

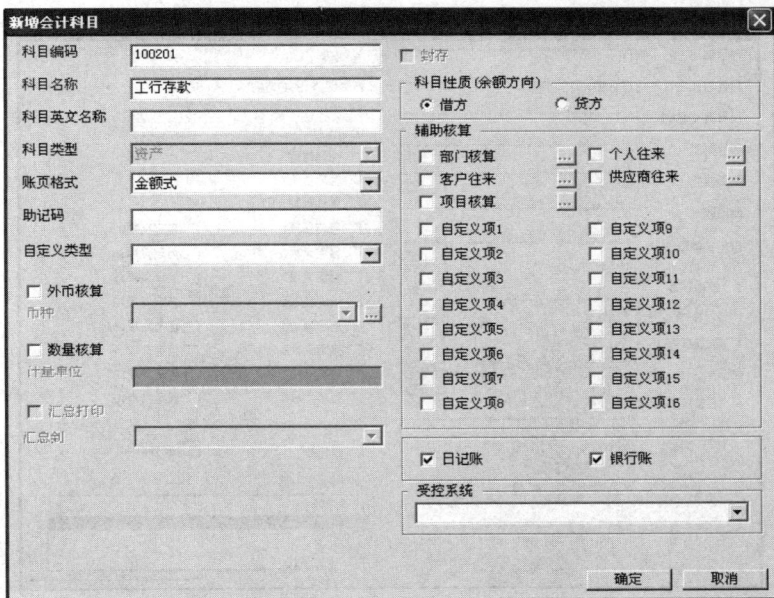

图 3-3　新增会计科目

(3) 单击"确定"按钮。

(4) 同理，依次增加其他的会计科目。

提示：

♦　由于预置科目"1002"已经被设置为"日记账"及"银行账"，所以新增科目"100201"
　自动被识别为"日记账"及"银行账"。

♦　会计科目编码应符合编码规则。

♦　如果科目已经使用，则不能被修改或删除。

♦　设置会计科目时应注意会计科目的"账页格式"，一般情况下应为"金额式"，
　也有可能是"数量金额式"等，如果是数量金额式还应继续设置计量单位，否则
　仍不能同时进行数量金额的核算。

♦　如果新增科目与原有某一科目相同或类似则可采用复制的方法。

4. 修改会计科目

操作步骤：

(1) 在"会计科目"窗口中，双击"1122 应收账款"，或在选中"1122 应收账款"后
单击"修改"按钮，打开"会计科目_修改"对话框。

(2) 单击"修改"按钮，选中"客户往来"前的复选框，受控系统为"应收系统"，如
图 3-4 所示。

图 3-4　修改会计科目

(3) 单击"确定"按钮。

(4) 同理，修改其他科目。

提示：

◆ "无受控系统"即该账套不使用"应收"及"应付"系统，"应收"及"应付"业务均以辅助账的形式在总账系统中进行核算。

◆ 在会计科目使用前一定要先检查系统预置的会计科目是否能够满足需要，如果不能满足需要，则以增加或修改的方式增加新的会计科目及修改已经存在的会计科目，如果系统预置的会计科目中有一些是并不需要的，可以采用删除的方法删除。

◆ 凡是设置有辅助核算内容的会计科目，在填制凭证时都需填制具体的辅助核算内容。

5. 设置项目目录

新增项目大类

操作步骤：

(1) 在企业应用平台"基础设置"选项卡中，执行"基础档案"|"财务"|"项目目录"命令，打开"项目档案"对话框。

(2) 单击"增加"按钮，打开"项目大类定义_增加"对话框。

(3) 录入新项目大类名称"自建工程"，如图 3-5 所示。

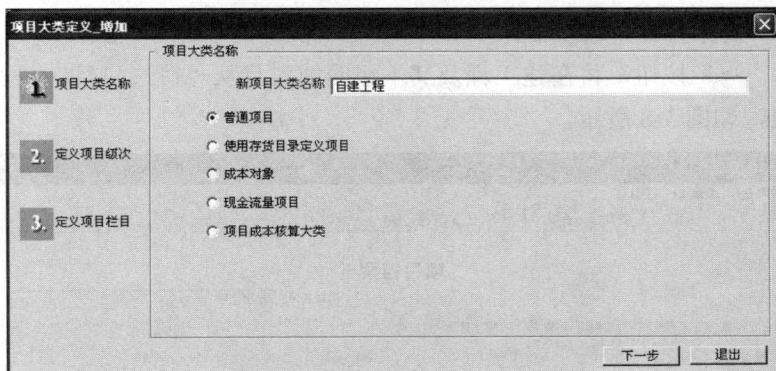

图 3-5   定义项目大类名称

(4) 单击"下一步"按钮，打开"定义项目级次"对话框，如图 3-6 所示。

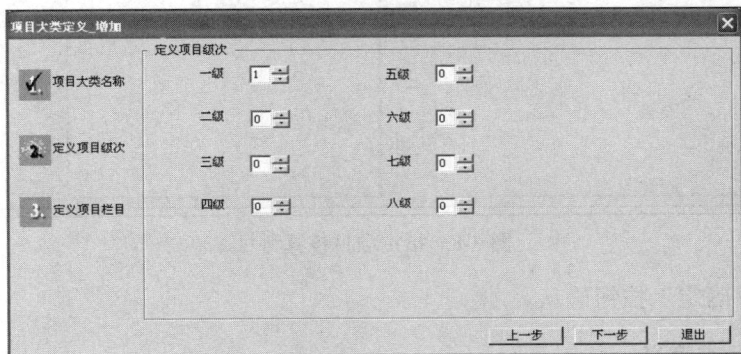

图 3-6   定义项目级次

(5) 默认系统设置，单击"下一步"按钮，打开"定义项目栏目"对话框，如图 3-7 所示。

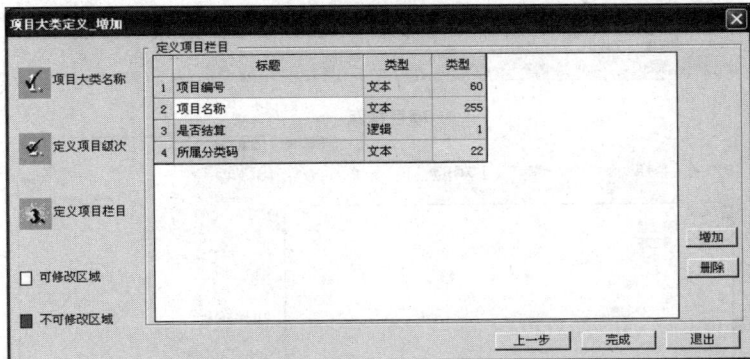

图 3-7   定义项目栏目

(6) 在"定义项目栏目"对话框中，单击"完成"按钮，返回"项目档案"窗口。

指定项目核算科目

(1) 单击"项目大类"栏的下三角按钮，选择"自建工程"项目大类。

(2) 单击"核算科目"选项卡。

(3) 单击">>"按钮，将在建工程及其下级明细科目从"待选科目"列表中选入"已选科目"列表，如图 3-8 所示。

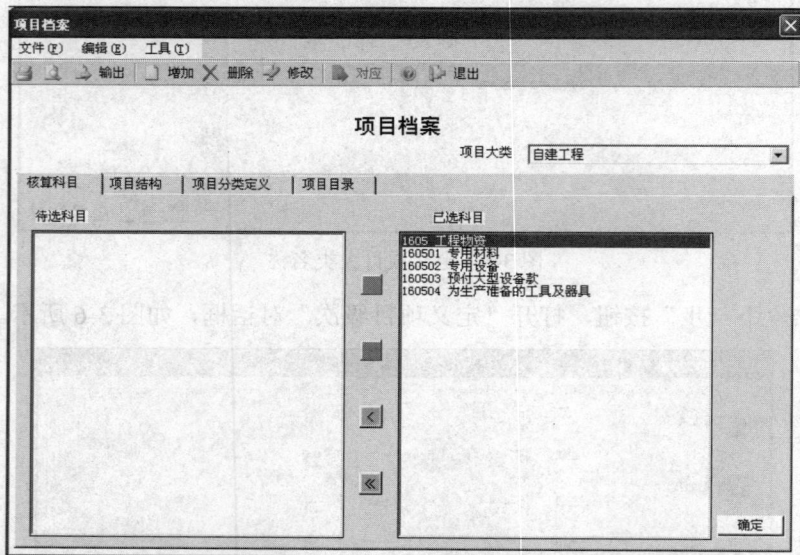

图 3-8　指定项目核算科目

(4) 单击"确定"按钮确认。

进行项目分类定义

(1) 单击"项目分类定义"选项卡。

(2) 录入分类编码"1"、分类名称"1 号工程"，单击"确定"按钮。同理，增加"2号工程"，并单击"确定"按钮，如图 3-9 所示。

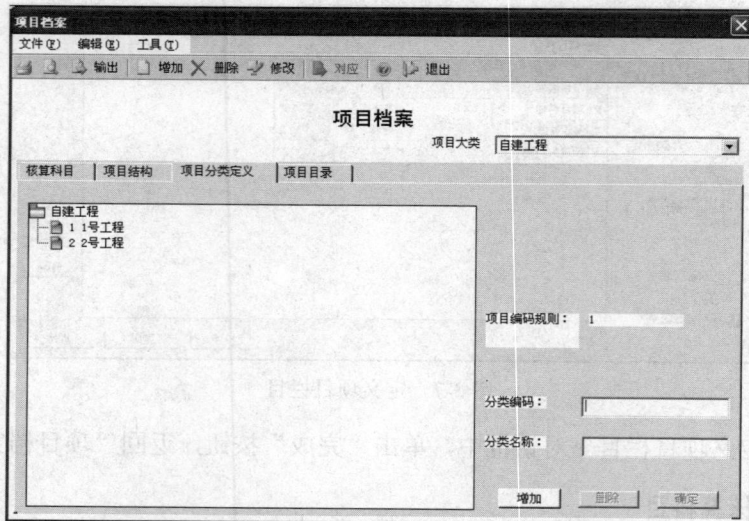

图 3-9　项目档案—项目分类定义

项目目录维护

(1) 选中"项目目录"选项卡,单击"维护"按钮,进入"项目目录维护"窗口。

(2) 单击"增加"按钮,录入项目编号"1"、项目名称"自建厂房",单击"所属分类码"栏参照按钮,选择"1号工程"。同理,增加"设备安装"工程,如图3-10所示。

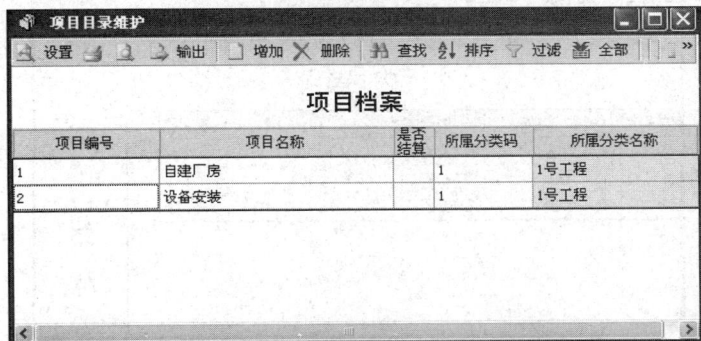

图 3-10 项目目录维护

(3) 单击"退出"按钮。

提示:

◆ 一个项目大类可以指定多个科目,一个科目只能属于一个项目大类。

◆ 在每年年初应将已结算或不用的项目删除。

◆ 标识结算后的项目将不能再使用。

6. 设置凭证类别

操作步骤:

(1) 在企业应用平台的"基础设置"选项卡中,执行"基础档案"|"财务"|"凭证类别"命令,打开"凭证类别预置"对话框。

(2) 选中"收款凭证 付款凭证 转账凭证"前的单选按钮,如图3-11所示。

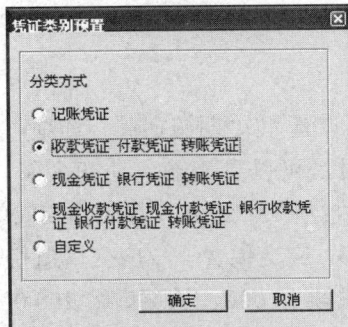

图 3-11 凭证类别设置

(3) 单击"确定"按钮,打开"凭证类别"对话框。

(4) 单击"修改"按钮,双击"收款凭证"所在行的"限制类型"栏,出现下三角按钮，从下拉列表中选择"借方必有"，在"限制科目"栏录入"1001，1002"，或单击限制科目栏参照按钮，分别选择"1001"及"1002"。同理，完成对付款凭证和转账凭证的限制设置，如图 3-12 所示。

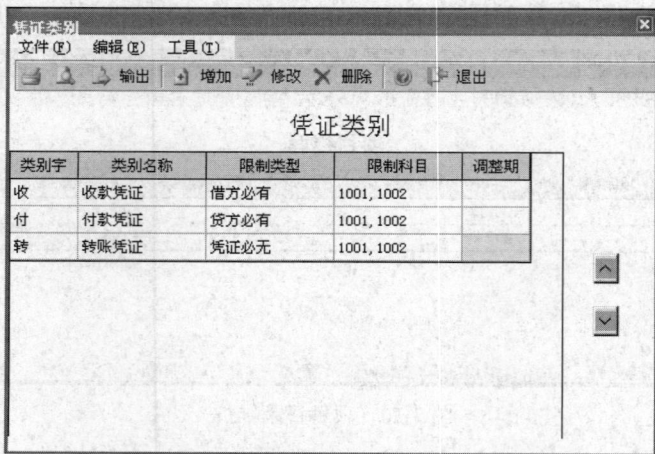

图 3-12　设置凭证类别

(5) 单击"退出"按钮。

提示：

◆ 已使用的凭证类别不能删除，也不能修改类别字。

◆ 如果收款凭证的限制类型为借方必有"1001，1002"，则在填制凭证时系统要求收款凭证的借方一级科目至少有一个是"1001"或"1002"，否则，系统会判断该张凭证不属于收款凭证类别，不允许保存。付款凭证及转账凭证也应满足相应的要求。

◆ 如果直接录入科目编码，则编码间的标点符号应为英文状态下的标点符号，否则系统会提示科目编码有错误。

7. 输入期初余额

操作步骤：

(1) 在总账系统中，选择"设置"|"期初余额"选项，进入"期初余额录入"窗口。

(2) 白色的单元为末级科目，可以直接输入期初余额。如：库存现金 8 000、银行存款——工行存款 222 000、原材料 75 332、库存商品 50 000、固定资产 1 212 000、累计折旧 155 124、短期借款 120 000、应交税费——应交增值税——进项税额 3 832(借)、应交税费——应交增值税——销项税额 20 000、长期借款 200 000、实收资本 1 000 000。

提示：

◆ 进项税额为借方余额，但期初余额录入界面中进项税额的余额方向必须与上级科目"应交税金"保持一致，因此需要录入"—3832"表示借方余额。

◆ 灰色的单元为非末级科目，不允许录入期初余额，待下级科目余额录入完成后自动汇总生成。

(3) 黄色的单元代表对该科目设置了辅助核算，不允许直接录入余额，需要在该单元格中双击进入辅助账期初设置，在辅助账中输入期初数据，完成后自动返回总账期初余额表中。如双击"应收职工借款"所在行的"期初余额"栏，进入"辅助期初余额"窗口。

(4) 单击"往来明细"按钮，进入"期初往来明细"窗口。单击"增行"按钮；单击"个人"栏参照按钮，选择"杨明"；在"摘要"栏录入"出差借款"，在"金额"栏录入"6000"，如图 3-13 所示。

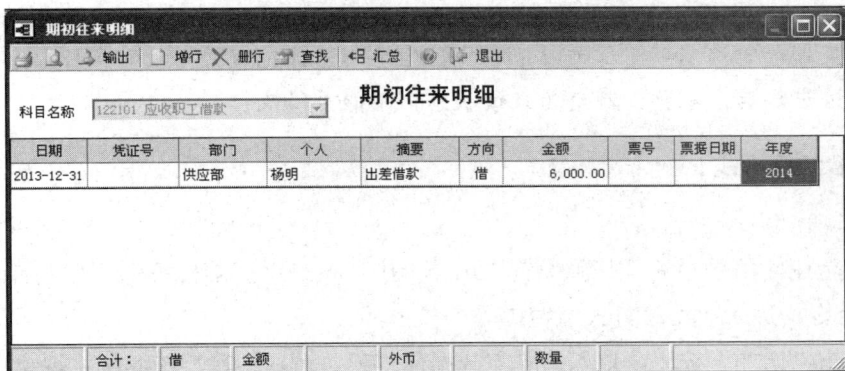

图 3-13 个人往来期初

(5) 单击"汇总"按钮，提示"完成了往来明细到辅助期初表的汇总！"，单击"确定"按钮后，再单击"退出"按钮。

(6) 同理，录入其他带辅助核算的科目余额。

(7) 单击"试算"按钮，系统进行试算平衡。试算结果如图 3-14 所示。

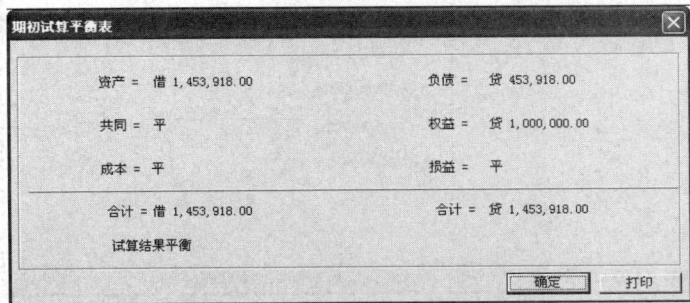

图 3-14 期初试算平衡表

(8) 单击"确定"按钮。

提示：

◆ 只需输入末级科目的余额，非末级科目的余额由系统自动计算生成。

◆ 如果要修改余额的方向，可以在未录入余额的情况下，单击"方向"按钮改变余额的方向。

◆ 总账科目与其下级科目的方向必须一致。如果所录明细余额的方向与总账余额方向相反，则用"-"号表示。

◆ 如果录入余额的科目有辅助核算的内容，则在录入余额时必须录入辅助核算的明细内容，而修改时也应修改明细内容。

◆ 如果某一科目有数量(外币)核算的要求，则录入余额时还应输入该余额的数量(外币)。

◆ 如果年中某月开始建账，需要输入启用月份的月初余额及年初到该月的借贷方累计发生额(年初余额由系统根据月初余额及借贷方累计发生额自动计算生成)。

◆ 系统只能对月初余额的平衡关系进行试算，而不能对年初余额进行试算。

◆ 如果期初余额不平衡，可以填制凭证但是不允许记账。

◆ 凭证记账后，期初余额变为只读状态，不能再修改。

8. 设置结算方式

操作步骤：

(1) 在企业应用平台的"基础设置"选项卡中，执行"基础档案"|"收付结算"|"结算方式"命令，进入"结算方式"窗口。

(2) 单击"增加"按钮，录入结算方式编码"1"，录入结算方式名称"现金结算"，单击"保存"按钮。以此方法继续录入其他的结算方式，如图3-15所示。

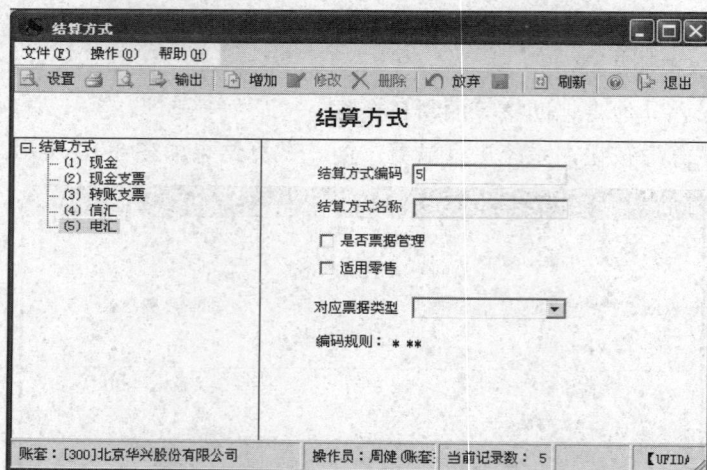

图 3-15 设置结算方式

(3) 单击"退出"按钮。

提示：

在总账系统中，结算方式将会在使用"银行账"类科目填制凭证时使用，并可作为银行对账的一个参数。

9. 设置开户银行

操作步骤:

(1) 在企业应用平台中,打开"基础设置"选项卡,执行"基础档案"|"收付结算"|"本单位开户银行"命令,进入"本单位开户银行"窗口。

(2) 单击"增加"按钮,打开"增加本单位开户银行"对话框。

(3) 在"增加本单位开户银行"对话框的"编码"栏录入"01",在"银行账号"栏录入"001-23456789",在"币种"栏选择"人民币",在"开户银行"栏录入"工行北京支行花园路办事处",在"所属银行编码"栏中选择"01—中国工商银行"。如图 3-16 所示。

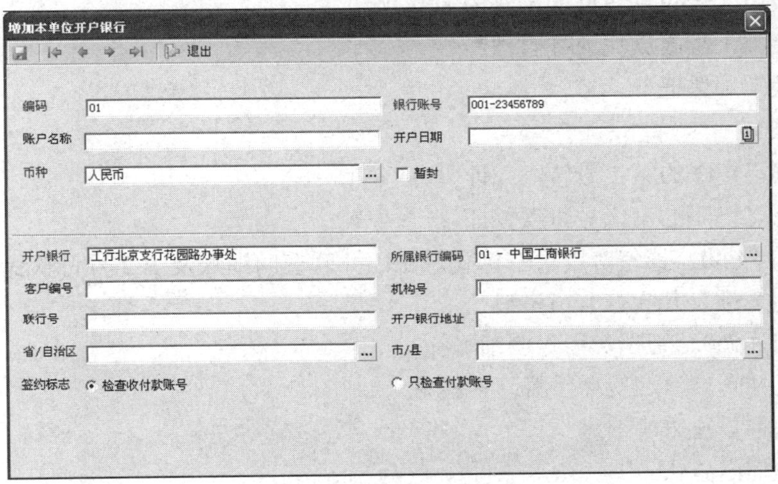

图 3-16 设置开户银行

(4) 单击"保存"按钮,再单击"退出"按钮退出。

提示:

银行账号必须为 12 位。

10. 账套备份

操作步骤:

在"D:\300 账套备份"文件夹中新建"(3-1)总账初始化"文件夹;将账套输出至"(3-1)总账初始化"文件夹中。

实验二 总账系统日常业务处理

实验准备

引入"D:\300 账套备份\(3-1)总账初始化"的账套备份数据,或引入光盘中的"实验账套\(3-1)总账初始化"的账套备份数据；将系统日期修改为"2014 年 1 月 31 日"。

实验要求

- 设置常用摘要
- 以"002 王东"的身份填制第 1～4 笔业务的记账凭证
- 审核凭证
- 出纳签字
- 修改第 2 号付款凭证的金额为 800 元
- 删除第 1 号收款凭证并整理断号
- 设置常用凭证
- 记账
- 查询已记账的第 1 号转账凭证
- 冲销已记账的第 1 号付款凭证
- 查询"6602 管理费用"三栏式总账，并联查明细账及第 2 号付款凭证
- 查询余额表并联查专项资料
- 查询"6602 管理费用"明细账
- 定义并查询"应交增值税"多栏账
- 查询客户往来明细账
- 查询部门总账
- 账套备份

实验资料

1. 常用摘要(如表 3-5 所示)

表 3-5 常 用 摘 要

摘 要 编 码	摘 要 内 容
1	购买包装物
2	报销办公费
3	计提折旧费

2. 2014 年 1 月发生的经济业务

(1) 1 月 8 日，以现金支付购买包装箱货款 600 元。

    借：周转材料   600
        贷：库存现金   600

(2) 1 月 8 日，以工行存款 500 元支付财务部办公费。

　　　借：管理费用——办公费(财务部)　　　　　　　500

　　　　　贷：银行存款——工行存款(转账支票 3 356)　500

　　(3) 1 月 12 日，销售给光华公司库存商品一批，货税款 93 600 元(货款 80 000 元，税款 13 600 元)尚未收到。

　　　借：应收账款(光华公司)　　　　　　　93 600

　　　　　贷：主营业务收入　　　　　　　　　80 000

　　　　　　　应交税费——增值税——销项税额　13 600

　　(4) 1 月 22 日，收到杨明偿还借款 1 000 元。

　　　借：库存现金　　　　　　　　　　　　　1000

　　　　　贷：其他应收款——应收职工借款(杨明)　1000

3. 常用凭证

　　摘要：从工行提现金；凭证类别：付款凭证；科目编码：1001 和 100201。

实验指导

1. 设置常用摘要

操作步骤：

(1) 在企业应用平台"基础设置"选项卡中，执行"基础档案"|"其他"|"常用摘要"命令，打开"常用摘要"对话框。

(2) 单击"增加"按钮，按实验资料录入常用摘要，如图 3-17 所示。

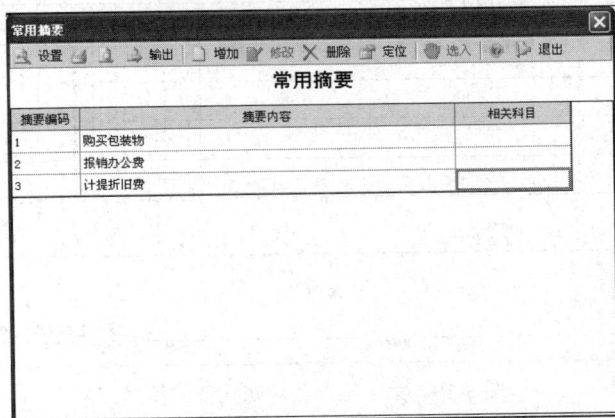

图 3-17　设置常用摘要

提示：

◆　设置常用摘要后可以在填制凭证时调用。

◆　常用摘要中的"相关科目"是指使用该摘要时通常使用的相关科目。如果设置相关科目，则在调用该常用摘要时系统会将相关科目一并列出，并可以进行修改。

2. 填制第 1 笔业务的记账凭证

操作步骤:

(1) 在企业应用平台中,单击"重注册",以"002"号操作员身份进入企业应用平台。

(2) 在"业务工作"选项卡中,执行"总账"|"凭证"|"填制凭证"命令,进入"填制凭证"窗口。

(3) 单击"增加"按钮或者按 F5 键。

(4) 单击凭证类别的参照按钮,选择"付款凭证"。

(5) 修改凭证日期为"2014.01.08"。

(6) 在摘要栏录入"1"(即调用第 1 号常用摘要),或者直接录入摘要。

(7) 按回车键,或用鼠标单击"科目名称"栏,单击科目名称栏的参照按钮(或按 F2 键),选择"资产"类科目"1411 周转材料",或者直接在科目名称栏输入"1411"。

(8) 按回车键,或用鼠标单击"借方金额"栏,录入借方金额"600"。

(9) 按回车键(复制上一行的摘要),再按回车健,或用鼠标单击"科目名称"栏(第二行),单击科目名称栏的参照按钮(或按 F2 键),选择"资产"类科目"1001 库存现金",或者直接在科目名称栏输入"1001"。

(10) 按回车键,或用鼠标单击"贷方金额"栏,录入贷方金额"600",或直接按"="键,如图 3-18 所示。

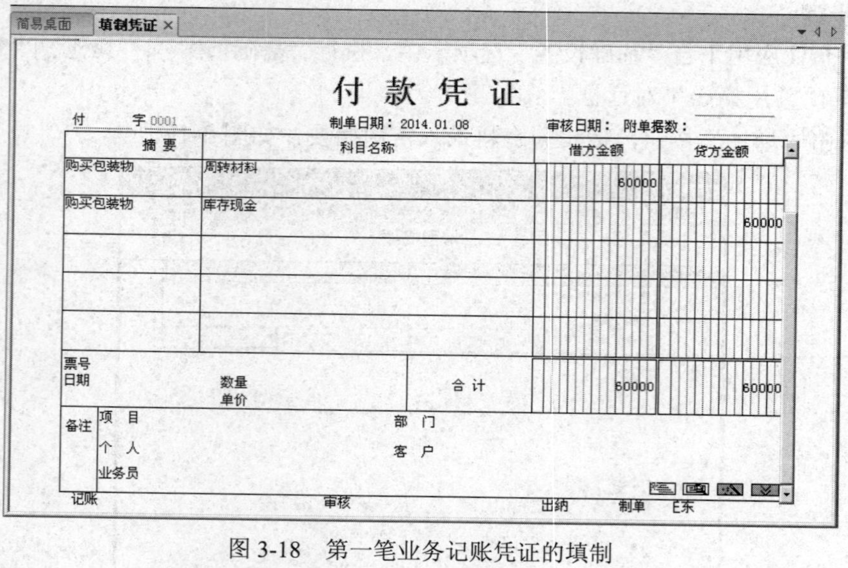

图 3-18 第一笔业务记账凭证的填制

(11) 单击"保存"按钮,系统弹出"凭证已成功保存!"信息提示框,单击"确定"按钮返回。

提示:

◆ 检查当前操作员,如果当前操作员不是"王东",则应以重注册的方式更换操作员为"王东"。

◆ 凭证填制完成后，可以单击"保存"按钮保存凭证，也可以单击"增加"按钮保存并增加下一张凭证。

◆ 凭证填制完成后，在未审核前可以直接修改。

◆ 如果凭证的金额录错了方向，可以直接按空格键改变金额方向。

◆ 凭证日期应满足总账选项中的设置，如果默认系统的选项，则不允许凭证日期逆序。

3. 填制第 2 笔业务的记账凭证

操作步骤：

(1) 在"填制凭证"窗口中，单击"增加"按钮或者按 F5 键。

(2) 参照以上操作录入表头各项信息。

(3) 调用常用摘要"2"，用鼠标单击"科目名称"栏，单击"科目名称"栏的参照按钮(或按 F2 键)，选择"损益"类科目"660201 管理费用/办公费"，或者直接在"科目名称"栏输入"660201"。

(4) 按回车键，出现辅助项"部门"对话框，单击"部门"栏参照按钮，选择"财务部"，或直接录入财务部的编码"2"，如图 3-19 所示，单击"确定"按钮。录入借方金额"500"。

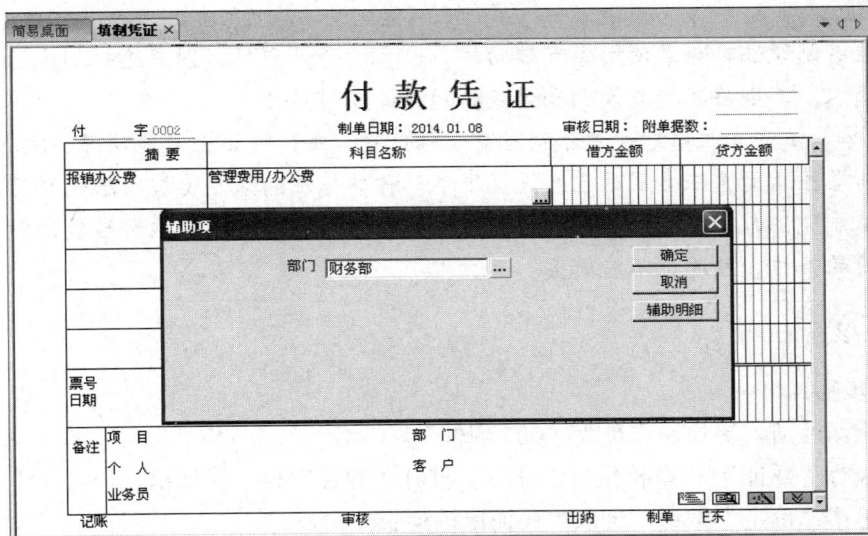

图 3-19 带部门辅助核算科目的记账凭证的填制

(5) 按回车键(复制上一行的摘要)，再按回车键，或单击"科目名称"栏(第二行)，单击"科目名称"栏的参照按钮(或按 F2 键)，选择"资产"类科目"100201 工行存款"，或者直接在"科目名称"栏输入"100201"。 按回车键，打开"辅助项"对话框，单击"结算方式"参照按钮，选择"转账支票"，或输入结算方式编码"3"，输入支票号"3356"，如图 3-20 所示。

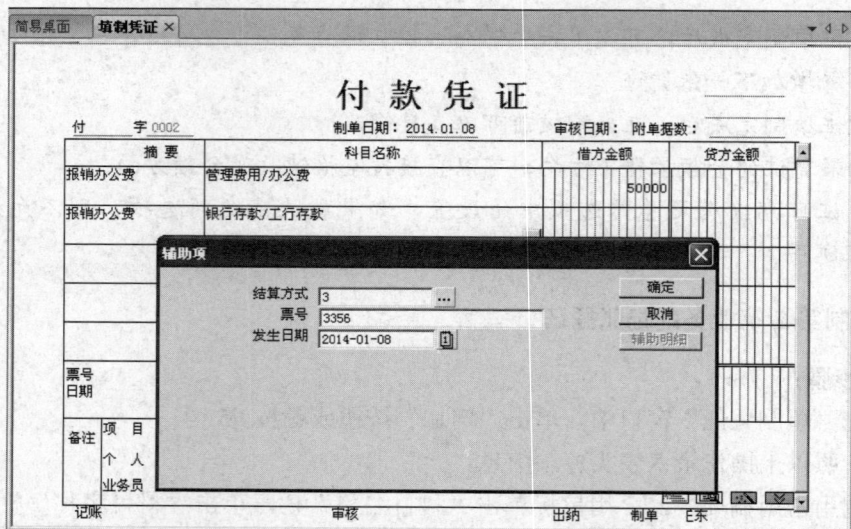

图 3-20　带银行账辅助核算科目记账凭证的填制

(6) 单击"确定"按钮，录入贷方金额"500"，或直接按"="键。

(7) 单击"保存"按钮保存凭证。

(8) 以此方法，分别录入第 3 笔业务的转账凭证和第 4 笔业务的收款凭证的内容。

提示：

◆ 在填制凭证时如果使用含有辅助核算内容的会计科目，则应选择相应的辅助核算内容，否则将不能查询到辅助核算的相关资料。

◆ "="键意为取借贷方差额到当前光标位置。每张凭证上只能使用一次。

◆ 如果在设置凭证类别时已经设置了不同种类凭证的限制类型及限制科目，那么在填制凭证时，若凭证类别选择错误，则在进入新的状态时系统会提示凭证不能满足的条件，且凭证不能保存。

4. 审核凭证

操作步骤：

(1) 重新注册，更换操作员为"001 周健"。

(2) 执行"凭证"|"审核凭证"命令，打开"凭证审核"对话框。

(3) 单击"确定"按钮，进入"凭证审核列表"窗口。

(4) 双击打开待审核的第 1 号"收款凭证"。

(5) 单击"审核"按钮(第 1 号收款凭证审核完成后，系统自动翻页到第 2 张待审核的凭证)，再单击"审核"按钮，直到将已经填制的 4 张凭证全部审核签字。

(6) 单击"退出"按钮退出。

提示：

◆ 系统要求制单人和审核人不能是同一个人，因此在审核凭证前一定要首先检查一下，当前操作员是否就是制单人，如果是，则应更换操作员。

◆ 凭证审核的操作权限应首先在"系统管理"的权限中进行赋权，其次还要注意在总账系统的选项中是否设置了"凭证审核控制到操作员"的选项，如果设置了该选项，则应继续设置审核的明细权限，即"数据权限"中的"用户"权限。只有在"数据权限"中设置了某用户有权审核其他某一用户所填制凭证的权限，该用户才真正拥有了审核凭证的权限。

◆ 在凭证审核的功能中除了可以分别对单张凭证进行审核外，还可以执行"成批审核"的功能，对符合条件的待审核凭证进行成批审核。

◆ 在审核凭证的功能中还可以对有错误的凭证进行"标错"处理，还可以"取消"审核。

◆ 已审核的凭证将不能直接修改，只能在取消审核后才能在填制凭证的功能中进行修改。

5. 出纳签字

操作步骤：

(1) 重新注册，更换操作员为"张平"。

(2) 执行"凭证"|"出纳签字"命令，打开"出纳签字"对话框。

(3) 单击"确定"按钮，进入"出纳签字列表"窗口。

(4) 双击打开待签字的第 1 号"收款凭证"。

(5) 单击"签字"按钮，接着单击"下张"按钮，再单击"签字"按钮，直到将已经填制的所有收付凭证进行出纳签字。

(6) 单击"退出"按钮退出。

提示：

◆ 出纳签字的操作既可以在"凭证审核"后进行，也可以在"凭证审核"前进行。

◆ 进行出纳签字的操作员应已在系统管理中赋予了出纳的权限。

◆ 要进行出纳签字的操作应满足以下 3 个条件：首先，在总账系统的"选项"中已经设置了"出纳凭证必须经由出纳签字"；其次已经在会计科目中进行了"指定科目"的操作；最后，凭证中所使用的会计科目是已经在总账系统中设置为"日记账"辅助核算内容的会计科目。

◆ 如果发现已经进行了出纳签字的凭证有错误，则应在取消出纳签字后再在填制凭证功能中进行修改。

6. 修改第 2 号付款凭证

操作步骤：

(1) 由操作员"003 张平"执行"凭证"|"出纳签字"命令，打开"出纳签字"对话框。

(2) 单击"凭证类别"栏的下三角按钮，选择"付款凭证"。

(3) 单击"月份"选项，在"凭证号"栏输入"2"，如图 3-21 所示。

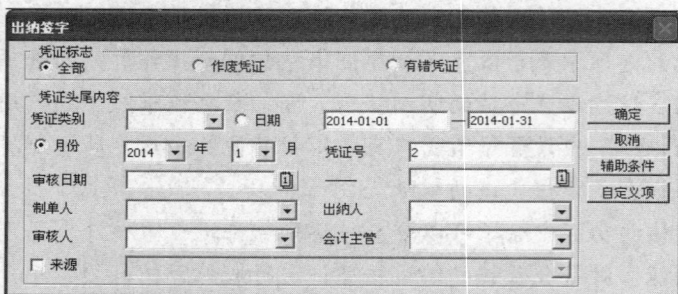

图 3-21　出纳签字

(4) 单击"确定"按钮，进入"出纳签字列表"窗口。

(5) 双击进入第 2 号付款凭证窗口。

(6) 单击"取消"按钮，取消出纳签字，再单击"退出"按钮。

(7) 重新注册，更换操作员为"001 周健"。

(8) 执行"凭证"|"凭证审核"命令，打开"凭证审核"对话框。

(9) 同以上操作，找到并进入第 2 号付款凭证窗口。

(10) 单击"取消"审核按钮，取消审核签字，然后单击"退出"按钮。

(11) 重新注册，更换操作员为"002 王东"。

(12) 执行"凭证"|"填制凭证"命令，进入"填制凭证"窗口。

(13) 单击"上张"、"下张"按钮，找到第 2 张付款凭证。

(14) 在第 2 张付款凭证中，将借贷方金额分别修改为"800"，单击"保存"按钮。

(15) 再更换操作员，由"001 周健"对第 2 号付款凭证进行审核，由"003 张平"对第 2 号付款凭证进行出纳签字。

提示:

◆ 未审核的凭证可以直接修改，但是，凭证类别不能修改。

◆ 已进行出纳签字而未审核的凭证如果发现有错误，可以由原出纳签字的操作员在"出纳签字"功能中取消出纳签字后，再由原制单人在填制凭证功能中修改凭证。

◆ 如果在总账系统的选项中选中"允许修改、作废他人填制的凭证"，则在填制凭证功能中可以由非原制单人修改或作废他人填制的凭证，被修改凭证的制单人将被修改为现在修改凭证的人。

◆ 如果在总账系统的选项中没有选中"允许修改、作废他人填制的凭证"，则只能由原制单人在填制凭证的功能中修改或作废凭证。

◆ 已审核的凭证如果发现有错误，应由原审核人在"审核凭证"功能中取消审核签字后，再由原制单人在填制凭证功能中修改凭证。

◆ 被修改的凭证应在保存后退出。

◆ 凭证的辅助项内容如果有错误，可以在单击含有错误辅助项的会计科目后，将鼠标移到错误的辅助项所在位置，当出现"笔头状光标"时双击此处，弹出辅助项录入窗口，直接修改辅助项的内容，或者按 Ctrl+S 键调出辅助项录入窗口后修改。

7. 删除第 1 号收款凭证

操作步骤：

(1) 由操作员"周健"取消对该凭证的审核。

(2) 由操作员"张平"取消对该凭证的出纳签字。

(3) 由操作员"王东"执行"凭证"|"填制凭证"命令，进入"填制凭证"窗口。

(4) 单击"上张"、"下张"找到第 1 张收款凭证。

(5) 执行"作废/恢复"命令，将该张凭证打上"作废"标志，如图 3-22 所示。

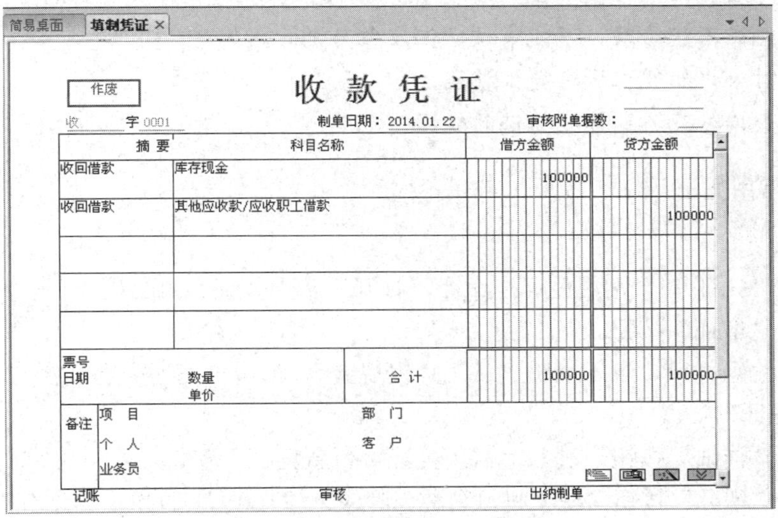

图 3-22　作废凭证

(6) 执行"整理凭证"命令，选择凭证期间"2014.01"，单击"确定"按钮，打开"作废凭证表"对话框。

(7) 双击"作废凭证表"对话框中的"删除？"栏，如图 3-23 所示。

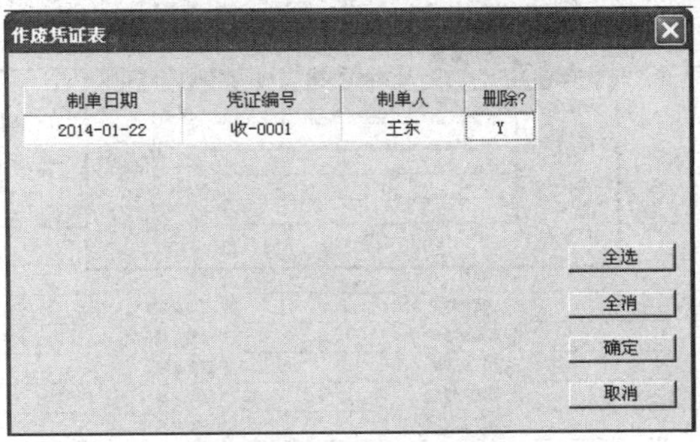

图 3-23　作废凭证表

(8) 单击"确定"按钮，系统弹出"是否还需整理凭证断号"信息提示框，并提供 3

种断号整理方式:"按凭证号重排"、"按凭证日期重排"、"按审核日期重排"。

(9) 选择"按凭证号重排",单击"是"按钮,系统完成对凭证号的重新整理。

提示:

♦ 未审核的凭证可以直接删除,已审核或已进行出纳签字的凭证不能直接删除,必须在取消审核及取消出纳签字后再删除。

♦ 若要删除凭证,必须先进行"作废"操作,而后再进行整理。如果在总账系统的选项中选中"自动填补凭证断号"及"系统编号",那么在对作废凭证整理时,若选择不整理断号,则再填制凭证时可以由系统自动填补断号。否则,将会出现凭证断号。

♦ 对于作废凭证,可以单击"作废/恢复"按钮,取消"作废"标志。

♦ 作废凭证不能修改、不能审核,但应参与记账。

♦ 只能对未记账凭证进行凭证整理。

♦ 账簿查询时查不到作废凭证的数据。

8. 设置常用凭证

操作步骤:

(1) 执行"凭证"|"常用凭证"命令,打开"常用凭证"对话框。

(2) 单击"增加"按钮。

(3) 录入编码"1",录入说明"从工行提现金",单击"凭证类别"栏的下三角按钮,选择"付款凭证"。

(4) 单击"详细"按钮,进入"常用凭证—付款凭证"窗口。

(5) 单击"增分"按钮,在"科目名称"栏录入"1001";再单击"增分"按钮,在第2行"科目名称"栏录入"100201";选择结算方式"现金支票",如图3-24所示。

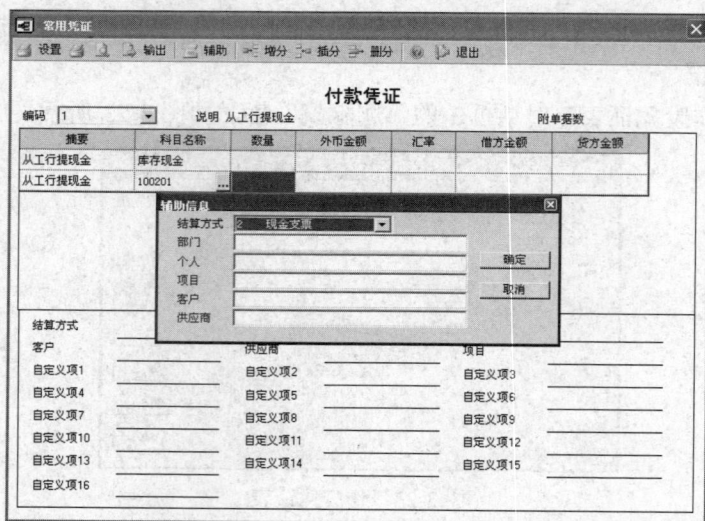

图3-24 "常用凭证-付款凭证"窗口

(6) 单击"退出"按钮退出。

提示:

◆ 在填制凭证时可以执行"常用凭证"|"调用常用凭证"命令,调用事先定义的常用凭证,或在填制凭证功能中单击"F4"调用常用凭证。

◆ 调用的常用凭证可以修改。

9. 记账

操作步骤:

(1) 由操作员"001 周健"执行"凭证"|"记账"命令,打开"记账"对话框。选择"2014.01 月份凭证","记账范围"为"全选"。

(2) 单击"记账"按钮,打开"期初试算平衡表"窗口。

(3) 单击"确定"按钮,系统自动进行记账,记账完成后,系统弹出"记账完毕!"信息提示框,如图 3-25 所示。

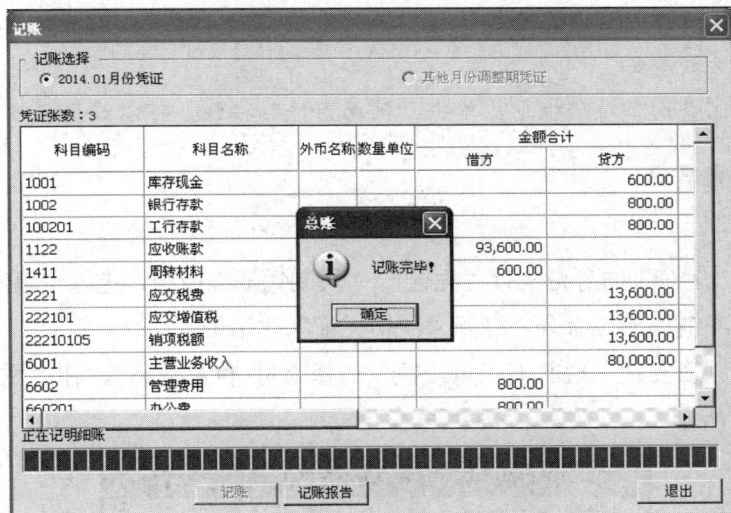

图 3-25 记账完毕

(4) 单击"确定"按钮。

提示:

◆ 如果期初余额试算不平衡不允许记账;如果有未审核的凭证不允许记账;上月未结账本月不能记账。

◆ 如果不输入记账范围,系统默认为所有凭证。

◆ 记账后不能整理断号。

◆ 已记账的凭证不能在"填制凭证"功能中查询。

10. 查询已记账的凭证

操作步骤：

(1) 执行"凭证"|"查询凭证"命令，打开"凭证查询"对话框。

(2) 选择"已记账凭证"，选择凭证类别为"转账凭证"，在"凭证号"栏录入"1"。

(3) 单击"确定"按钮，进入"查询凭证列表"窗口。

(4) 双击打开第 1 号转账凭证进行查看。

(5) 单击"退出"按钮。

提示：

◆ 在"查询凭证"功能中既可以查询已记账凭证，也可以查询未记账凭证。而在填制凭证功能中只能查询到未记账凭证。

◆ 通过设置查询条件还可以查询"作废凭证"、"有错凭证"、某制单人填制的凭证、其他子系统传递过来的凭证，以及一定日期区间、一定凭证号区间的记账凭证。

◆ 已记账凭证除了可以在查询凭证功能中查询之外，还可以在查询账簿资料时，以联查的方式查询。

◆ 在"凭证查询"对话框中，单击"辅助条件"按钮，可以设定更多的查询条件。

11. 冲销记账凭证

操作步骤：

(1) 以"002 王东"的身份执行"凭证"|"填制凭证"命令，进入"填制凭证"窗口。

(2) 执行"冲销凭证"命令，打开"冲销凭证"对话框。

(3) 单击"凭证类别"栏的下三角按钮，选择"付 付款凭证"，在"凭证号"栏录入"1"，如图 3-26 所示。

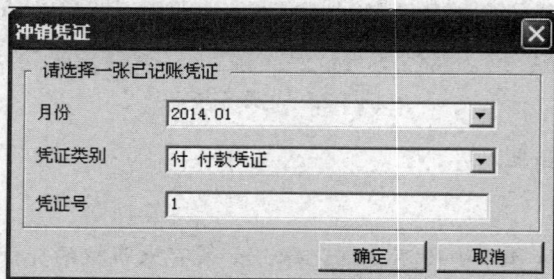

图 3-26　冲销凭证

(4) 单击"确定"按钮，弹出如图 3-27 所示的窗口。

(5) 单击"退出"按钮。

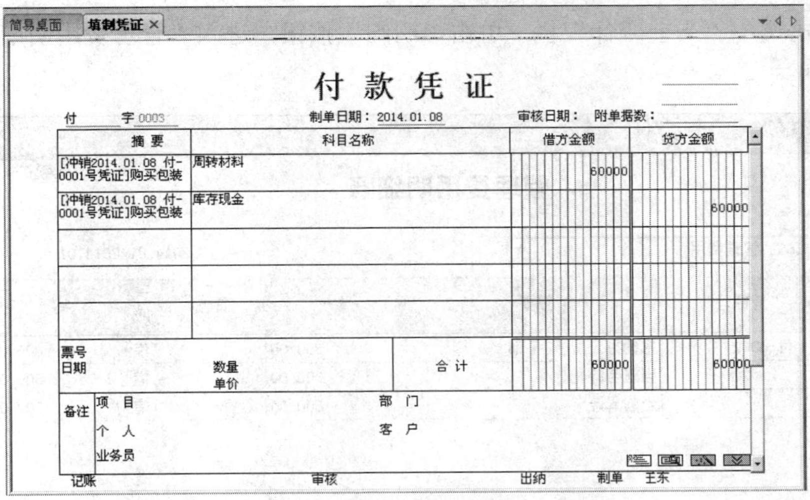

图 3-27 冲销凭证生成

提示：

- 冲销凭证是针对已记账凭证由系统自动生成的一张红字冲销凭证。
- 冲销凭证相当于填制了一张凭证，不需保存，只要进入新的状态就由系统将冲销凭证自动保存。
- 已冲销凭证仍需审核、出纳签字后记账。

12. 账簿查询

查询"6602 管理费用"总账

操作步骤：

(1) 在总账系统中，执行"账表"|"科目账"|"总账"命令，打开"总账查询条件"对话框。

(2) 直接录入或选择科目编码"6602"，单击"确定"按钮，进入"管理费用总账"窗口，如图 3-28 所示。

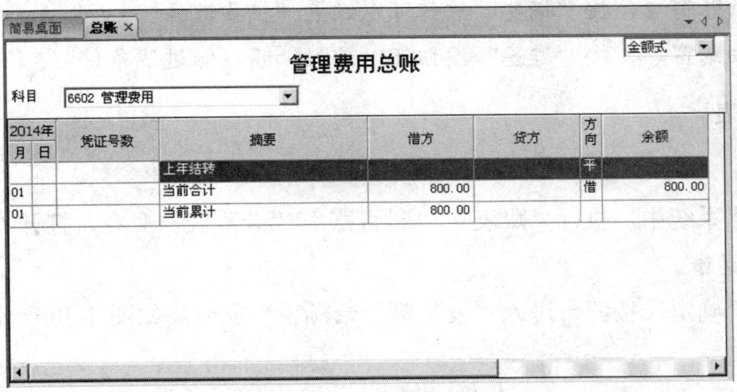

图 3-28 "管理费用总账"窗口

(3) 单击选中"当前合计"栏，单击"明细"按钮，进入"管理费用明细账"窗口，如图 3-29 所示。

图 3-29　"管理费用明细账"窗口

(4) 单击选中"付-0002"所在行，单击"凭证"按钮，打开第 2 号付款凭证。

(5) 单击"退出"按钮退出。

提示：

◆ 在总账查询功能中，可以查询到三栏式总账的年初余额、各月发生额合计和月末余额，而且可以查询到二至五级明细科目的年初余额、各月发生额合计和月末余额，还可以查询到明细账中每项明细资料对应的记账凭证。

◆ 在查询总账时可以在总账条件查询中，通过录入科目范围查询一定科目范围内的总账。

◆ 在总账查询功能中可以查询"包含未记账凭证"的总账。

◆ 在明细账窗口，按"摘要"按钮可以设置"摘要选项"。

◆ 在明细账窗口，按"过滤"按钮可以录入"明细账过滤条件"。

查询余额表

操作步骤：

(1) 在总账系统中，执行"账表"|"科目账"|"余额表"命令，打开"发生额及余额查询条件"对话框。

(2) 单击"确定"按钮，进入"发生额及余额表"窗口，如图 3-30 所示。

简易桌面 | 发生额及余额表 ×

金额式

发生额及余额表

月份：2014.01-2014.01

科目编码	科目名称	期初余额		本期发生		期末余额	
		借方	贷方	借方	贷方	借方	贷方
1001	库存现金	8,000.00			600.00	7,400.00	
1002	银行存款	222,000.00			800.00	221,200.00	
1121	应收票据	1,170.00				1,170.00	
1122	应收账款	14,540.00		93,600.00		108,140.00	
1123	预付账款	20,000.00				20,000.00	
1221	其他应收款	6,000.00				6,000.00	
1403	原材料	75,332.00				75,332.00	
1405	库存商品	50,000.00				50,000.00	
1411	周转材料			600.00		600.00	
1601	固定资产	1,212,000.00				1,212,000.00	
1602	累计折旧		155,124.00				155,124.00
资产小计		1,609,042.00	155,124.00	94,200.00	1,400.00	1,701,842.00	155,124.00
2001	短期借款		120,000.00				120,000.00
2201	应付票据		25,740.00				25,740.00
2202	应付账款		62,010.00				62,010.00
2203	预收账款		30,000.00				30,000.00
2221	应交税费		16,168.00		13,600.00		29,768.00
2501	长期借款		200,000.00				200,000.00
负债小计			453,918.00		13,600.00		467,518.00
4001	实收资本		1,000,000.00				1,000,000.00
权益小计			1,000,000.00				1,000,000.00
6001	主营业务收入				80,000.00		80,000.00
6602	管理费用			800.00		800.00	
损益小计				800.00	80,000.00	800.00	80,000.00
合计		1,609,042.00	1,609,042.00	95,000.00	95,000.00	1,702,642.00	1,702,642.00

图 3-30 发生额及余额表

(3) 将光标定位在“1122 应收账款”，单击“专项”按钮，打开余额表中的专项资料，如图 3-31 所示。

简易桌面 | 发生额及余额表 | 客户科目余额表 ×

金额式

科目余额表

科目 1122 应收账款

月份：2014.01-2014.01

科目		客户		方向	期初余额	借方	贷方	方向	期末余额
编码	名称	编号	名称		本币	本币	本币		本币
1122	应收账款	01	天益公司	借	7,020.00			借	7,020.00
1122	应收账款	04	明兴公司	借	7,520.00			借	7,520.00
1122	应收账款	07	光华公司	平		93,600.00		借	93,600.00
合计：				借	14,540.00	93,600.00		借	108,140.00

图 3-31 科目余额表

(4) 单击“退出”按钮退出。

提示：

- 在余额表查询功能中，可以查询各级科目的本月期初余额、本期发生额及期末余额。
- 在发生额及余额表中，单击“累计”按钮，可以查询到累计借贷方发生额。
- 在发生额及余额表中，单击“专项”按钮，可以查询到带有辅助核算内容的辅助资料。

◆ 可以查询某个余额查询范围内的余额情况。

◆ 可以查询到包含未记账凭证在内的最新发生额及余额。

查询"6602 管理费用"明细账

操作步骤：

(1) 执行"账表"|"科目账"|"明细账"命令，打开"明细账查询条件"对话框。

(2) 直接录入或选择科目编码"6602"，单击"确定"按钮，进入"管理费用明细账"窗口。

(3) 单击"退出"按钮退出。

提示：

◆ 在明细账查询功能中，可以查询一定科目范围内的明细账。

◆ 可以查询月份综合明细账。

◆ 可以查询到包含未记账凭证在内的明细账。

◆ 可以按"对方科目展开"方式查询明细账。

◆ 在明细账中可以联查到总账及相应的记账凭证。

◆ 如果在总账系统的"选项"中，选择了"明细账查询权限控制到科目"，则必须在"基础设置"的"数据权限"中设置相应的数据权限。如果某操作员不具备查询某科目明细账的权限，则在明细账查询功能中就看不到无权查询的科目明细账的内容。

定义并查询"应交增值税"多栏账

操作步骤：

(1) 在总账系统中，执行"账表"|"科目账"|"多栏账"命令，进入"多栏账"窗口。

(2) 单击"增加"按钮，打开"多栏账定义"对话框。

(3) 单击"核算科目"栏的下三角按钮，选择"2221 应交税费"，单击"自动编制"按钮，出现栏目定义的内容，如图 3-32 所示。

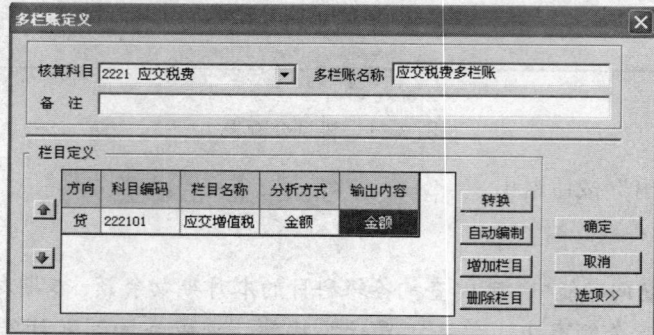

图 3-32 多栏账定义

(4) 单击"确定"按钮，完成应交税费多栏账的设置。

(5) 单击“查询”按钮，打开“多栏账查询”对话框。单击“确定”按钮，显示应交税费多栏账。

提示：

- 在总账系统中，普通多栏账由系统将要分析科目的下级科目自动生成“多栏账”。
- 多栏账的栏目内容可以自定义，可以对栏目的分析方向、分析内容、输出内容进行定义，同时可以定义多栏账格式。
- 自定义多栏账可以根据实际管理需要将不同的科目及不同级次的科目形成新的多栏账，以满足多科目的综合管理。

查询客户往来明细账中的客户科目明细账

操作步骤：

(1) 在总账系统中，执行“账表”|“客户往来辅助账”|“客户往来明细账”|“客户科目明细账”命令，打开“客户科目明细账”查询条件对话框。

(2) 单击“确定”按钮，打开“客户科目明细账”，如图 3-33 所示。

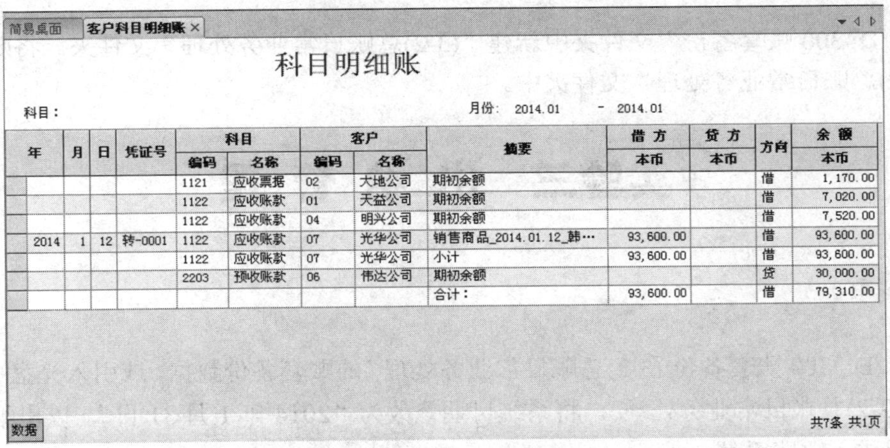

年	月	日	凭证号	科目 编码	科目 名称	客户 编码	客户 名称	摘要	借方 本币	贷方 本币	方向	余额 本币
				1121	应收票据	02	大地公司	期初余额			借	1,170.00
				1122	应收账款	01	天益公司	期初余额			借	7,020.00
				1122	应收账款	04	明兴公司	期初余额			借	7,520.00
2014	1	12	转-0001	1122	应收账款	07	光华公司	销售商品_2014.01.12_韩…	93,600.00		借	93,600.00
				1122	应收账款	07	光华公司	小计	93,600.00		借	93,600.00
				2203	预收账款	06	伟达公司	期初余额			贷	30,000.00
								合计：	93,600.00		借	79,310.00

图 3-33 科目明细账

(3) 单击“退出”按钮退出。

(4) 可以进行客户往来余额、客户往来催款单、客户往来账龄分析等查询。

提示：

- 在“客户科目明细账”功能中，可以查询所有辅助核算内容为“客户往来”的科目明细账。
- 可以查询各个客户、各个月份的客户科目明细账。
- 可以查询包含未记账凭证的客户科目明细账。
- 在科目明细账中，可以联查到总账及凭证的内容，还可以进行摘要内容的设置。
- 客户往来辅助账的查询方式较多，可以根据不同需要在不同的查询功能中查找到有用的数据。

查询部门科目总账

操作步骤:

(1) 在总账系统中,执行"账表"|"部门辅助账"|"部门总账"|"部门科目总账"命令,打开"部门科目总账条件"对话框。

(2) 单击"确定"按钮,打开部门总账。

(3) 单击"退出"按钮退出。

提示:

♦ 部门科目总账查询功能中,可以按科目、按部门、按科目和部门查询部门科目总账。

♦ 可以查询不同月份范围的部门科目总账。

♦ 可以查询包含未记账凭证内容的部门科目总账。

♦ 在部门科目总账中,可以单击"累计"按钮查询包含累计借贷方发生额的部门总账,单击"明细"按钮查询部门明细账的资料。

13. 账套备份

在"D:\300 账套备份"文件夹中新建"(3-2)总账日常业务处理"文件夹。将账套输出至"(3-2)总账日常业务处理"文件夹中。

实验三　出　纳　管　理

实验准备

引入 D: \300 账套备份\(3-2)总账日常业务处理"的账套备份数据,或引入光盘中的"实验账套\(3-2)总账日常业务处理"。将系统日期修改为"2014 年 1 月 31 日",以出纳张平的身份注册进入总账系统。

实验要求

- 查询日记账
- 查询资金日报表
- 支票登记簿
- 银行对账
- 账套备份

实验资料

1. 转账支票

1 月 22 日，销售一科刘红领用转账支票(NO.9988)支付办公费，限额 500 元。

2. 银行对账期初数据

企业日记账余额为 222 000 元，银行对账单期初余额为 220 000 元，有企业已收而银行未收的未达账(2013 年 12 月 20 日)2 000 元。

3. 2014 年 1 月银行对账单(如表 3-6 所示)

表 3-6　银行对账单

日　期	结 算 方 式	票　号	借 方 金 额	贷 方 金 额	余　额
2014.01.08	转账支票	3356		800	219 200
2014.01.22	转账支票	5689	500		219 700

实验指导

1. 查询现金日记账

操作步骤：

(1) 执行“出纳”|“现金日记账”命令，打开“现金日记账查询条件”对话框。

(2) 单击“确定”按钮，进入“现金日记账”窗口，如图 3-34 所示。

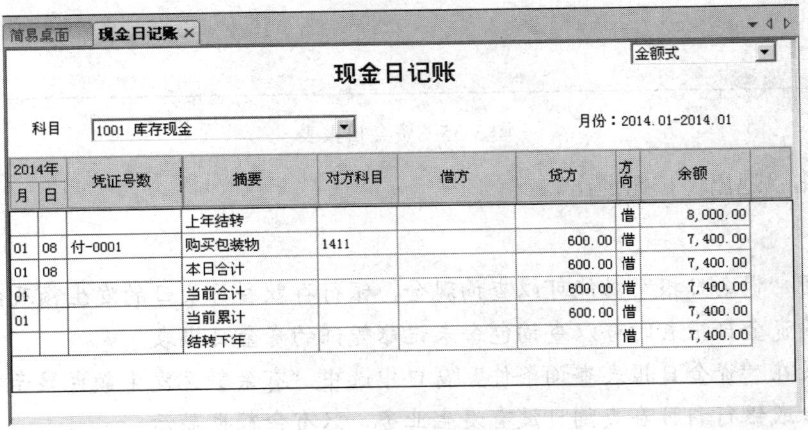

2014年 月	日	凭证号数	摘要	对方科目	借方	贷方	方向	余额
			上年结转				借	8,000.00
01	08	付-0001	购买包装物	1411		600.00	借	7,400.00
01	08		本日合计			600.00	借	7,400.00
01			当前合计			600.00	借	7,400.00
01			当前累计			600.00	借	7,400.00
			结转下年				借	7,400.00

图 3-34　现金日记账

(3) 单击“退出”按钮退出。

提示：

♦ 只有在“会计科目”功能中使用“指定科目”功能指定“现金总账科目”及“银

行总账科目”，才能查询“现金日记账”及“银行存款日记账”。

◆ 既可以按日查询，也可以按月查询现金及银行存款日记账。
◆ 查询日记账时还可以查询包含未记账凭证的日记账。
◆ 在已打开的日记账窗口中还可以通过单击“过滤”按钮，输入过滤条件快速查询日记账的具体内容。
◆ 在已打开的日记账窗口中还可以通过单击“凭证”按钮，查询该条记录所对应的记账凭证。

2. 查询 1 月 8 日的资金日报表

操作步骤：

(1) 执行“出纳”|“资金日报”命令，打开“资金日报表查询条件”对话框。

(2) 选择日期“2014.01.08”，单击“确定”按钮，进入“资金日报表”窗口，如图 3-35 所示。

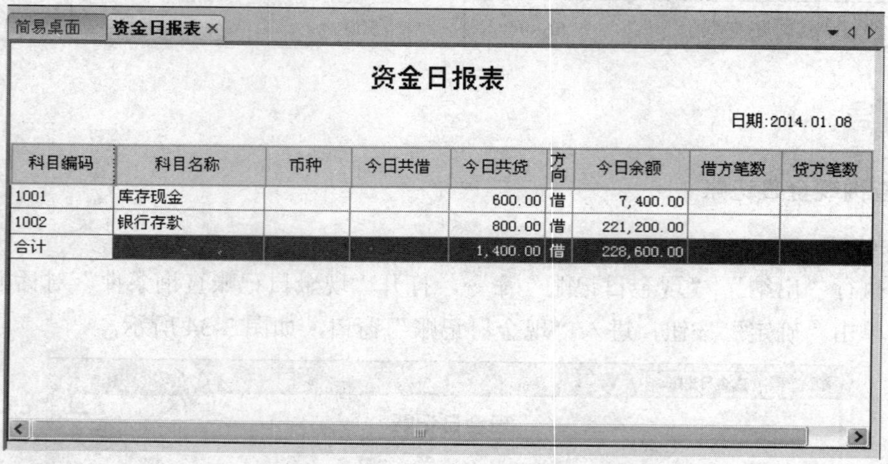

科目编码	科目名称	币种	今日共借	今日共贷	方向	今日余额	借方笔数	贷方笔数
1001	库存现金			600.00	借	7,400.00		
1002	银行存款			800.00	借	221,200.00		
合计				1,400.00	借	228,600.00		

图 3-35　资金日报表

(3) 单击“退出”按钮退出。

提示：

◆ 使用“资金日报”功能可以查询现金、银行存款科目某日的发生额及余额情况。
◆ 查询资金日报表时可以查询包含未记账凭证的资金日报表。
◆ 如果在“资金日报表查询条件”窗口中选中“有余额无发生额也显示”，则即使现金或银行科目在查询日没有发生业务，只有余额也显示。

3. 登记支票登记簿

操作步骤：

(1) 执行“出纳”|“支票登记簿”命令，打开“银行科目选择”对话框。

(2) 单击“确定”按钮，打开“支票登记簿”窗口。

(3) 单击"增加"按钮，录入或选择领用日期"2014.01.22"，领用部门"销售一科"，领用人"刘红"，支票号"9988"，预计金额"500"及用途"办公费"，如图3-36所示。

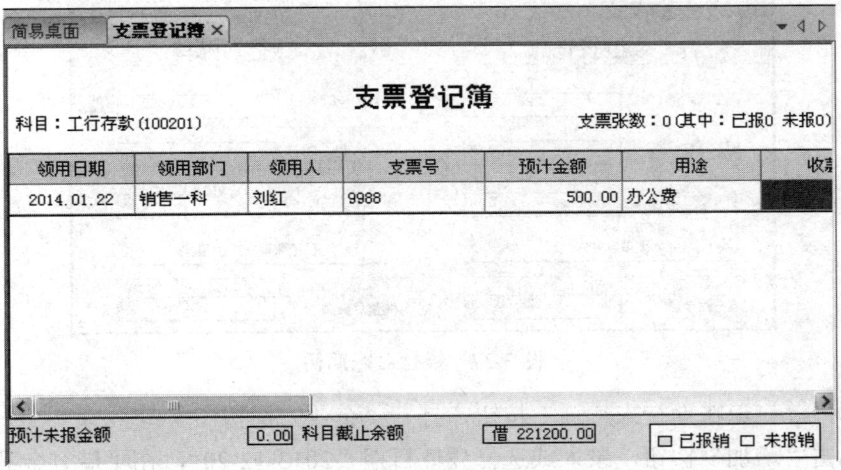

图 3-36　支票登记簿

(4) 单击"保存"按钮并退出。

提示：

◆ 只有在总账系统的初始设置选项中已选择"支票控制"，并在结算方式设置中已设置"票据结算"标志，在"会计科目"中已指定银行账的科目，才能使用支票登记簿。

◆ 针对不同的银行账户分别登记支票登记簿。

◆ 当支票登记簿中的报销日期为空时，表示该支票未报销，否则系统认为该支票已报销。

◆ 当支票支出后，在填制凭证时输入该支票的结算方式和结算号，则系统会自动在支票登记簿中将该号支票写上报销日期，该支票即为已报销。

◆ 单击"批删"按钮，输入需要删除已报销支票的起止日期，即可删除此期间的已报销支票。

◆ 单击"过滤"按钮后，即可对支票按领用人或者部门进行各种统计。

4. 录入银行对账期初数据

操作步骤：

(1) 执行"出纳"|"银行对账"|"银行对账期初录入"命令，进入"银行科目选择"窗口。

(2) 选择"100201 工行存款"，单击"确定"按钮，进入"银行对账期初"窗口。

(3) 在单位日记账的"调整前余额"栏录入"222 000"，在银行对账单的"调整前余额"栏录入"220 000"，如图3-37所示。

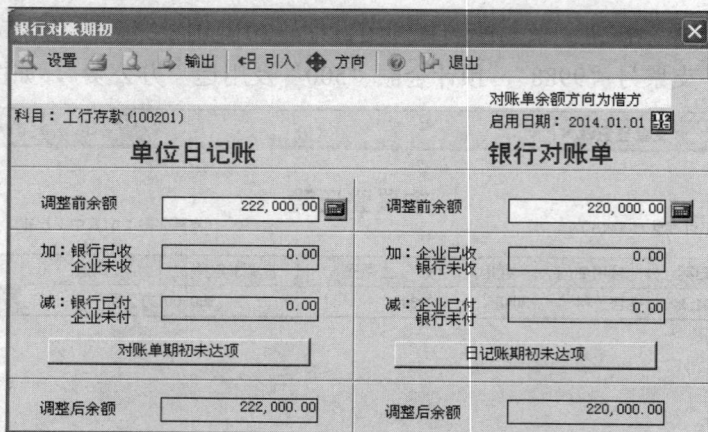

图 3-37　银行对账期初

(4) 单击"日记账期初未达项"按钮，打开"企业方期初"窗口。

(5) 单击"增加"按钮，录入或选择凭证日期"2013-12-20"，在"借方金额"栏录入"2 000"。如图 3-38 所示。

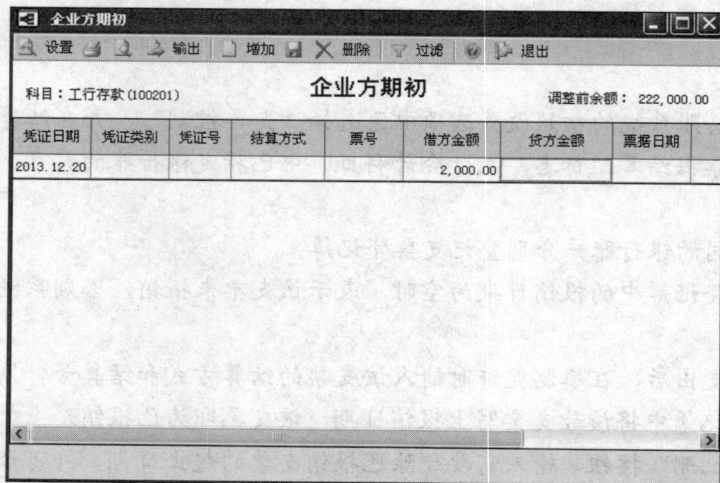

图 3-38　企业方期初

(6) 单击"保存"按钮，再单击"退出"按钮，返回"银行对账期初"窗口。

(7) 单击"退出"按钮。

提示：

◆ 在第一次使用银行对账功能时，应录入单位日记账及银行对账单的期初数据，包括期初余额及期初未达账项。

◆ 系统默认银行对账单余额方向为借方，即银行对账单中借方发生额为银行存款增加，贷方发生额为银行存款减少。通过"方向"按钮可以调整银行对账单的余额方向，如果把余额方向调整为贷方，则银行对账单中借方发生额为银行存款减少，而贷方发生额为银行存款的增加。

◆ 系统会根据调整前余额及期初未达项自动计算出银行对账单与单位日记账的调整后余额。

5. 录入银行对账单

操作步骤：

(1) 执行"出纳"|"银行对账"|"银行对账单"命令，打开"银行科目选择"对话框。

(2) 单击"确定"按钮，进入"银行对账单"窗口。

(3) 单击"增加"按钮。

(4) 录入或选择日期"2014.01.08"，选择结算方式"转账支票"，录入票号"3356"，录入贷方金额"800"，回车，再录入或选择日期"2014.01.22"，选择结算方式"转账支票"，录入票号"5689"，录入借方金额"500"，如图3-39所示。

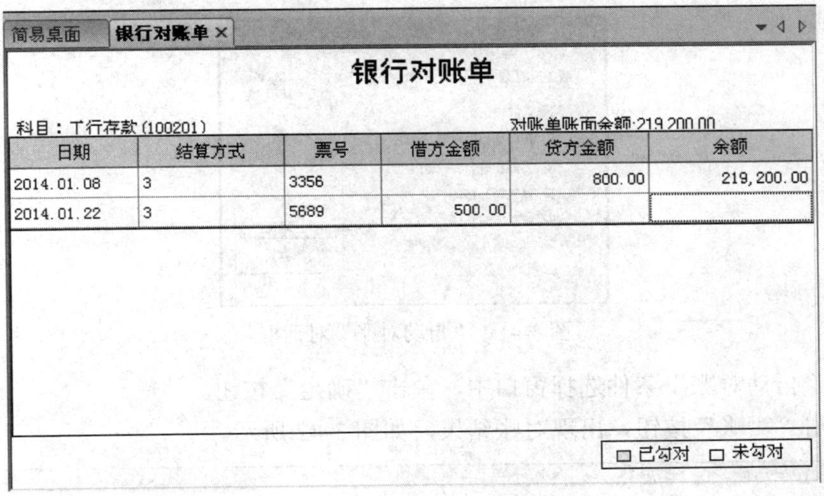

图 3-39 银行对账单

(5) 单击"保存"按钮，再单击"退出"按钮。

提示：

◆ 如果企业在多家银行开户，对账单应与其对应账号所对应的银行存款下的末级科目一致。

◆ 录入银行对账单时，其余额由系统根据银行对账期初自动计算生成。

6. 银行对账

操作步骤：

(1) 执行"出纳"|"银行对账"|"银行对账"命令，打开"银行科目选择"对话框。

(2) 单击"确定"按钮，进入"银行对账"窗口，如图3-40所示。

(3) 单击"对账"按钮，打开"自动对账"对话框，如图3-41所示。

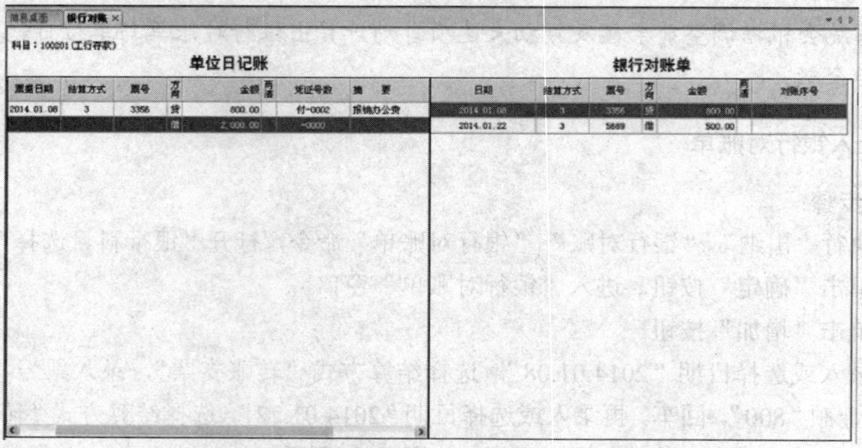

图 3-40　银行对账

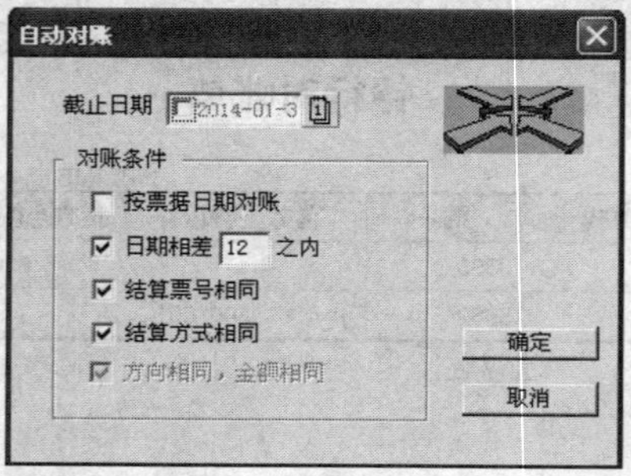

图 3-41　"自动对账"对话框

(4) 在"自动对账"条件选择窗口中，单击"确定"按钮。

(5) 单击"对账"按钮，出现对账结果，如图 3-42 所示。

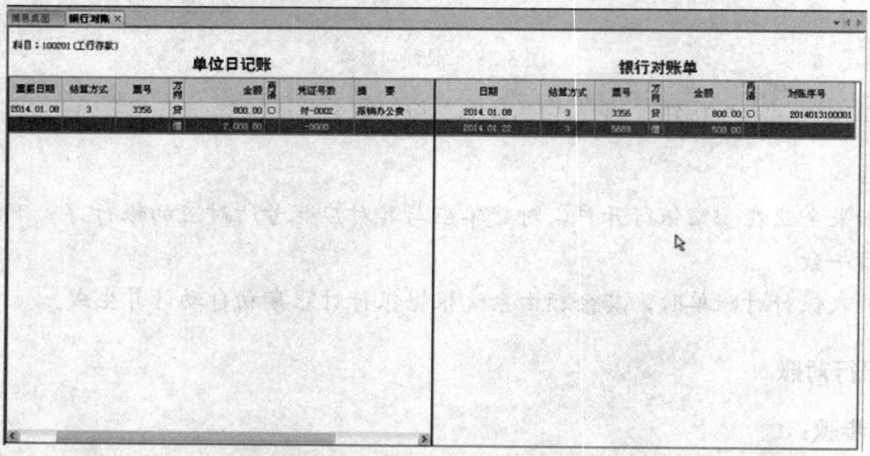

图 3-42　银行对账结果

(6) 单击"退出"按钮退出。

提示:

- 如果在银行对账期初中默认银行对账单方向为借方，则对账条件为方向相同、金额相同的日记账与对账单进行勾对。如果在银行对账期初中将银行对账单的余额方向修改成了贷方，则对账条件为方向相反、金额相同的日记账与对账单进行勾对。
- 银行对账包括自动对账和手工对账两种形式。自动对账是系统根据对账依据自动进行核对、勾销，自动对账两清的标志为"〇"。手工对账是对自动对账的一种补充，手工对账两清的标志为"Y"。
- 系统默认的自动对账的对账条件为"日期相差 12 天"、"结算方式相同"、"结算票号相同"，单击每一项对账条件前的复选框可以取消相应的对账条件，即在对账时不考虑相应的对账条件。
- 在自动对账后如果发现一些应勾对而未勾对上的账项，可以分别双击"两清"栏，直接进行手工调整。
- 如果在对账单中有两笔以上的记录同日记账对应，则所有对应的对账单都应标上两清标记。
- 如果想取消对账可以采用自动取消和手工取消两种方式。单击"取消"按钮可以自动取消所有的两清标记；如果手工取消，则可以双击要取消对账标志业务的"两清"栏，取消两清标志。

7. 输出余额调节表

操作步骤:

(1) 执行"出纳"|"银行对账"|"余额调节表查询"命令，进入"银行存款余额调节表"窗口。

(2) 单击"查看"按钮，进入"银行存款余额调节表"窗口。

(3) 单击"详细"按钮，进入"余额调节表(详细)"窗口。

(4) 单击"退出"按钮。

提示:

- 银行存款余额调节表应显示账面余额平衡，如果不平衡应分别查看银行对账期初、银行对账单及银行对账是否正确。
- 在银行对账之后可以查询对账勾对情况，如果确认银行对账结果是正确的，可以使用"核销银行账"功能核销已达账。

8. 账套备份

在"D: \300 账套备份"文件夹中新建"(3-3)出纳管理"文件夹。将账套输出至"(3-3)出纳管理"文件夹中。

实验四　总账期末业务处理

实验准备

引入已完成的"D:\300 账套备份\(3-2)总账日常业务处理"账套备份数据，或引入光盘中的"实验账套\(3-2)总账日常业务处理"。将系统日期修改为"2014 年 1 月 31 日"，以王东的身份注册进入总账系统。

实验要求

- 定义转账分录
- 生成机制凭证
- 对账
- 结账
- 账套备份

实验资料

1. 自定义结转

按短期借款期末余额的 0.2%计提短期借款利息。

2. 对应结转

将"应交税费——应交增值税——销项税额"转入"应交税费——未交增值税"。

3. 期间损益结转

将本月"期间损益"转入"本年利润"。

实验指导

1. 设置自定义结转凭证

操作步骤：

(1) 以"王东"的身份注册进入总账系统，执行"期末"|"转账定义"|"自定义转账"命令，打开"自定义转账设置"窗口。

(2) 单击"增加"按钮，打开"转账目录"设置对话框。

(3) 输入转账序号"0001"，转账说明"计提短期借款利息"；选择凭证类别"转账凭证"。单击"确定"按钮，返回自定义转账设置窗口。

(4) 单击"增行"按钮,选择科目编码"6603"、方向"借";双击"金额公式"栏,选择参照按钮,打开"公式向导"对话框。

(5) 选择"期末余额"函数,单击"下一步"按钮,继续公式定义。

(6) 选择科目"2001",其他采取系统默认,单击"完成"按钮,金额公式带回自定义转账设置界面。将光标移至末尾,输入"*0.002",回车确认。

(7) 单击"增行"按钮,确定分录的贷方信息。选择科目编码"2231"、方向"贷",输入金额公式"JG()"。如图 3-43 所示。

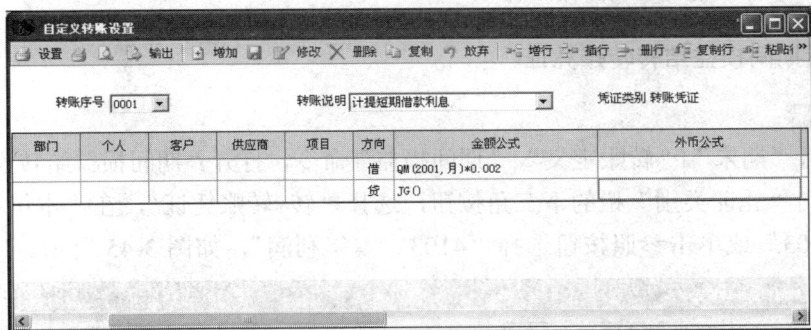

图 3-43　自定义转账设置

(8) 单击"保存"按钮。

2. 设置对应结转转账凭证

操作步骤:

(1) 执行"期末"|"转账定义"|"对应结转"命令,打开"对应结转设置"窗口。

(2) 录入编号"0002",单击"凭证类别"栏的下三角按钮,选择"转 转账凭证",输入摘要"结转销项税额",在"转出科目"编码栏输入"22210105"或单击参照按钮选择"22210105 应交税费——应交增值税——销项税额"。

(3) 单击"增行"按钮,在"转入科目编码"栏输入"222102"或单击参照按钮选择"222102 应交税费——未交增值税";结转系数为"1",如图 3-44 所示。

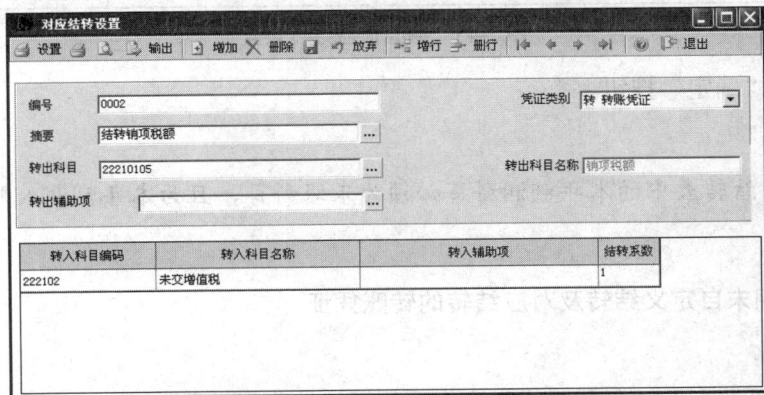

图 3-44　对应结转设置

(4) 单击"保存"按钮，单击"退出"按钮。

提示：

◆ 对应结转不仅可以进行两个科目的一对一结转，还可以进行科目的一(一个转出科目)对多(多个转入科目)结转。

◆ 对应结转的科目可为上级科目，但其下级科目的科目结构必须一致(相同明细科目)，如果有辅助核算，则两个科目的辅助账类也必须一一对应。

◆ 对应结转只能结转期末余额。

3. 设置期间损益结转转账凭证

操作步骤：

(1) 执行"期末"|"转账定义"|"期间损益"命令，打开"期间损益结转设置"窗口。

(2) 单击"凭证类别"栏的下三角按钮，选择"转 转账凭证"，在"本年利润科目"栏录入"4103"或单击参照按钮选择"4103　本年利润"，如图 3-45 所示。

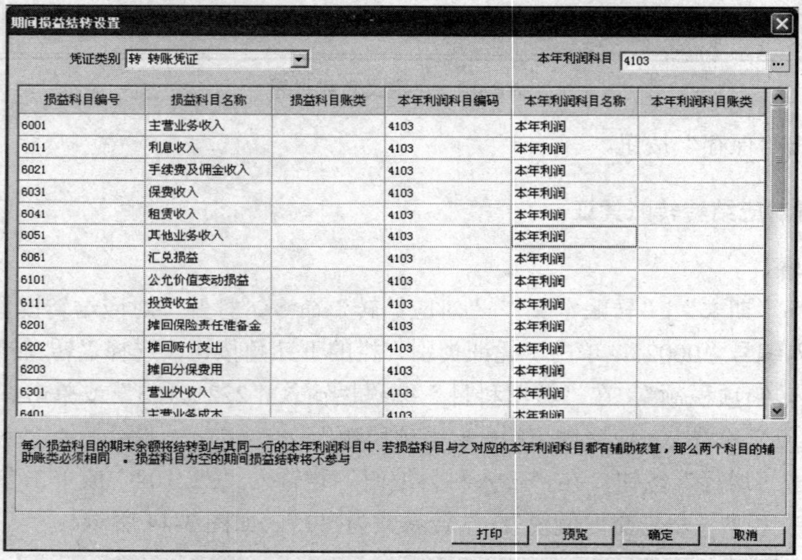

图 3-45　期间损益结转设置

(3) 单击"确定"按钮。

提示：

损益科目结转表中的本年利润科目必须为末级科目，且为本年利润入账科目的下级科目。

4. 生成期末自定义结转及对应结转的转账凭证

操作步骤：

(1) 执行"期末"|"转账生成"命令，打开"转账生成"窗口。

(2) 选择"自定义转账"单选按钮。

(3) 单击"全选"按钮(或者选中要结转的凭证所在行),单击"确定"按钮,系统弹出"2014.01 月之前有未记账凭证,是否继续结转?"信息提示框。

提示:

◆ 由于期末转账业务的数据来源为账簿,因此,为了保证数据准确,应在所有业务都记账后再进行期末转账业务的操作。

◆ 300 账套有一笔冲销凭证尚未审核记账,只有在有未记账凭证的情况下才会有此提示,否则会直接出现生成凭证的窗口。如果确认该笔未记账的业务对此时正在结转的业务没有影响则可以选择继续,否则停止当前的操作,在将未记账凭证记账后再进行期末转账业务的操作。

(4) 单击"是"按钮,生成计提短期借款利息的转账凭证,如图 3-46 所示。

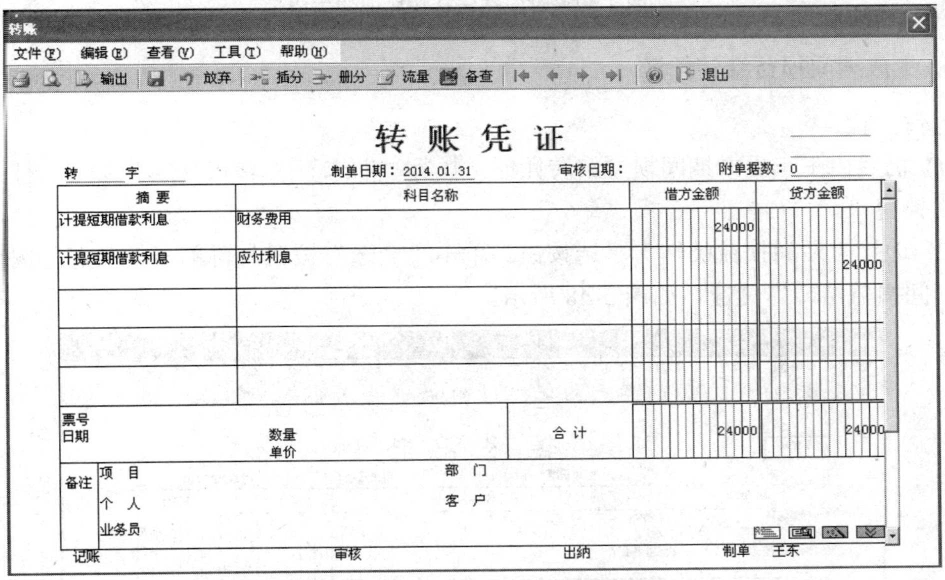

图 3-46 计提短期借款利息转账凭证的生成

(5) 单击"保存"按钮,凭证上出现"已生成"的标志。单击"退出"按钮退出。

(6) 在"转账生成"窗口中,选择"对应结转"单选按钮,依步骤生成对应结转凭证,如图 3-47 所示。

提示:

在进行期间损益结转之前,需要将本月所有未记账凭证进行记账,以保证损益类科目的完整性。因此,由出纳张平对冲销凭证进行签字,由主管周健对以上 3 张未记账凭证进行审核、记账。

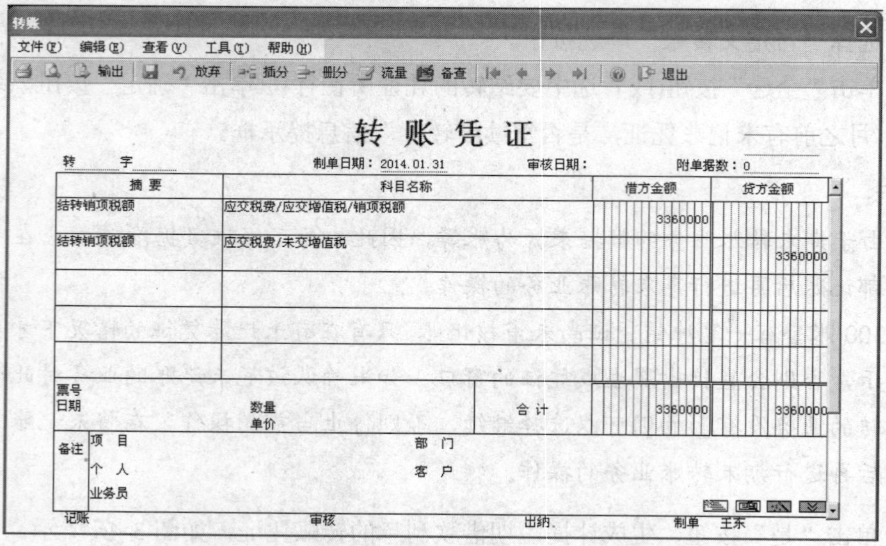

图 3-47　对应结转转账凭证的生成

5. 生成期间损益结转凭证

操作步骤:

(1) 仍然由王东生成期间损益结转凭证。执行"期末"|"转账生成"命令,打开"转账生成"窗口。

(2) 选择"期间损益结转"单选按钮。单击"全选"按钮,再单击"确定"按钮,生成"期间损益结转"凭证,如图 3-48 所示。

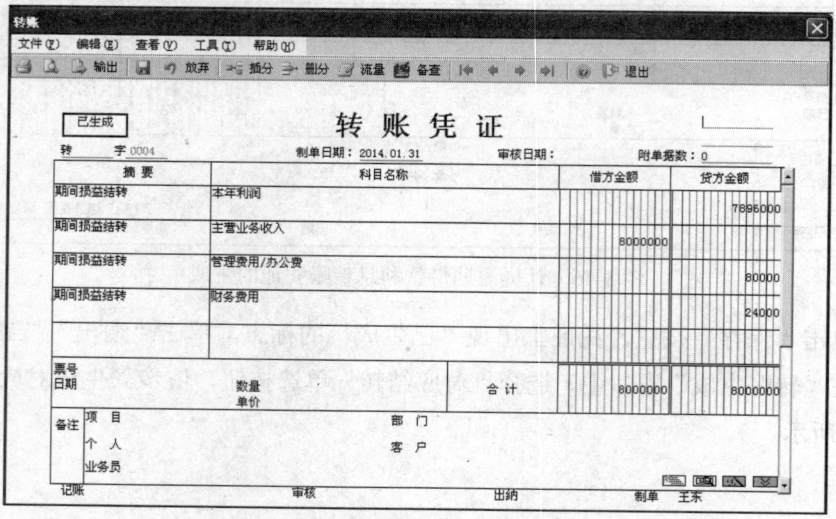

图 3-48　期间损益结转凭证生成

(3) 单击"保存"按钮,然后再单击"退出"按钮退出。

(4) 主管周健对生成的期间损益结转凭证进行审核、记账。

提示：

◆ 转账凭证生成的工作应在月末进行。如果有多种转账凭证形式，特别是涉及到多项转账业务，一定要注意转账的先后次序。

◆ 通过转账生成功能生成的转账凭证必须保存，否则将视同放弃。

◆ 期末自动转账处理工作是针对已记账业务进行的，因此，在进行月末转账工作之前应将所有未记账的凭证记账。

6. 对 2014 年 1 月份的会计账簿进行对账

操作步骤：

(1) 执行"期末"|"对账"命令，打开"对账"对话框。

(2) 单击"试算"按钮，出现"2014.01 试算平衡表"。

(3) 单击"确定"按钮，再单击"选择"按钮，在 2014.01 是否对账栏出现"Y"标志，选中要对账的月份。再单击"对账"按钮，系统开始对账，并显示对账结果，如图 3-49 所示。

图 3-49　对账结果

(4) 单击"退出"按钮退出。

7. 对 2014 年 1 月份进行结账

操作步骤：

(1) 执行"期末"|"结账"命令，打开"结账"对话框。

(2) 单击"下一步"按钮，打开"结账—核对账簿"对话框。

(3) 单击"对账"按钮，系统进行对账。当对账完毕后，单击"下一步"按钮，打开"结账—月度工作报告"对话框，如图 3-50 所示。

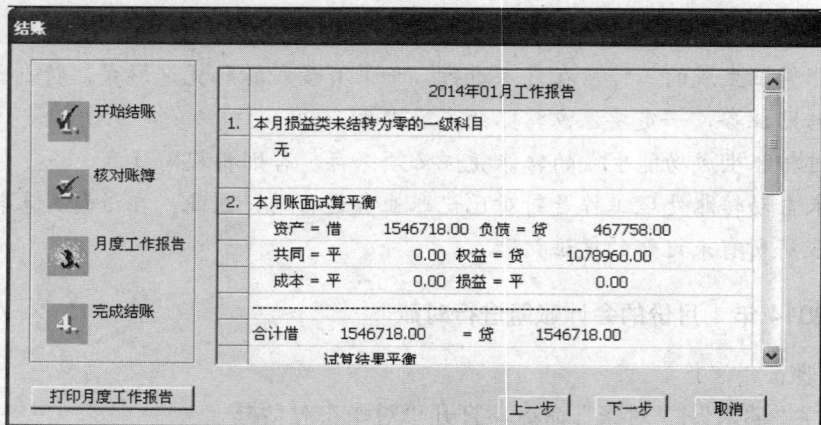

图 3-50 "结账—月度工作报告"对话框

（4）单击"下一步"按钮，出现"2014 年 01 月未通过工作检查，不可以结账！"提示信息，如图 3-51 所示。

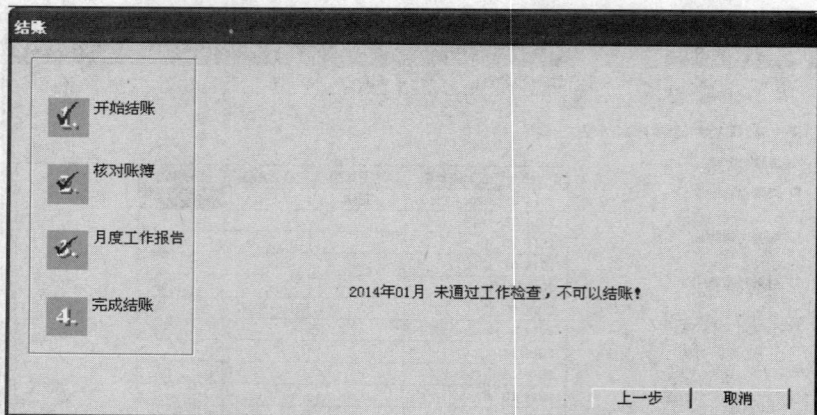

图 3-51 不能结账提示

（5）单击"上一步"按钮检查不能结账的原因。在"2014 年 01 月工作报告"中我们看到其中"5. 其他系统结账状态：应付系统本月未结账；应收系统本月未结账"。

（6）单击"取消"按钮，取消本次的结账操作。

（7）在财务会计下的总账处，右击选择"退出产品"，退出总账系统。

（8）在企业应用平台的"设置"选项卡中，双击"基本信息"|"系统启用"，打开"系统启用"对话框。

（9）单击"应收"前的复选框，系统提示"确实要注销当前系统吗？"。

（10）单击"是"按钮，取消对应收款系统的启用。同理，取消对应付系统的启用。

（11）在总账系统中，重新进行结账操作，结账完成信息对话框如图 3-52 所示。

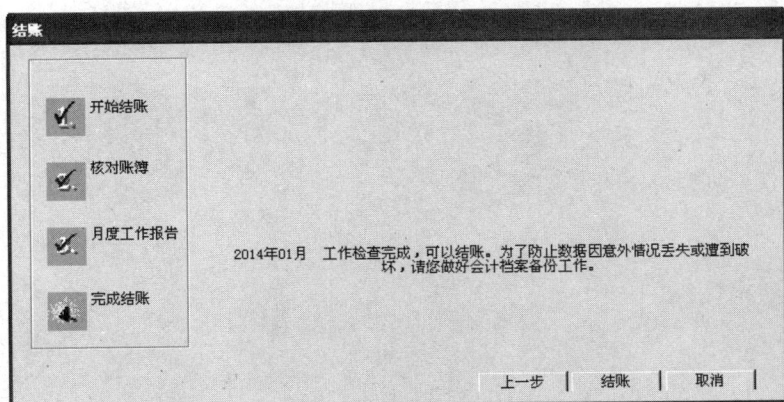

图 3-52 结账—完成结账

(12) 单击"结账"按钮,完成结账操作。

提示:

◆ 结账后除查询外,不得再对本月业务进行任何操作。

◆ 如因某种原因需要取消本月结账,需要账套主管在"结账"界面按 Ctrl+Shift+F6
键激活"取消结账"功能;输入口令,即可取消结账标记。

8. 账套备份

在"D: \300 账套备份"文件夹中新建"(3-4)总账期末业务处理"文件夹。将账套输出
至"(3-4)总账期末业务处理"文件夹中。

第4章

UFO 报表系统

功能概述

UFO 报表系统是报表处理的工具，利用 UFO 报表系统既可以编制对外报表，又可以编制各种内部报表。它的主要任务是设计报表的格式和编制公式，从总账系统或从其他业务系统中取得有关会计信息，自动编制各种会计报表，对报表进行审核、汇总，生成各种分析图，并按预定格式输出各种会计报表。具体包括以下内容。

- ◆ 文件管理：对报表文件的创建、读取、保存和备份进行管理。能够进行不同文件格式的转换。支持多个窗口同时显示和处理，可以同时打开的文件和图形窗口多达 40 个。提供了标准财务数据的"导入"和"导出"功能，可以和其他流行财务软件交换数据。

- ◆ 格式管理：提供了丰富的格式设计功能，如定义组合单元、画表格线及调整行高和列宽等，可以制作各种要求的报表。

- ◆ 数据处理：UFO 以固定的格式管理大量不同的表页，能够多达 99 999 张，具有相同格式的报表资料统一在一个报表文件中管理，并且在每张表页之间建立有机的联系。提供了排序、审核、舍位平衡及汇总功能；提供了绝对单元公式和相对单元公式，可以方便迅速地定义计算公式；提供了种类丰富的函数，可以从用友账务系统及其他业务系统中提取数据，生成财务报表。

- ◆ 图表功能：将数据表以图形的形式进行表示。采用图文混排，可以很方便地进行图形数据组织，制作包括直方图、立体图及折线图等 10 种图式的分析图表。可以编制图表的位置、大小及标题等，打印输出图表。

- ◆ 二次开发：提供批命令和自定义，自动记录命令窗口中输入的多个命令，可以将有规律性的操作过程编制成批命令文件，可以在短时间内开发出本企业的专用系统。

实验目的与要求

系统地学习自定义报表和使用报表模板生成报表的方法；要求掌握报表格式设计和公式设置的方法以及报表数据的计算方法；了解及查询有关的图表功能。

教学建议

UFO 报表是 ERP 财务管理系统中的基础内容，在实际工作中运用较为广泛，电子表功能较为全面，学习时要结合会计工作的实际，在掌握利用报表模板生成财务报表的基础上，应能充分利用自定义报表的功能设计实际工作中所需要的不同报表。

建议本章讲授 4 课时，上机练习 4 课时。

实验一　自定义报表

实验准备

引入"(3-4)总账期末业务处理"的账套备份数据，或引入光盘中的"实验账套\(3-4)总账期末业务处理"。将系统日期修改为"2014 年 1 月 31 日"，由 001 号操作员登录 300 账套的企业应用平台，进入到 UFO 报表。

实验要求

- 设计利润表的格式
- 按新会计制度设计利润表的计算公式
- 保存报表格式至"我的文档"中的"自制利润表"
- 生成自制利润表的数据
- 将已生成数据的自制利润表另存为"1 月份利润表"

实验资料

1. 表样内容

利润表如表 4-1 所示。

表 4-1　利润表

编制单位：		年	月
项　目	行次	本月数	本年累计数
一、主营业务收入	1		
减：主营业务成本	2		
营业税费	3		

(续表)

项　目	行次	本月数	本年累计数
销售费用	4		
管理费用	5		
财务费用(收益以"一"号填列)	6		
资产减值损失	7		
加：公允价值变动净收益(净损失以"一"号填列)	8		
投资净收益(净损失以"一"号填列)	9		
其中对联营企业与合营企业的投资收益	10		
二、营业利润(亏损以"一"号填列)	11		
营业外收入	12		
减：营业外支出	13		
其中：非流动资产处置净损失(净收益以"一"号填列)	14		
三、利润总额(亏损总额以"一"号填列)	15		
减：所得税	16		
四、净利润(净亏损以"一"号填列)	17		
五、每股收益：	18		
基本每股收益	19		
稀释每股收益	20		

2. 报表中的计算公式(如表 4-2 所示)

表 4-2　报表中的计算公式

位置	单 元 公 式	位置	单 元 公 式
C5	fs(6001,月,"贷",,年)	D4	?C5+select(?D5,年@=年 and 月@=月+1)
C6	fs(6401,月,"借",,年)	D5	?C6+select(?D6,年@=年 and 月@=月+1)
C7	fs(6403,月,"借",,年)	D7	?C7+select(?D7,年@=年 and 月@=月+1)
C8	fs(6601,月,"借",,年)	D8	?C8+select(?D8,年@=年 and 月@=月+1)
C9	fs(6602,月,"借",,年)	D9	?C9+select(?D9,年@=年 and 月@=月+1)
C10	fs(6603,月,"借",,年)	D10	?C10+select(?D10,年@=年 and 月@=月+1)
C11	fs(6701,月,"借",,年)	D11	?C11+select(?D11,年@=年 and 月@=月+1)
C12	fs(6101,月,"借",,年)	D12	?C12+select(?D12,年@=年 and 月@=月+1)
C13	fs(6111,月,"借",,年)	D13	?C13+select(?D13,年@=年 and 月@=月+1)
C14		D14	
C15	C5-C6-C7-C8-C9-C10-C11+C12+C13	D15	?C15+select(?D15,年@=年 and 月@=月+1)
C16	fs(6301,月,"贷",,年)	D16	?C16+select(?D16,年@=年 and 月@=月+1)

（续表）

位置	单元公式	位置	单元公式
C17	fs(6711,月,"借",,年)	D17	?C17+select(?D17,年@=年 and 月@=月+1)
C18		D18	
C19	C15+C16-C17	D19	?C19+select(?D19,年@=年 and 月@=月+1)
C20	fs(6801,月,"借",,年)	D20	?C20+select(?D20,年@=年 and 月@=月+1)
C21	C19-C20	D21	?C21+select(?D21,年@=年 and 月@=月+1)

实验指导

首先，进行报表格式设计。

1. 设置表尺寸

操作步骤：

(1) 在企业应用平台"业务工作"选项卡中，执行"财务会计"|"UFO 报表"命令，进入 UFO 报表系统。

(2) 执行"文件"|"新建"命令，进入报表"格式"状态窗口。

(3) 执行"格式"|"表尺寸"命令，打开"表尺寸"对话框。

(4) 录入行数"24"、列数"4"，如图 4-1 所示。

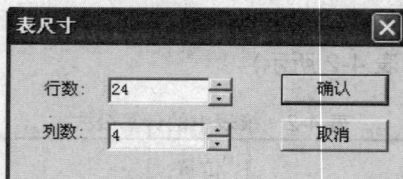

图 4-1　表尺寸

(5) 单击"确认"按钮，出现 24 行 4 列的表格。

提示：

◆ UFO 建立的是一个报表簿，可以容纳多张报表。

◆ 在单击"新建"后，系统自动生成一张空白表。

◆ 设置报表尺寸是指设置报表的大小。设置前应根据所定义的报表大小计算该表所需要的行数及列数，然后再设置。报表行数应包括报表表头、表体和表尾。

2. 定义行高和列宽

操作步骤：

(1) 单击选中 A1 单元，执行"格式"|"行高"命令，打开"行高"对话框。

(2) 录入 A1 单元所在行的行高"12"，如图 4-2 所示。

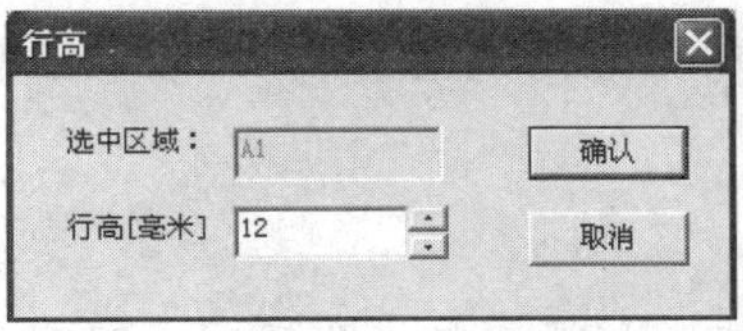

图 4-2　设置行高

(3) 单击"确认"按钮。

(4) 单击选中 A4 单元后拖动鼠标到 D24 单元，执行"格式"|"行高"命令，打开"行高"对话框。

(5) 录入 A4: D24 区域的行高为"6"，如图 4-3 所示。

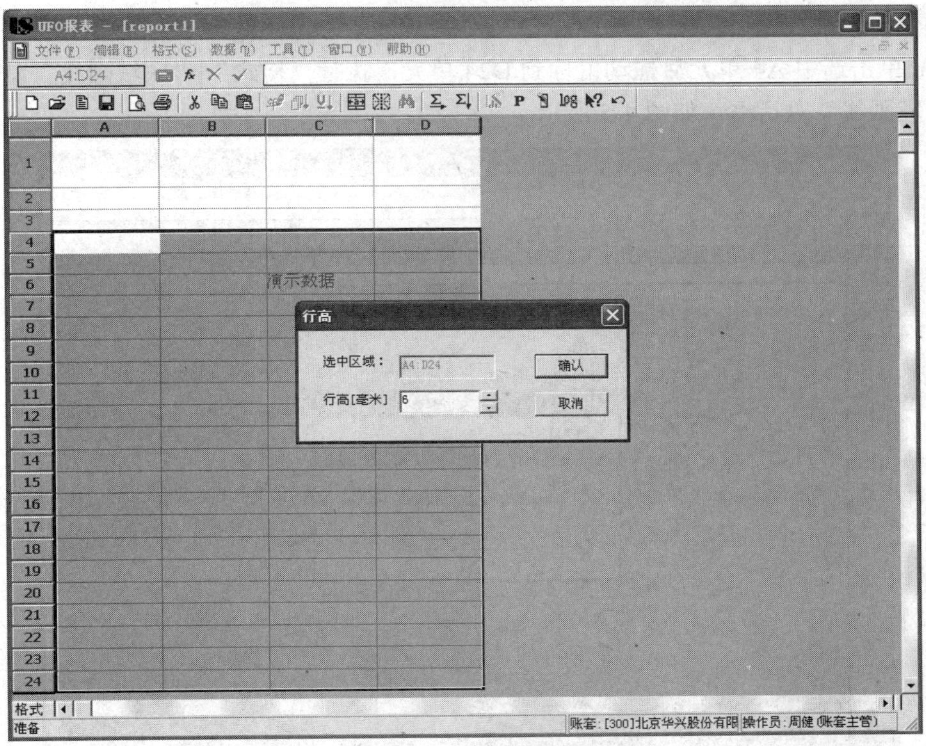

图 4-3　录入行高数据

(6) 单击"确认"按钮。

(7) 单击选中 A1 单元，执行"格式"|"列宽"命令，打开"列宽"对话框。

(8) 录入 A1 单元所在列的列宽为"50"，如图 4-4 所示。

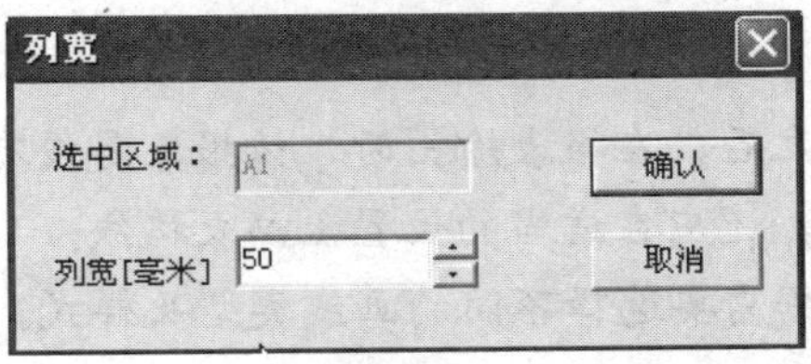

图 4-4　录入列宽数据

(9) 同理，设置 B1 单元所在列的列宽为"10"；设置 C 列和 D 列列宽为"32"。

(10) 单击"确认"按钮。

提示：

◆ 设置列宽应以能够放下本栏最宽数据为原则，否则生成报表时会产生数据溢出的错误。

◆ 在设置了行高及列宽后，如果觉得不合适，可以直接用鼠标拖动行线及列线改变行高及列宽。

3. 画表格线

操作步骤：

(1) 单击选中 A4 单元后拖动鼠标到 D24 单元，执行"格式"|"区域画线"命令，打开"区域画线"对话框，如图 4-5 所示。

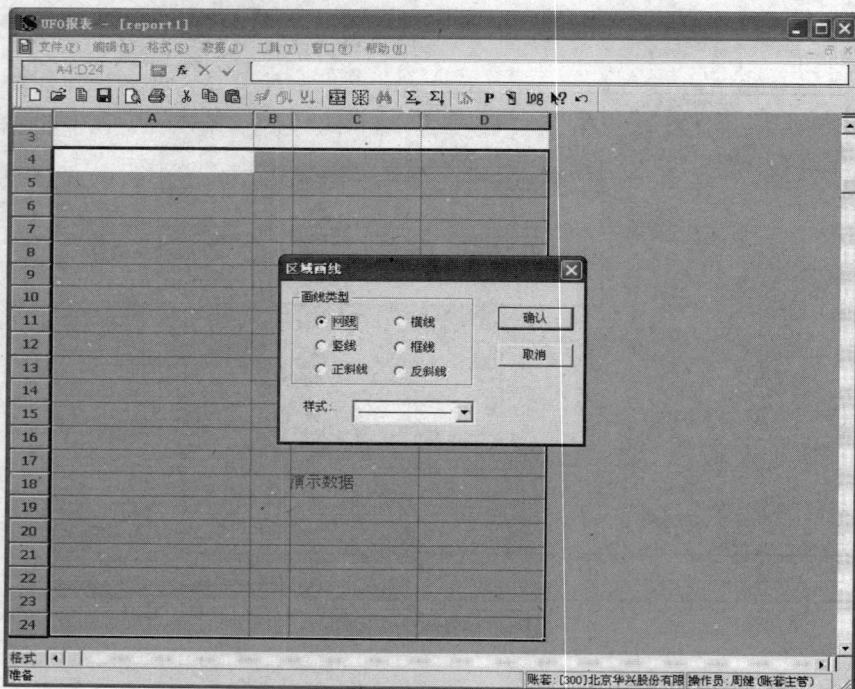

图 4-5 区域画线

(2) 单击"确认"按钮。

提示：

◆ 报表的尺寸设置完之后，在报表输出时，该报表是没有任何表格线的，为了满足查询和打印的需要，还应在适当的位置上画表格线。

◆ 画表格线时可以根据需要选择不同的画线类型及样式。

4. 定义组合单元

操作步骤:

(1) 单击选中 A1 单元后拖动鼠标到 D1 单元,执行"格式"|"组合单元"命令,打开"组合单元"对话框,如图 4-6 所示。

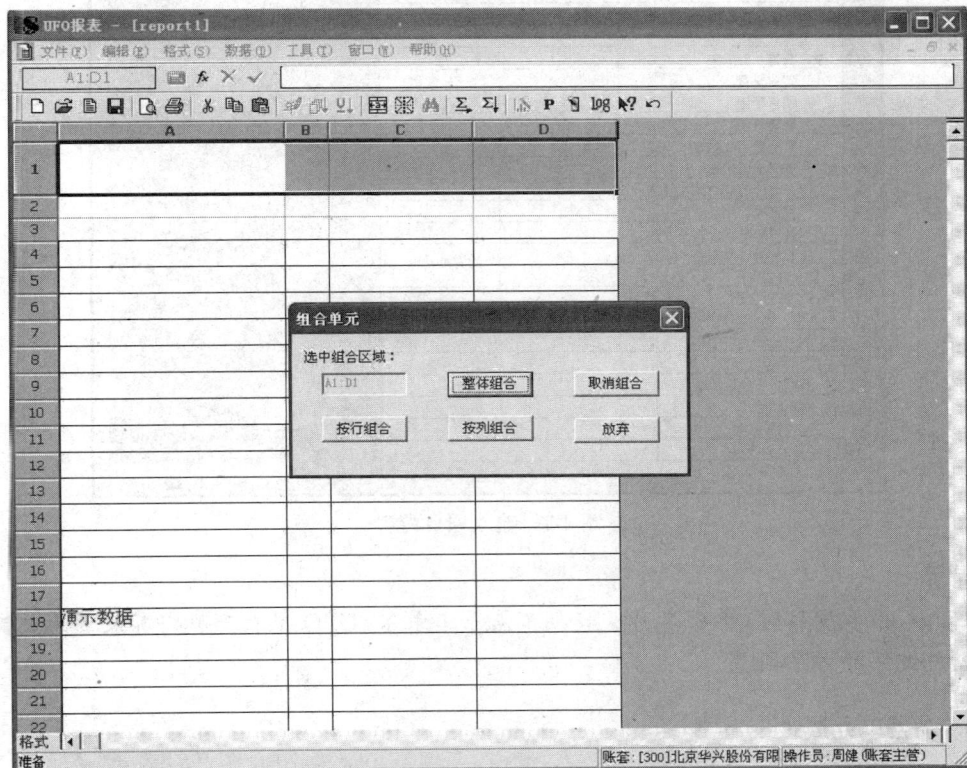

图 4-6　组合单元

(2) 单击"按行组合"按钮,将第 1 行组合为一个单元。

提示:

♦ 组合单元实际上是把几个单元当成一个单元来使用,组合单元是一个大单元,所有针对单元的操作对组合单元均无效。

♦ 组合单元时既可以按行组合,也可以整体组合,即将选中的单元合并为一个整体。

5. 输入项目内容

操作步骤:

根据所给资料直接在对应单元中输入所有项目内容,如图 4-7 所示。

图 4-7　输入项目内容

提示：

在录入报表项目时，单位名称及日期不需手工录入，UFO 报表一般将其设置为关键字，用设置关键字的方法设置。

6. 设置单元属性

操作步骤：

(1) 单击选中 A1 单元，执行"格式"|"单元属性"命令，打开"单元格属性"对话框，如图 4-8 所示。

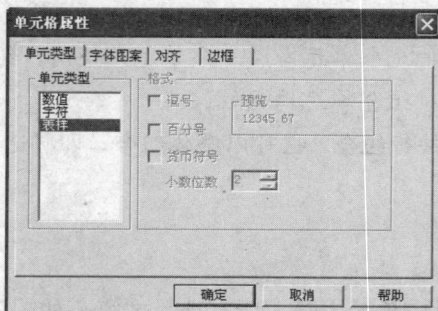

图 4-8　"单元格属性"对话框

(2) 选择"字体图案"选项卡，单击"字体"栏的下三角按钮，选择"楷体"，单击"字号"栏的下三角按钮，选择"28"，如图 4-9 所示。

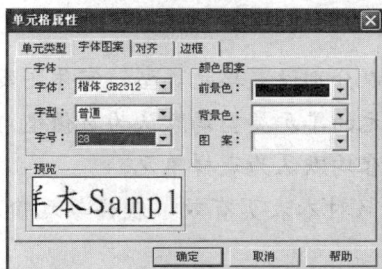

图 4-9　"字体图案"选项卡

(3) 单击"对齐"选项卡，选择水平方向"居中"及垂直方向"居中"，如图 4-10 所示，单击"确定"按钮。

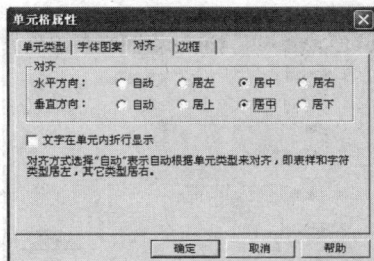

图 4-10　"对齐"选项卡

(4) 单击选中 A4 单元后拖动鼠标到 D4 单元，同理，将该区域设置为"黑体"、"14"号字。选择水平方向"居中"及垂直方向"居中"。

(5) 以此方法再设置 A5: D24 区域的字体为"宋体"，字号为"14"，单击"确定"按钮，如图 4-11 所示。

图 4-11　设置利润表格式

提示：

- 在设置单元属性时可以分别设置单元类型、字体图案、对齐方式及边框样式。
- 新建的报表，所有单元的单元类型均默认为数值型。
- 格式状态下输入的内容均默认为表样单元。
- 字符单元和数值单元只对本表页有效，表样单元输入后对所有的表页有效。

7. 定义关键字

操作步骤：

(1) 单击 A3 单元，执行“数据”|“关键字”|“设置”命令，打开“设置关键字”对话框，如图 4-12 所示。

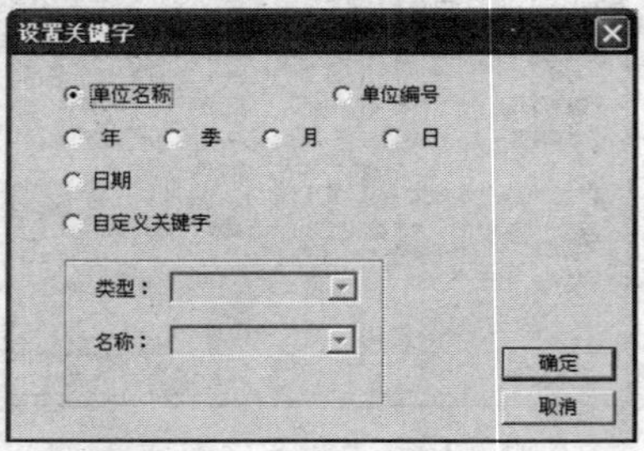

图 4-12　设置关键字 1

(2) 单击“确定”按钮，A3 中显示红色的“单位名称：×××××××××”，意即关键字的意思。

(3) 同理，在 C3 单元中设置关键字“年”；在 D3 单元中设置关键字“月”，如图 4-13 所示。

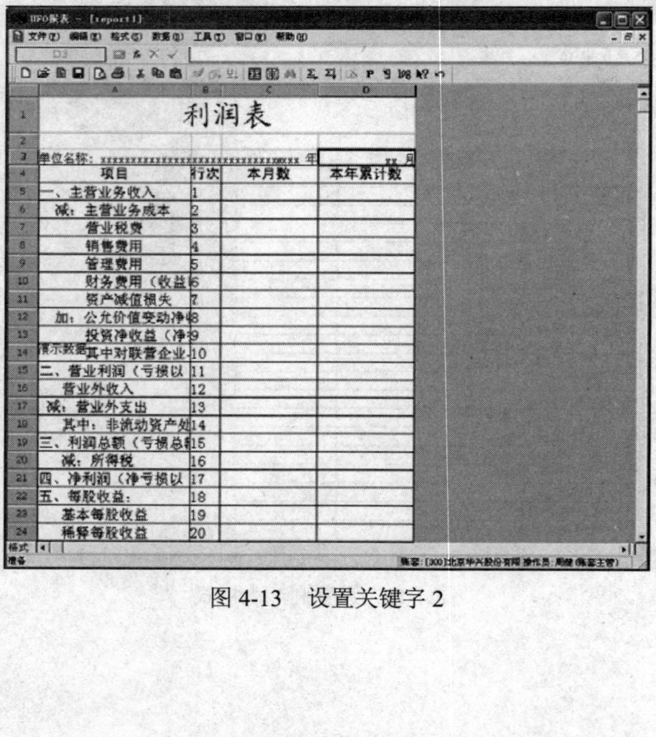

图 4-13　设置关键字 2

提示:

◆ 定义关键字主要包括设置关键字和调整关键字在表页上的位置。

◆ 关键字主要有 6 种,即单位名称、单位编号、年、季、月、日,另外还包括一个自定义关键字。可以根据实际需要任意设置相应的关键字。

◆ 一个关键字在一个表中只能定义一次,即同一个表中不能有重复的关键字。

◆ 关键字在格式状态下设置,如果设置错误可以取消。

◆ 关键字的值在数据状态下录入。

◆ 同一个单元或组合单元的关键字定义完以后,可能会重叠在一起,如果造成重叠,可以在设置关键字时输入关键字的相对偏移量。偏移量为负数时表示向左移,为正数时表示向右移。

8. 录入单元公式

操作步骤:

(1) 单击 C5 单元,执行"数据"|"编辑公式"|"单元公式"命令,打开"定义公式"对话框。

(2) 单击"函数向导"按钮,打开"函数向导"对话框,在函数分类列表中选择"用友账务函数";在函数名列表中选择"发生(FS)",如图 4-14 所示。

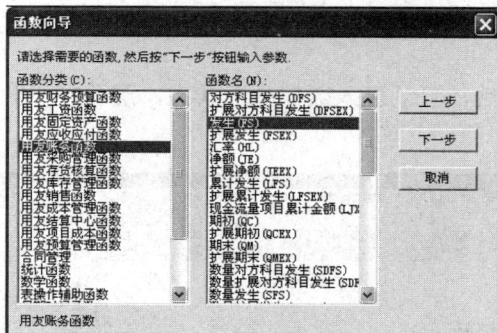

图 4-14　函数向导

(3) 单击"下一步"按钮,打开"用友账务函数"对话框。单击参照按钮,打开"账务函数"对话框。

(4) 选择科目"6001"、方向"贷",单击"确认"按钮返回,如图 4-15 所示。

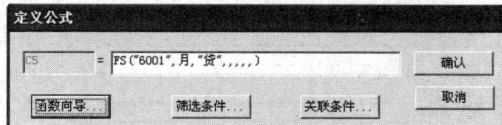

图 4-15　定义单元公式

(5) 单击"确认"按钮。

(6) 同理,继续录入其他单元的计算公式。

提示：

- ◆ 单元公式是指为报表数据单元进行赋值的公式，单元公式的作用是从账簿、凭证、本表或其他报表等处调用运算所需要的数据，并输入相应的报表单元中。它既可以将数据单元赋值为数值，也可以赋值为字符。
- ◆ 必须在英文状态下录入计算公式。
- ◆ 计算公式可以直接录入，也可以利用函数向导参照录入。
- ◆ 所录入的公式必须符合公式的模式，否则会被系统判定为公式错误。

9. 将报表格式在"我的文档"中保存为"自制利润表"

操作步骤：

(1) 执行"文件"|"保存"命令，选择保存文件路径为"D:\300 账套备份"，修改文件名为"自制利润表"。

(2) 单击"另存为"按钮。

下面，进行报表数据处理。

10. 打开自制利润表

操作步骤：

(1) 在 UFO 报表系统中，执行"文件"|"打开"命令，打开"D:\300 账套备份"中的"自制利润表"报表文件。

(2) 自制利润表打开后，自动进入数据处理状态，屏幕左下角的按钮显示为"数据"，如图 4-16 所示。

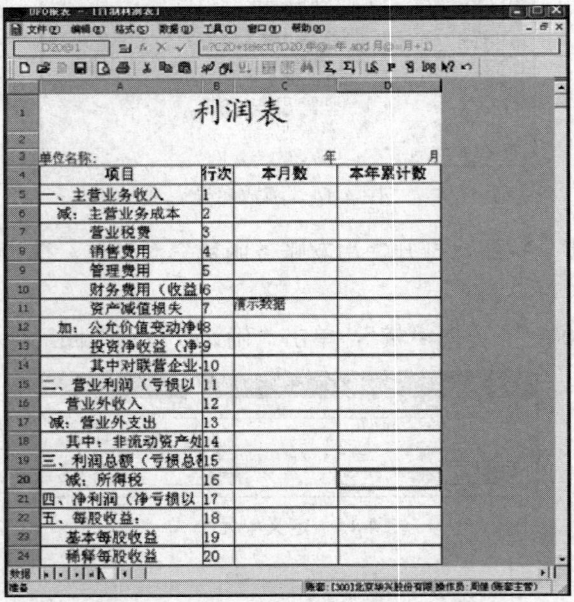

图 4-16 打开"利润表"

提示:

- ◆ 打开 UFO 报表既可以在进入 UFO 报表之后打开，也可以直接打开。
- ◆ 可以在编制报表时反复使用已经设置的报表公式，并且在不同的会计期间可以生成不同结果的报表。
- ◆ 在报表的数据状态下可以插入表页或追加表页。

11. 录入关键字并计算报表数据

操作步骤:

(1) 执行"数据"|"关键字"|"录入"命令，打开"录入关键字"对话框。

(2) 录入单位名称"华兴公司"、年"2014"、月"1"，如图 4-17 所示。

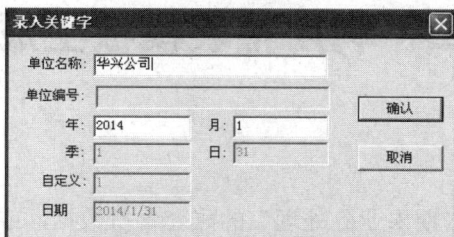

图 4-17　录入关键字

(3) 单击"确认"按钮。系统提示"是否重算第 1 页？"，单击"是"按钮，系统自动计算报表数据并显示计算结果，如图 4-18 所示。

图 4-18　计算报表数据

提示：

在编制报表时可以选择整表计算或表页计算，整表计算是将该表的所有表页全部进行计算，而表页计算仅是将该表页的数据进行计算。

12. 将已生成数据的利润表另存为"1月份利润表"

操作步骤：

(1) 执行"文件"|"另存为"命令，打开"另存为"对话框，录入文件名"1月份利润表"。

(2) 单击"另存为"按钮。

实验二　利用报表模板生成报表

实验准备

引入已完成"(3-4)总账期末业务处理"的账套备份数据，或引入光盘中的"实验账套\(3-4)总账期末业务处理"中的备份账套。将系统日期修改为"2014年1月31日"，由001号操作员通过登录300账套的企业应用平台，进入到UFO报表。

实验要求

- 按2007年新会计制度科目生成300账套1月的"资产负债表"
- 保存"资产负债表"到"我的文档"中

实验资料

- 编制单位为"华兴公司"
- 编制时间为2014年1月

实验指导

1. 建立"资产负债表"

操作步骤：

(1) 在UFO报表系统中，执行"文件"|"新建"命令，打开报表的"格式"状态窗口。

(2) 执行"格式"|"报表模板"命令，打开"报表模板"对话框。

(3) 单击"您所在的行业"栏的下三角按钮，选择"2007年新会计制度科目"，再单击"财务报表"栏的下三角按钮，选择"资产负债表"，如图4-19所示。

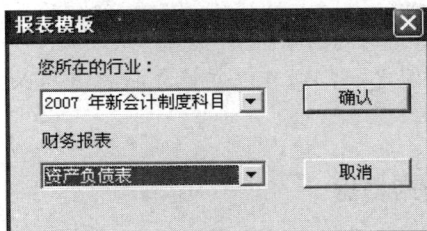

图 4-19　"报表模板"对话框

(4) 单击"确认"按钮，系统弹出"模板格式将覆盖本表格式！是否继续？"信息提示框。

(5) 单击"确认"按钮，打开按"2007 年新会计制度科目"设置的"资产负债表"模板，如图 4-20 所示。

图 4-20　资产负债表模板

提示：

♦ 在调用报表模板时一定要注意选择正确的与所在行业相应的会计报表，否则不同行业的会计报表其内容不同。

♦ 如果被调用的报表模板与实际需要的报表格式或公式不完全一致，可以在此基础上进行修改。

♦ 用户可以根据本单位的实际需要定制报表模板，并可以将自定义的报表模板加入系统提供的模板库中，也可对其进行修改、删除操作。

2. 设置编制单位

操作步骤：

(1) 在报表"格式"状态窗口中，单击选中 A3 单元。

(2) 在编制单位后面录入"华兴公司"。

提示：

如果报表的编制单位是固定的，则可以在格式状态直接录入编制单位的有关内容，不用设置关键字。

3. 录入关键字并计算报表数据

操作步骤：

(1) 在报表"格式"状态窗口中，单击"数据"按钮，系统提示"是否确定全表重算？"。

(2) 单击"否"按钮。进入报表的"数据"状态窗口。

(3) 在报表的"数据"状态窗口中，执行"数据"|"关键字"|"录入"命令，打开"录入关键字"对话框。录入各项关键字，单击"确认"按钮。系统提示"是否重算第 1 页？"。

(4) 单击"是"按钮，生成资产负债表的数据，如图 4-21 所示。

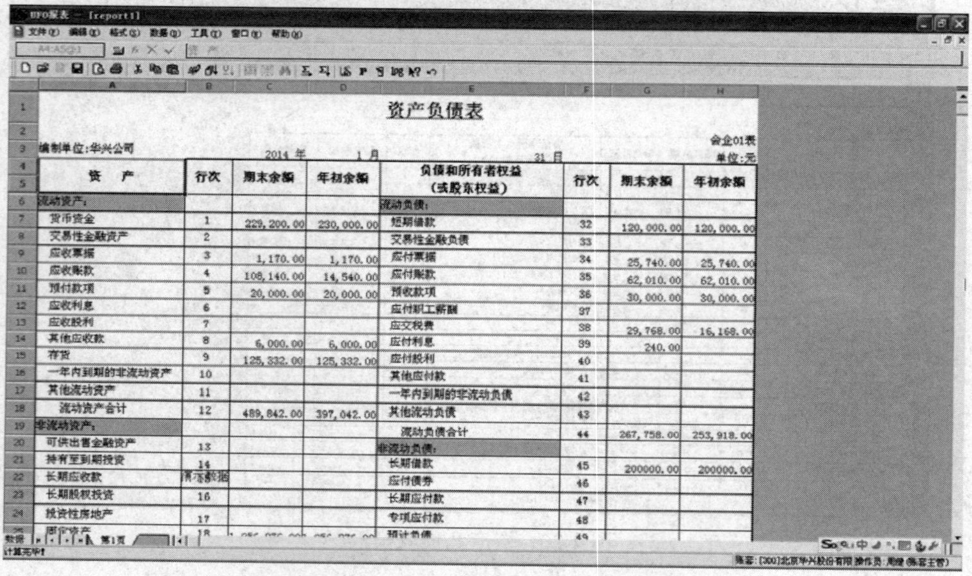

图 4-21　生成资产负债表数据

提示：

在数据状态中录入关键字后，系统会提示"是否重算第 1 页？"，可以单击"是"直接计算，也可以单击"否"暂不计算。

4. 保存资产负债表

执行"文件"|"保存"命令，在"D:\300 账套备份"中将文件保存为"资产负债表"。

第5章

薪资管理系统

功能概述

薪资管理系统的任务是以职工个人的薪资原始数据为基础,计算应发工资、扣款小计和实发工资等,编制工资结算单;按部门和人员类别进行汇总,进行个人所得税计算;提供多种方式的查询、打印薪资发放表、各种汇总表及个人工资条;进行工资费用分配与计提,并实现自动转账处理。薪资管理系统具体包括以下内容。

- ◆ 工资类别管理:薪资系统提供处理多个工资类别的功能。如果单位按周或按月多次发放薪资,或者是单位中有多种不同类别(部门)的人员,薪资发放项目不同,计算公式也不同,但需进行统一薪资核算管理,就选择多个工资类别。

- ◆ 人员档案管理:可以设置人员的基础信息并对人员变动进行调整,系统同时还提供了设置人员附加信息的功能。

- ◆ 薪资数据管理:根据不同企业的需要设计工资项目和计算公式;管理所有人员的工资数据,并对平时发生的工资变动进行调整;自动计算个人所得税,结合工资发放形式进行扣零处理或向代发的银行传输工资数据;自动计算、汇总工资数据;自动完成工资分摊、计提、转账业务。

- ◆ 账簿管理:提供按多种条件查询总账、日记账及明细账等,具有总账、明细账和凭证联查功能。

- ◆ 薪资报表管理:提供多层次、多角度的工资数据查询。

实验目的与要求

系统地学习薪资系统初始化、日常业务处理的主要内容和操作方法。要求掌握建立工资账套、建立工资类别、建立人员类别、设置工资项目和计算公式的方法。了解工资账套与企业账套的区别;掌握工资数据计算、个人所得税计算的方法;掌握工资分摊和生成转账凭证的方法。熟悉查询有关账表资料并进行统计分析的方法。

教学建议

在用友 ERP-U8 管理系统中，薪资管理已经不再属于财务管理中的组成部分，而是人力资源管理的一个子系统。学习时要了解薪资管理系统在人力资源管理系统中的地位，并且要理解薪资管理系统与总账系统的数据关系。

建议本章讲授 4 课时，上机练习 4 课时。

实验一   薪资管理系统初始化

实验准备

将系统日期修改为"2014 年 1 月 1 日"。引入光盘中的"实验账套\(3-1)总账系统初始化"账套数据，以"周健"的身份注册进入企业应用平台，启用"薪资管理"系统。

实验要求

- 建立工资账套
- 基础设置
- 工资类别管理
- 设置在岗人员工资账套的工资项目
- 设置人员档案
- 设置计算公式
- 账套备份

实验资料

1. 300 账套薪资管理系统的参数

工资类别有两个，工资核算本位币为人民币，不核算计件工资，自动代扣所得税，进行扣零设置且扣零到元。工资类别分为"在岗人员"和"退休人员"，并且在岗人员分布在各个部门，而退休人员只属于人事部门。

2. 人员附加信息

增加人员附加信息"性别"和"学历"。

3. 工资项目(如表 5-1 所示)

表 5-1　工资项目情况

工资项目名称	类　型	长　度	小　数	增　减　项
基本工资	数字	8	2	增项
职务补贴	数字	8	2	增项
福利补贴	数字	8	2	增项
交通补贴	数字	8	2	增项
奖金	数字	8	2	增项
缺勤扣款	数字	8	2	减项
住房公积金	数字	8	2	减项
缺勤天数	数字	8	2	其他

4. 银行名称

银行名称为"中国工商银行花园路分理处"。账号长度为 11 位，录入时自动带出的账号长度为 8 位。

5. 工资类别及工资项目

在岗人员工资类别：所有工资项目。

退休人员工资类别：只有基本工资和住房公积金两个项目。

6. 在岗人员档案(如表 5-2 所示)

表 5-2　在岗人员档案

职员编号	人员姓名	性别	学历	所属部门	人员类别	银行代发账号
001	杨文	男	大学	人事部(1)	企业管理人员	11022033001
002	周健	男	大学	财务部(2)	企业管理人员	11022033002
003	王东	男	大学	财务部(2)	企业管理人员	11022033003
004	张平	女	大学	财务部(2)	企业管理人员	11022033004
005	杨明	男	大学	供应部(3)	经营人员	11022033005
006	刘红	女	大专	销售一科(401)	经营人员	11022033006
007	韩乐乐	男	大学	销售二科(402)	经营人员	11022033007
008	刘伟	男	大专	生产部(5)	车间管理人员	11022033008
009	齐天宇	男	高中	生产部(5)	生产工人	11022033009

7. 计算公式

缺勤扣款=基本工资/22×缺勤天数

企业管理人员和经营人员的交通补助为 300 元，其他人员的交通补助为 100 元。

住房公积金= (基本工资+职务补贴+福利补贴)×0.08

实验指导

1. 建立工资套

操作步骤：

(1) 在企业应用平台中，执行"人力资源"|"薪资管理"命令，打开"建立工资套—参数设置"对话框。

(2) 选择本账套所需处理的工资类别个数为"多个"，如图 5-1 所示。

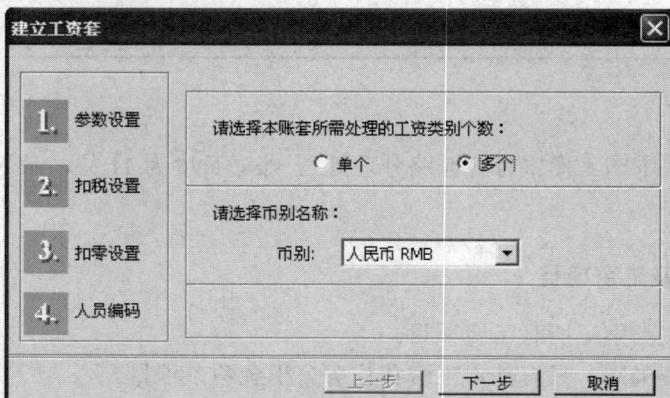

图 5-1　建立工资套—参数设置

(3) 单击"下一步"按钮，打开"建立工资套—扣税设置"对话框，选中"是否从工资中代扣个人所得税"复选框，单击"下一步"按钮，打开"建立工资套—扣零设置"对话框。

(4) 单击选中"扣零"前的复选框，再选择"扣零至元"，如图 5-2 所示。

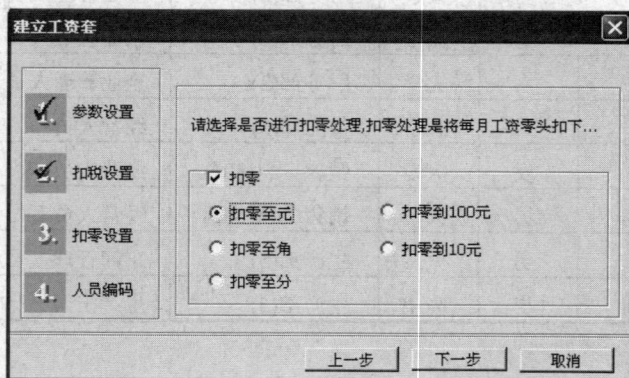

图 5-2　建立工资套—扣零设置

(5) 单击"下一步"按钮，如图 5-3 所示。

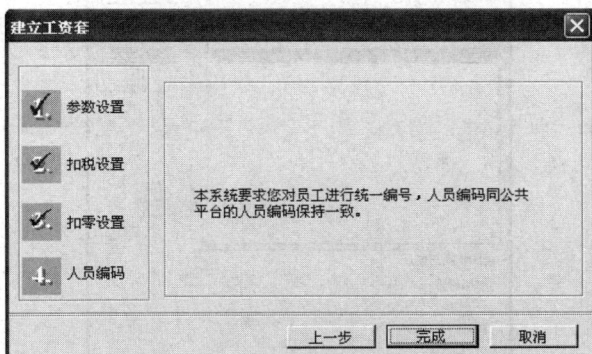

图 5-3　建立工资套—人员编码

(6) 单击"完成"按钮，完成建立工资套的过程。

提示：

◆ 工资账套与企业核算账套是不同的概念，企业核算账套在系统管理中建立，是针对整个用友 ERP 系统而言，而工资账套只针对用友 ERP 系统中的薪资管理子系统。可以说工资账套是企业核算账套的一个组成部分。

◆ 如果单位按周或每月多次发放薪资，或者是单位中有多种不同类别(部门)人员，工资发放项目不尽相同，计算公式也不相同，但需要进行统一工资核算管理，应选择"多个"工资类别。反之，如果单位中所有人员工资按统一标准进行管理，而且人员的工资项目、工资计算公式全部相同，则选择"单个"工资类别。

◆ 选择代扣个人所得税后，系统将自动生成工资项目"代扣税"，并自动进行代扣税金的计算。

◆ 扣零处理是指每次发放工资时将零头扣下，积累取整，在下次发放工资时补上，系统在计算工资时将依据扣零类型(扣零至元、扣零至角、扣零至分)进行扣零计算。一旦选择了"扣零处理"，系统会自动在固定工资项目中增加"本月扣零"和"上月扣零"两个项目，扣零的计算公式将由系统自动定义，不用设置。

◆ 建账完成后，部分建账参数可以在"设置"|"选项"中进行修改。

2. 设置人员附加信息

操作步骤：

(1) 执行"设置"|"人员附加信息设置"命令，打开"人员附加信息设置"对话框。

(2) 单击"增加"按钮，单击"栏目参照"栏的下三角按钮，选择"性别"；同理，增加"学历"，如图 5-4 所示。

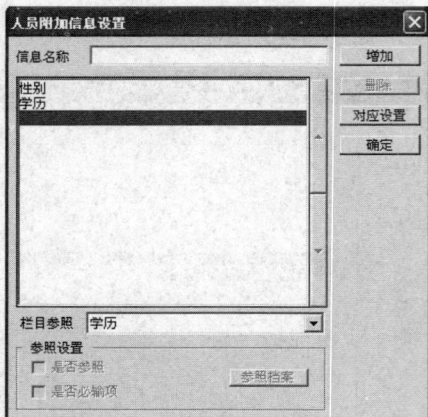

图 5-4　人员附加信息设置

提示：

♦　如果工资管理系统提供的有关人员的基本信息不能满足实际需要，可以根据需要进行人员附加信息的设置。

♦　已使用过的人员附加信息可以修改，但不能删除。

♦　不能对人员的附加信息进行数据加工，如公式设置等。

3. 设置工资项目

操作步骤：

(1) 执行"设置"|"工资项目设置"命令，打开"工资项目设置"对话框。

(2) 单击"增加"按钮，从"名称参照"下拉列表中选择"基本工资"，默认类型为"数字"，小数位为"2"，增减项为"增项"。以此方法继续增加其他的工资项目，如图 5-5 所示。

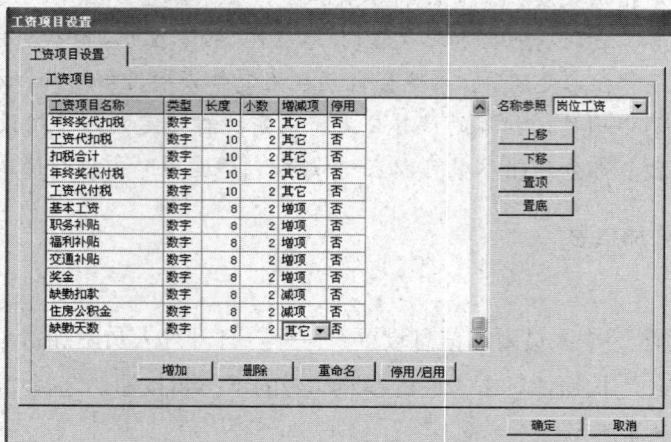

图 5-5　工资项目设置

提示：

对于"名称参照"下拉列表中没有的项目可以直接输入；或者从"名称参照"中选择一个类似的项目后再进行修改。其他项目可以根据需要修改。

(3) 单击"确定"按钮，系统弹出"工资项目已经改变，请确认各工资类别的公式是否正确。否则计算结果可能不正确"信息提示框，如图 5-6 所示。

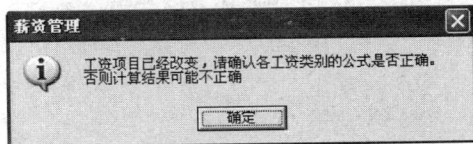

图 5-6　薪资管理提示

(4) 单击"确定"按钮。

提示：

◆　此处所设置的工资项目是针对所有工资类别所需要使用的全部工资项目。

◆　系统提供的固定工资项目不能修改、删除。

4. 设置银行名称

操作步骤：

(1) 在企业应用平台"基础设置"选项卡中，执行"基础档案"|"收付结算"|"银行档案"命令，打开"增加银行档案"窗口。

(2) 按实验资料修改已有银行名称信息，如图 5-7 所示。

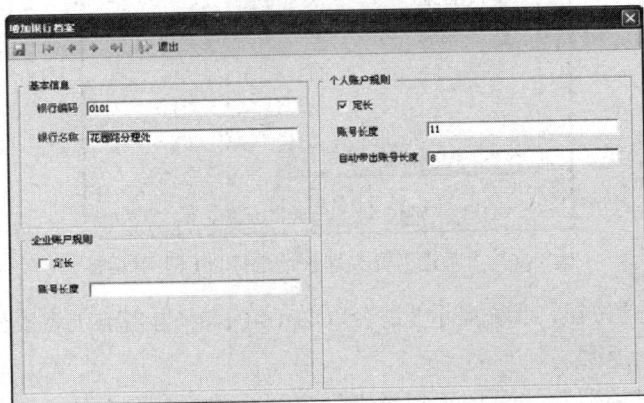

图 5-7　设置银行名称

(3) 单击"保存"按钮并退出。

提示：

◆　系统预置了 16 个银行名称，如果不能满足需要可以在此基础上删除或增加新的银行名称。

◆　如果修改账号长度，则必须按键盘上的回车键确认。

5. 建立工资类别

操作步骤:

(1) 在薪资管理系统中,执行"工资类别"|"新建工资类别"命令,打开"新建工资类别"对话框。

(2) 输入工资类别名称"在岗人员",如图 5-8 所示。

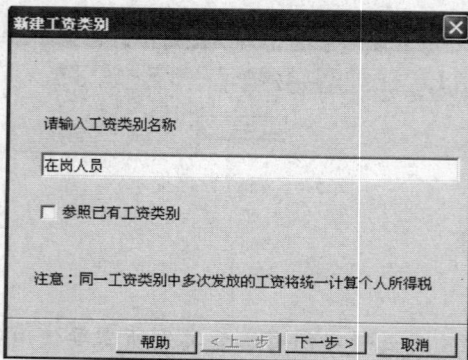

图 5-8 新建工资类别

(3) 单击"下一步"按钮,打开"新建工资类别—请选择部门"对话框。

(4) 分别单击选中各部门,也可单击"选定全部部门"按钮,如图 5-9 所示。

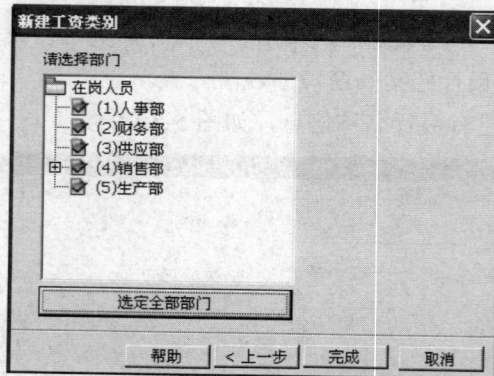

图 5-9 "新建工资类别—请选择部门"对话框

(5) 单击"完成"按钮,系统提示"是否以 2014-01-01 为当前工资类别的启用日期?"。

(6) 单击"是"返回。

(7) 执行"工资类别"|"关闭工资类别"命令,关闭在岗人员工资类别。

(8) 执行"工资类别"|"新建工资类别"命令,建立"退休人员"工资类别。

6. 设置在岗人员工资套人员档案

操作步骤:

(1) 执行"工资类别"|"打开工资类别"命令,打开"打开工资类别"对话框,如图 5-10 所示。选择"在岗人员"工资类别,单击"确定"按钮。

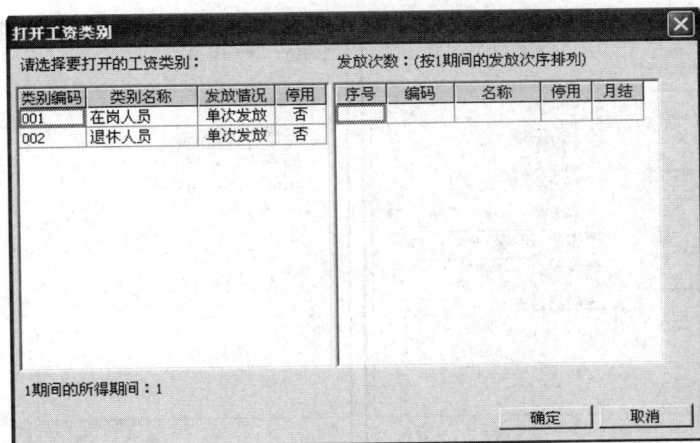

图 5-10　"打开工资类别"对话框

(2) 执行"设置"|"人员档案"命令，进入"人员档案"窗口。

(3) 单击"批增"按钮，打开"人员批量增加"对话框。

(4) 在左窗口中分别单击选中在岗人员所在部门，单击"查询"按钮，出现人员列表。如图 5-11 所示。单击"确定"按钮，返回"人员档案"窗口。

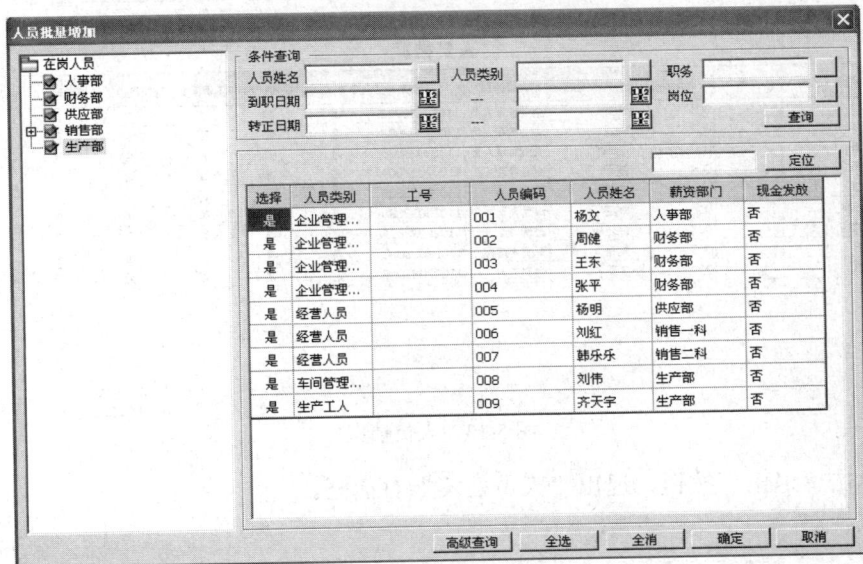

图 5-11　批量增加人员

(5) 双击人员档案记录打开"人员档案明细"对话框。在"基本信息"选项卡中，补充录入"银行名称"和"银行账号"信息，如图 5-12 左图所示。

(6) 单击"附加信息"选项卡，录入"性别"、"学历"信息，如图 5-12 右图所示。

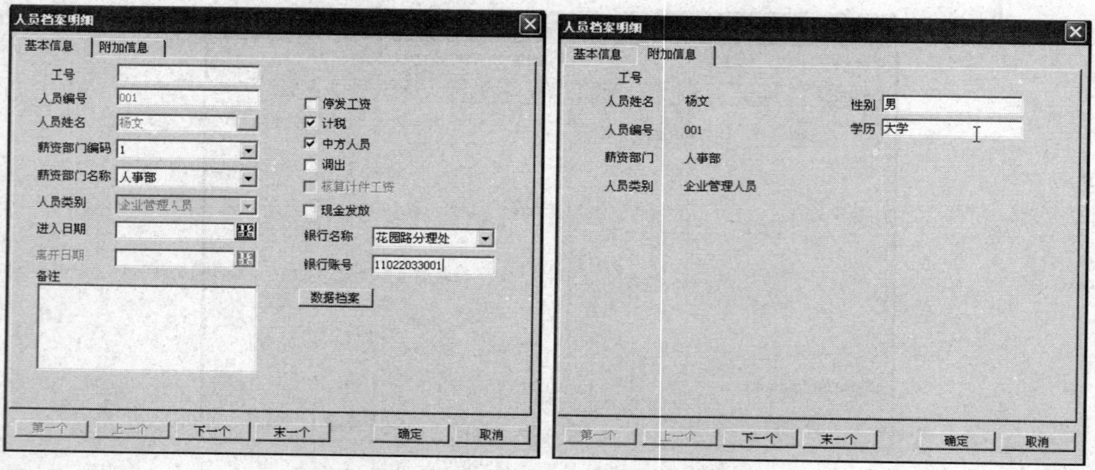

图 5-12　设置基本信息和附加信息

(7) 单击"确定"按钮。系统弹出"写入该人员档案信息吗？"信息提示框，单击"是"返回。

(8) 继续录入其他的人员档案，录入完成后如图 5-13 所示。

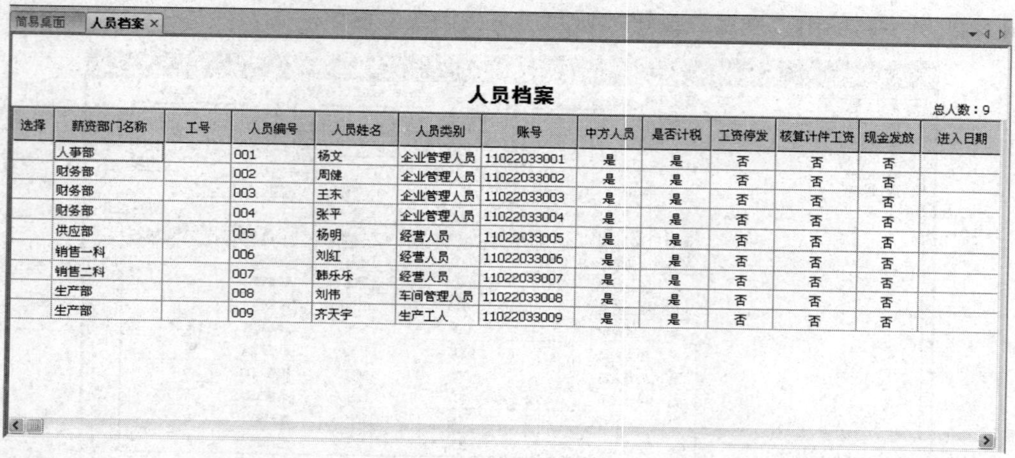

人员档案

总人数：9

选择	薪资部门名称	工号	人员编号	人员姓名	人员类别	账号	中方人员	是否计税	工资停发	核算计件工资	现金发放	进入日期
	人事部		001	杨文	企业管理人员	11022033001	是	是	否	否	否	
	财务部		002	周健	企业管理人员	11022033002	是	是	否	否	否	
	财务部		003	王东	企业管理人员	11022033003	是	是	否	否	否	
	财务部		004	张平	企业管理人员	11022033004	是	是	否	否	否	
	供应部		005	杨明	经营人员	11022033005	是	是	否	否	否	
	销售一科		006	刘红	经营人员	11022033006	是	是	否	否	否	
	销售二科		007	蔺乐乐	经营人员	11022033007	是	是	否	否	否	
	生产部		008	刘伟	车间管理人员	11022033008	是	是	否	否	否	
	生产部		009	齐天宇	生产工人	11022033009	是	是	否	否	否	

图 5-13　人员档案

(9) 单击"退出"按钮，退出"人员档案"对话框。

提示：

◆ 如果在银行名称设置中设置了"银行账号定长"，则在输入人员档案的银行账号时，当输入了一个人员档案的银行账号后，在输入第二个人的银行账号时，系统会自动带出已设置的银行账号定长的账号，只需要输入剩余的账号即可。

◆ 如果账号长度不符合要求则不能保存。

◆ 在增加人员档案时，"停发"、"调出"和"数据档案"不可选，在修改状态下才能编辑。

◆ 在人员档案对话框中，可以单击"数据档案"按钮，录入薪资数据。如果个别人员档案需要修改，在人员档案对话框中可以直接修改。如果一批人员的某个薪资项目同时需要修改，可以利用数据替换功能，将符合条件人员的某个薪资项目的内容统一替换某个数据。若进行替换的薪资项目已设置了计算公式，则在重新计算时以计算公式为准。

7. 设置在岗人员工资类别的工资项目

操作步骤：

(1) 执行"设置"|"工资项目设置"命令，打开"工资项目设置"对话框。

(2) 单击"增加"按钮，再单击"名称参照"栏的下三角按钮，选择"基本工资"，并以此方法再增加其他的工资项目。

(3) 单击选中"基本工资"，单击"上移"按钮，将基本工资移动到工资项目名称栏的第 1 行。再继续移动其他的工资项目到相应的位置，如图 5-14 所示。

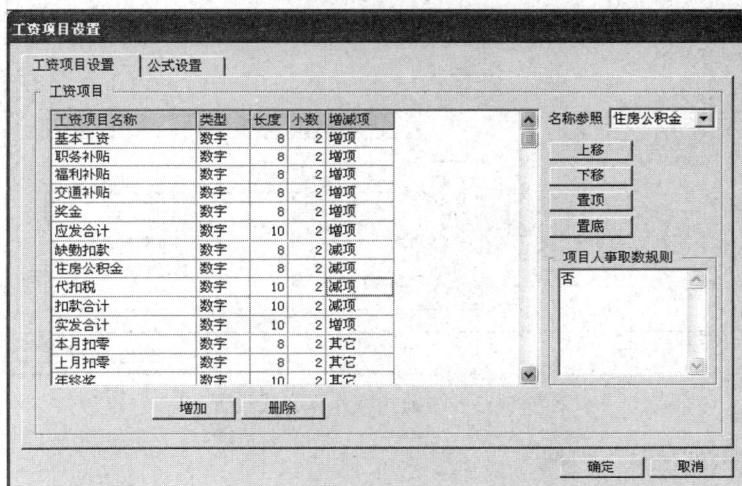

图 5-14　在岗人员工资项目设置

提示：

- 在未打开任何工资账套前可以设置所有的工资项目；当打开某一工资账套后可以根据本工资账套的需要对已经设置的工资项目进行选择，并将工资项目移动到合适的位置。
- 工资项目不能重复选择。
- 工资项目一旦选择，即可进行公式定义。
- 没有选择的工资项目不允许在计算公式中出现。
- 不能删除已输入数据的工资项目和已设置计算公式的工资项目。
- 如果所需要的工资项目不存在，则要关闭本工资类别，然后新增工资项目，再打开此工资类别进行选择。

8. 设置"缺勤扣款"和"住房公基金"的计算公式

操作步骤:

(1) 在"工资项目设置"对话框中单击"公式设置"选项卡,打开"工资项目设置—公式设置"对话框。

(2) 单击"增加"按钮,从下拉列表中选择"缺勤扣款"工资项目。

(3) 单击"缺勤扣款公式定义"区域,在下方的"工资项目"列表中单击选中"基本工资",再单击选中"运算符"区域中的"/",在"缺勤扣款公式定义"区域中继续录入"22",单击选中"运算符"区域中的"*",再单击选中"工资项目"列表中的"缺勤天数",如图 5-15 所示。

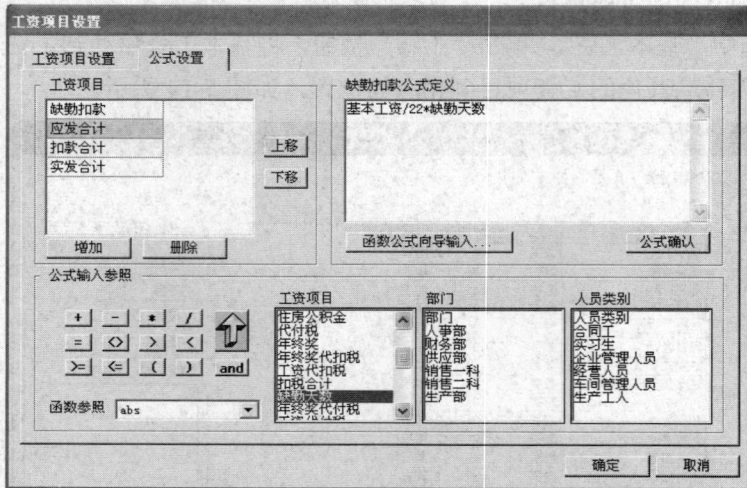

图 5-15　缺勤扣款计算公式设置

(4) 单击"公式确认"按钮。

(5) 以此方法设置"住房公积金"的计算公式。

9. 设置"交通补贴"的计算公式

操作步骤:

(1) 在"工资项目设置—公式设置"界面中,单击"增加"按钮,从下拉列表框中选择"交通补贴"。

(2) 单击"函数公式向导输入"按钮,打开"函数向导——步骤之 1"对话框。

(3) 单击选中"函数名"列表中的"iff",如图 5-16 所示。

(4) 单击"下一步"按钮,打开"函数向导——步骤之 2"对话框。

(5) 单击"逻辑表达式"栏的参照按钮,打开"参照"对话框。

(6) 单击"参照列表"栏的下三角按钮,选择"人员类别",再单击选中"企业管理人员",如图 5-17 所示。

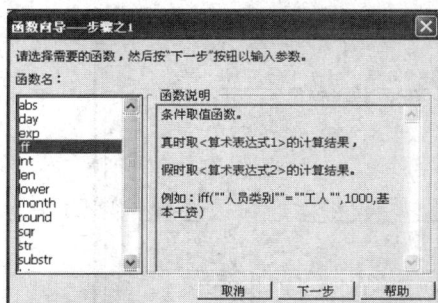

图 5-16　函数向导——步骤之 1

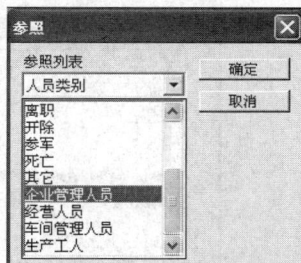

图 5-17　选择人员类别

(7) 单击"确定"按钮，返回"函数向导——步骤之 2"对话框。

(8) 在已生成的逻辑表达式后面输入"or"，注意前后必须空格。如图 5-18 所示。

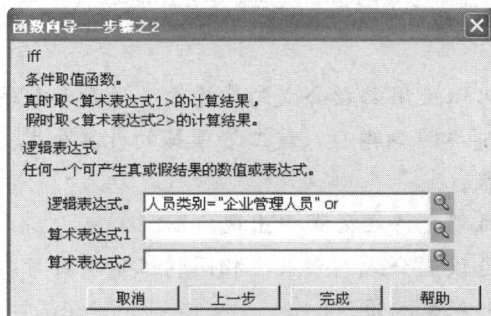

图 5-18　函数向导——步骤之 2

(9) 继续单击参照按钮，选择人员类别为"经营人员"。在"算术表达式 1"文本框中录入"300"，在"算述表达式 2"中输入"100"，如图 5-19 所示。

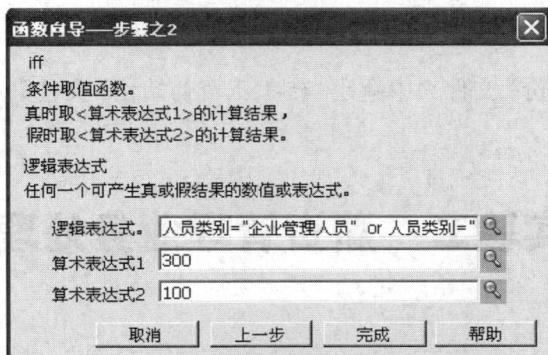

图 5-19　设置算术表达式

(10) 单击"完成"按钮返回公式设置界面，如图 5-20 所示。

(11) 单击"公式确认"按钮，然后单击"确定"按钮。

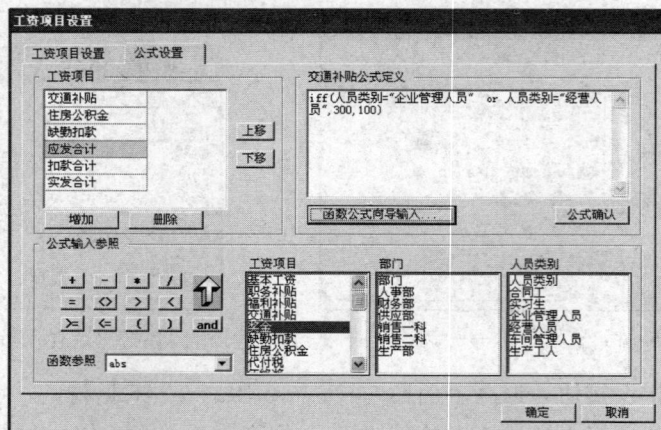

图 5-20　交通补贴公式设置

提示：

◆ 在定义公式时，可以使用函数公式向导输入、函数参照输入、工资项目参照、部门参照和人员类别参照编辑输入该工资项目的计算公式。其中函数公式向导只支持系统提供的函数。

◆ 工资中没有的项目不允许在公式中出现。

◆ 公式中可以引用已设置公式的项目，相同的工资项目可以重复定义公式、多次计算，以最后的运行结果为准。

◆ 定义公式时要注意先后顺序。

◆ 如果将交通补贴计算公式设置为 "iff(人员类别="企业管理人员" or 人员类别="经营人员",200,60)也可以达到同样的目的。

10. 账套备份

在"D:\300 账套备份"文件夹中新建"(5-1)工资初始化"文件夹；将账套输出至"(5-1)工资初始化"文件夹中。

实验二　薪资管理业务处理

实验准备

引入"D:\300 账套备份\(5-1)工资初始化"的账套备份数据，或引入光盘中的"实验账套\(5-1)工资初始化"。将系统日期修改为"2014 年 1 月 31 日"，以"001 周健"身份注册进入薪资管理系统。

实验要求

- 对在岗人员进行薪资核算与管理
- 录入并计算 1 月份的薪资数据
- 扣缴所得税
- 银行代发工资
- 工资分摊并生成转账凭证
- 月末处理
- 查看工资发放条
- 查看部门工资汇总表
- 按部门进行工资项目构成分析
- 查询 1 月份工资核算的记账凭证
- 账套备份

实验资料

(1) 个人收入所得税应在"实发工资"扣除 3 500 元后计税。个人所得税税率表如表 5-3 所示。

表 5-3　个人所得税税率表

级数	全月应纳税所得额	税率(%)	速算扣除数
1	不超过 1 500 元	3	0
2	超过 1 500 元至 4 500 元的部分	10	105
3	超过 4 500 元至 9 000 元的部分	20	555
4	超过 9 000 元至 35 000 元的部分	25	1 005
5	超过 35 000 元至 55 000 元的部分	30	2 755
6	超过 55 000 元至 80 000 元的部分	35	5 505
7	超过 80 000 元的部分	45	13 505

(2) 2014 年 1 月有关的工资数据(如表 5-4 所示)。

表 5-4　2014 年 1 月有关的工资数据

职员编号	人员姓名	基本工资	职务补贴	福利补贴	奖金	缺勤天数
001	杨文	4000	2000	200	800	
002	周健	3300	1500	200	800	
003	王东	2800	1000	200	800	3
004	张平	3300	1000	200	800	

(续表)

职员编号	人员姓名	基本工资	职务补贴	福利补贴	奖金	缺勤天数
005	杨明	2500	900	200	1000	
006	刘红	2500	900	200	1200	
007	韩乐乐	2500	900	200	1200	
008	刘伟	3000	1000	200	1100	
009	齐天宇	2200		200	1000	2

(3) 工资分摊的类型及计提标准。

工资分摊的类型为"应付工资"和"应付福利费"。

按工资总额的 14%计提福利费。

(4) 分摊构成设置(如表 5-5 所示)。

表 5-5   分摊构成设置

计提类型名称	部 门 名 称	人 员 类 别	项目	借 方 科 目	贷方科目
应付工资	人事部、财务部	企业管理人员		管理费用/工资(660203)	应付职工薪酬/应付工资(221101)
	供应部、销售部	经营人员		销售费用(6601)	
	生产部	车间管理人员		制造费用(5101)	
	生产部	生产工人		生产成本(500102)	
应付福利费	人事部、财务部	企业管理人员		管理费用/工资(660203)	应付职工薪酬/应付福利费(221102)
	供应部、销售部	经营人员		销售费用(6601)	
	生产部	车间管理人员		制造费用(5101)	
	生产部	生产工人		生产成本(500102)	

实验指导

1. 确认个人收入所得税的计提基数

操作步骤:

(1) 在用友 ERP-U8 企业应用平台中,选择"人力资源"中的"薪资管理",打开"打开工资类别"对话框。

(2) 选择"在岗人员"工资类别,单击"确定"按钮。

(3) 执行"设置"|"选项"命令,打开"选项"对话框,单击"编辑"按钮。

(4) 单击"扣税设置"选项卡,再单击"税率设置"按钮,打开"个人所得税申报表——税率表"对话框,如图 5-21 所示。

(5) 查看系统预置的所得税纳税基数是否为"3 500"、附加费用是否为"1 300"、税率表是否与国家现行规定一致,若不一致,则需要按国家规定修订。

图 5-21　税率表

(6) 单击"确定"按钮返回。

提示:

◆ 个人所得税扣缴应在"工资变动"后进行,但是如果目前个人所得税的计提基数与系统中预置的不同,则应先核对个人所得税计提基数后再进行工资变动处理。如果先进行工资变动处理再修改个人所得税的计提基数,就应该在修改了个人所得税的计提基数后再进行一次工资变动处理,否则工资数据将不正确。

◆ 系统默认以"实发合计"作为扣税基数。如果想以其他工资项目作为扣税标准,则需要在定义工资项目时单独为应税所得设置一个工资项目。

◆ 在"工资变动"中,系统默认以"实发合计"作为扣税基数,所以在执行完个人所得税计算后,需要到"工资变动"中,执行"计算"和"汇总"功能,以保证"代扣税"这个工资项目正确地反映出单位实际代扣个人所得税的金额。

2. 录入并计算 1 月份的工资数据

操作步骤:

(1) 执行"业务处理"|"工资变动"命令,打开"工资变动"窗口。

(2) 单击"全选"按钮,在人员记录的选择栏出现选中标记"Y"。

(3) 单击"替换"按钮,打开"工资项数据替换"对话框,选择将工资项目"福利补贴"替换成"200",如图 5-22 所示。单击"确定"返回,系统弹出"数据替换后将不可恢复,是否继续?",单击"是"按钮,系统继续提示"9 条记录被替换,是否重新计算?",单击"是"按钮返回。

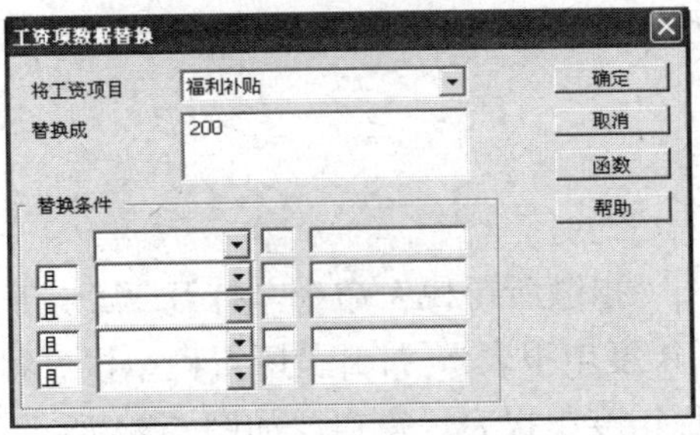

图 5-22　替换工资项目

(4) 分别录入基本工资、职务补贴、奖金、缺勤天数等工资项目内容，如图 5-23 所示。

选择	工号	人员编号	姓名	部门	人员类别	基本工资	职务补贴	福利补贴	交通补贴	奖金	应发合计	缺勤扣款	住房公积金	代扣税
		001	杨文	人事部	企业管理人员	4,000.00	2,000.00	200.00	300.00	800.00	500.00		16.00	
		002	周健	财务部	企业管理人员	3,300.00	1,500.00	200.00	300.00	800.00	500.00		16.00	
		003	王东	财务部	企业管理人员	2,800.00	1,000.00	200.00	300.00	800.00	500.00		16.00	
		004	张平	财务部	企业管理人员	3,300.00	1,000.00	200.00	300.00	800.00	500.00		16.00	
		005	杨明	供应部	经营人员	2,500.00	900.00	200.00	300.00	1,000.00	500.00		16.00	
		006	刘红	销售一科	经营人员	2,500.00	900.00	200.00	300.00	1,200.00	500.00		16.00	
		007	韩乐乐	销售二科	经营人员	2,500.00	900.00	200.00	300.00	1,200.00	500.00		16.00	
		008	刘伟	生产部	车间管理人员	3,000.00	1,000.00	200.00	100.00	1,100.00	300.00		16.00	
		009	齐天宇	生产部	生产工人	2,200.00		200.00	100.00	1,000.00	300.00		16.00	
合计						26,100.00	9,200.00	1,800.00	2,300.00	8,700.00	4,100.00		144.00	

图 5-23 录入工资数据

(5) 单击"计算"按钮，再单击"汇总"按钮，计算全部工资项目内容。

(6) 单击"退出"按钮。

提示：

♦ 第一次使用工资系统必须将所有人员的基本工资数据录入系统。工资数据可以在录入人员档案时直接录入，需要计算的内容再在此功能中进行计算；也可以在工资变动功能中录入，当工资数据发生变动时应在此录入。

♦ 如果工资数据的变化具有规律性，可以使用"替换"功能进行成批数据替换。

♦ 在修改了某些数据、重新设置了计算公式、进行了数据替换或在个人所得税中执行了自动扣税等操作后，必须调用"计算"和"汇总"功能对个人工资数据重新计算，以保证数据正确。

♦ 如果对工资数据只进行了"计算"的操作，而未进行"汇总"操作，则退出时系统提示"数据发生变动后尚未进行汇总，是否进行汇总？"，如果需要汇总则单击"是"按钮，否则，单击"否"按钮即可。

3. 扣缴所得税

操作步骤：

(1) 执行"业务处理"|"扣缴所得税"命令，打开"个人所得税申报模板"对话框。

(2) 选择"个人所得税年度申报表"，打开"所得税申报"对话框。单击"确定"按钮，进入"系统扣缴个人所得税年度申报表"窗口，如图 5-24 所示。

图 5-24　个人所得税扣缴申报表

4. 查看银行代发一览表

操作步骤：

(1) 执行"业务处理"|"银行代发"命令，打开"请选择部门范围"对话框。选择所有部门，单击"确定"按钮，打开"银行文件格式设置"对话框，如图 5-25 所示。

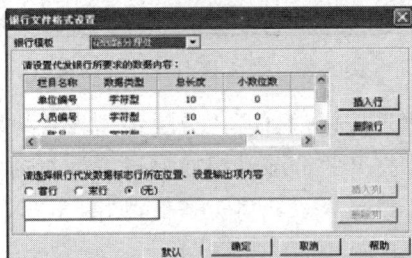

图 5-25　"银行文件格式设置"对话框

(2) 单击"确定"按钮，系统弹出"确认设置的银行文件格式？"信息提示框。

(3) 单击"是"按钮，进入"银行代发一览表"窗口，如图 5-26 所示。

图 5-26　银行代发一览表

(4) 单击"退出"按钮。

提示：

银行文件格式可以进行设置，并且可以分别以 TXT、DAT 及 DBF 文件格式输出。

5. 工资分摊设置

操作步骤：

(1) 执行"业务处理"|"工资分摊"命令，打开"工资分摊"对话框，如图 5-27 所示。

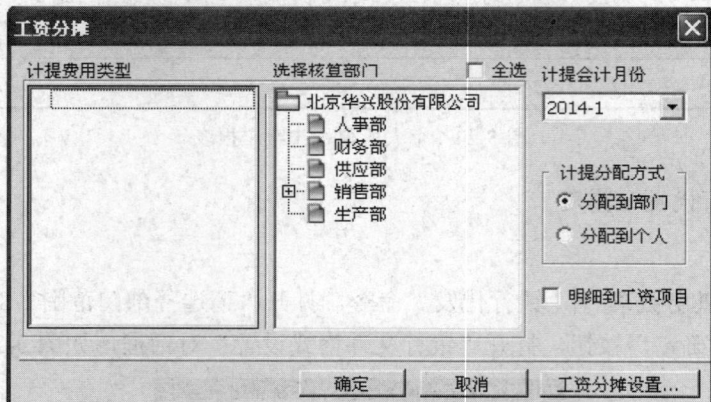

图 5-27 "工资分摊"对话框

(2) 单击"工资分摊设置"按钮，打开"分摊类型设置"对话框。

(3) 单击"增加"按钮，打开"分摊计提比例设置"对话框。

(4) 在"计提类型名称"栏录入"应付工资"，如图 5-28 所示。

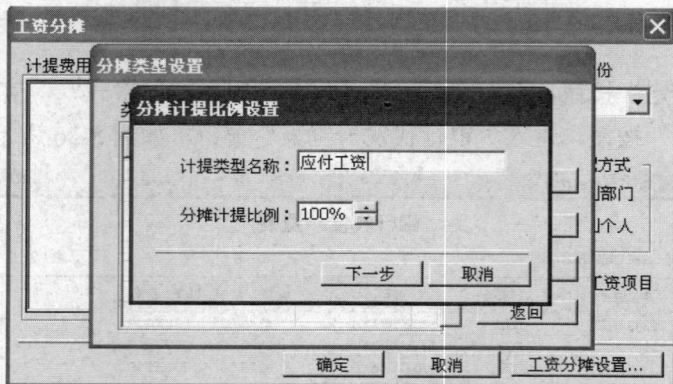

图 5-28 "分摊计提比例设置"对话框

(5) 单击"下一步"按钮，打开"分摊构成设置"对话框。在"分摊构成设置"对话框中，分别选择分摊构成的各个项目内容，如图 5-29 所示。

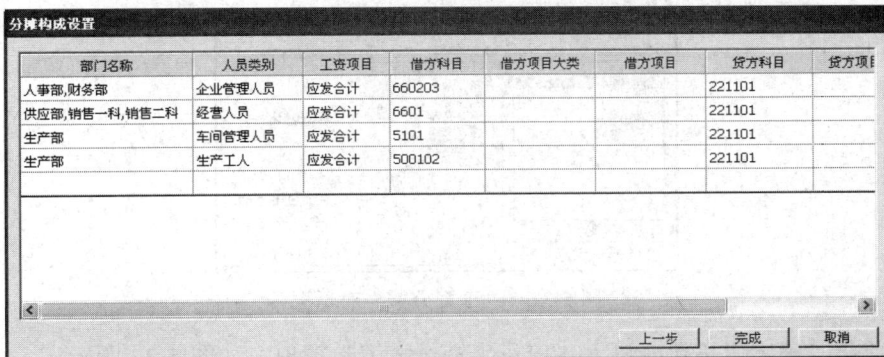

图 5-29　"分摊构成设置"对话框

（6）单击"完成"按钮，返回到"分摊类型设置"对话框。

（7）单击"增加"按钮，在"计提类型名称"栏录入"应付福利费"，在"分摊计提比例"栏录入"14%"，如图 5-30 所示。

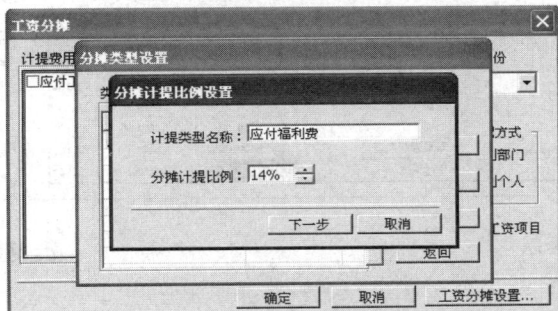

图 5-30　分摊计提比例设置

（8）单击"下一步"按钮，打开"分摊构成设置"对话框，在"分摊构成设置"对话框中分别选择分摊构成的各个项目内容。

（9）单击"完成"按钮，返回到"分摊类型设置"对话框。

提示：

- 所有与工资相关的费用及基金均需建立相应的分摊类型名称及分类比例。
- 不同部门、相同人员类别可以设置不同的分摊科目。
- 不同部门、相同人员类别在设置时，可以一次选择多个部门。

6. 工资分摊并生成转账凭证

操作步骤：

（1）执行"业务处理"|"工资分摊"命令，打开"工资分摊"对话框。

（2）分别选中"应付工资"及"应付福利费"前的复选框，并单击选中各个部门，选中"明细到工资项目"复选框，如图 5-31 所示。

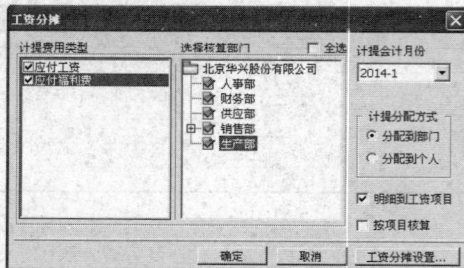

图 5-31　"工资分摊"对话框

(3) 单击"确定"按钮，进入"应付工资一览表"窗口，如图 5-32 所示。

图 5-32　应付工资一览表

(4) 选中"合并科目相同、辅助项相同的分录"前的复选框。

(5) 单击"制单"按钮，选择凭证类别为"转账凭证"，单击"保存"按钮，结果如图 5-33 所示。

图 5-33　应付工资分摊转账凭证生成

(6) 单击"退出"按钮，返回"应付工资一览表"窗口。

(7) 单击"类型"栏的下三角按钮，选择"应付福利费"，生成应付福利费分摊转账凭证，如图 5-34 所示。

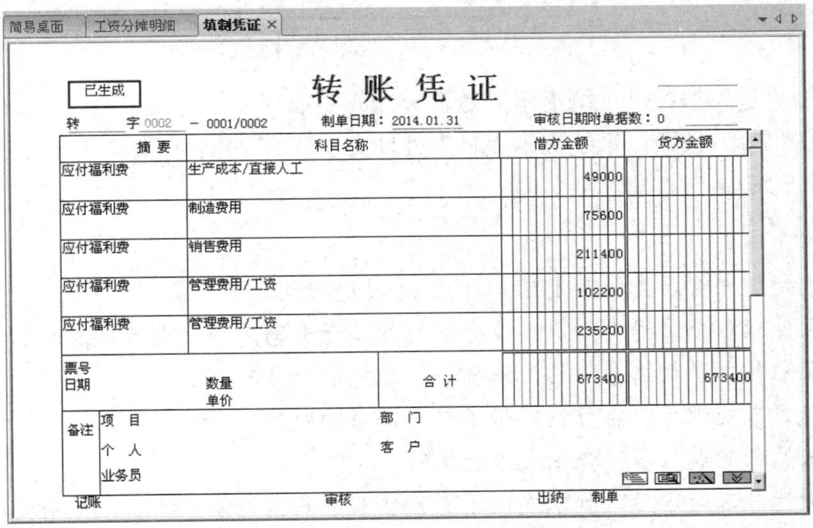

图 5-34 应付福利费分摊转账凭证

提示：

◆ 工资分摊应按分摊类型依次进行。

◆ 在进行工资分摊时，如果不选择"合并科目相同、辅助项相同的分录"，则在生成凭证时将每一条分录都对应一个贷方科目；如果单击"批制"按钮，可以一次将所有参与本次分摊的"分摊类型"所对应的凭证全部生成。

7. 月末处理

操作步骤：

(1) 执行"业务处理"|"月末处理"命令，打开"月末处理"对话框，如图 5-35 所示。

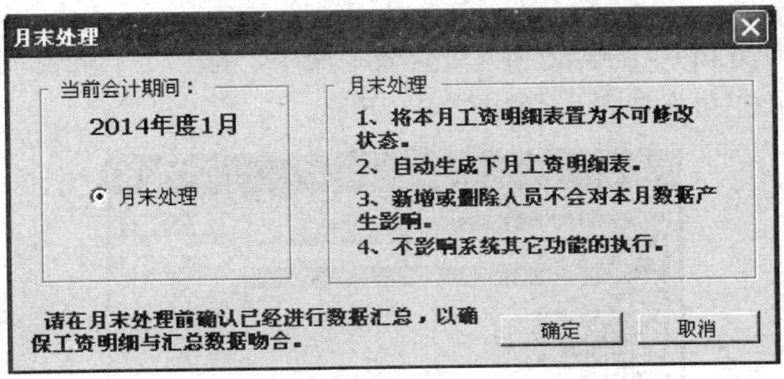

图 5-35 "月末处理"对话框

(2) 单击"确定"按钮，系统提示"月末处理之后，本月工资将不许变动！继续月末处理吗？"，如图 5-36 所示。

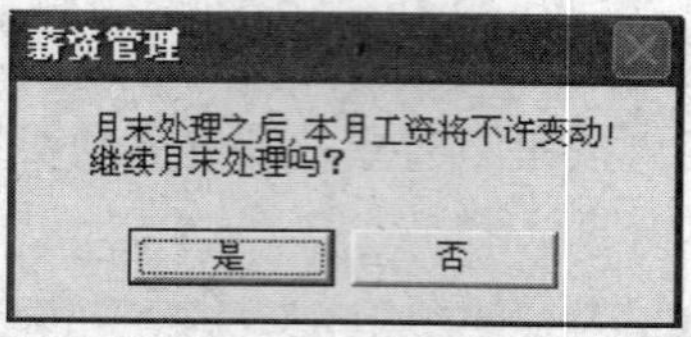

图 5-36　薪资月末处理系统提示

(3) 单击"是"按钮，系统提示"是否选择清零项？"。

(4) 单击"否"按钮，系统提示"月末处理完毕！"。

(5) 单击"确定"按钮。

提示：

◆ 月末处理只有在会计年度的 1 月至 11 月进行。

◆ 如果处理多个工资类别，则应分别打开工资类别，分别进行月末处理。

◆ 如果本月工资数据未汇总，系统将不允许进行月末处理。

◆ 进行月末处理后，当月数据将不再允许变动。

◆ 月末处理功能只有账套主管才能执行。

◆ 在进行月末处理后，如果发现还有一些业务或其他事项要在已进行月末处理的月份进行账务处理，可以由账套主管以下月日期登录，使用反结账功能，取消已结账标记。

◆ 有下列情况之一不允许反结账：总账系统已结账；汇总工资类别的会计月份与反结账的会计月相同，并且包括反结账的工资类别。

◆ 本月工资分摊、计提凭证传输到总账系统，如果总账系统已审核并记账，需做红字冲销后，才能反结账；如果总账系统未做任何操作，只需删除此凭证即可。如果凭证已由出纳或主管签字，应在取消出纳签字或主管签字，并删除该张凭证后才能反结账。

8. 查看薪资发放条

操作步骤：

(1) 执行"统计分析"|"账表"|"工资表"命令，打开"工资表"对话框。

(2) 单击选中"工资发放条"，如图 5-37 所示。

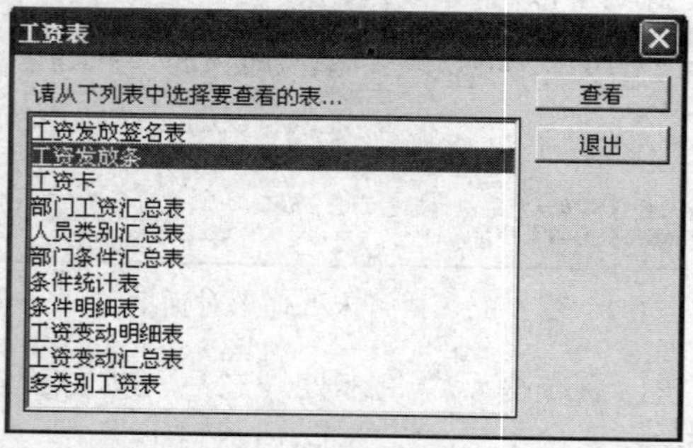

图 5-37　选中"工资发放条"

(3) 单击“查看”按钮，打开“工资发放条”对话框。

(4) 单击选中各个部门，并单击“选定下级部门”前的复选框。

(5) 单击“确定”按钮，进入“工资发放条”窗口，如图 5-38 所示。

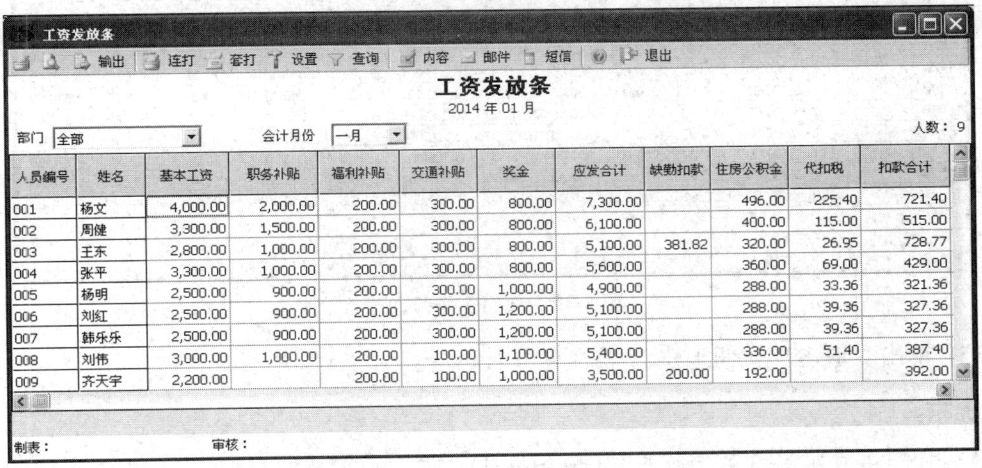

人员编号	姓名	基本工资	职务补贴	福利补贴	交通补贴	奖金	应发合计	缺勤扣款	住房公积金	代扣税	扣款合计
001	杨文	4,000.00	2,000.00	200.00	300.00	800.00	7,300.00		496.00	225.40	721.40
002	周健	3,300.00	1,500.00	200.00	300.00	800.00	6,100.00		400.00	115.00	515.00
003	王东	2,800.00	1,000.00	200.00	300.00	800.00	5,100.00	381.82	320.00	26.95	728.77
004	张平	3,300.00	1,000.00	200.00	300.00	800.00	5,600.00		360.00	69.00	429.00
005	杨明	2,500.00	900.00	200.00	300.00	1,000.00	4,900.00		288.00	33.36	321.36
006	刘红	2,500.00	900.00	200.00	300.00	1,200.00	5,100.00		288.00	39.36	327.36
007	韩乐乐	2,500.00	900.00	200.00	300.00	1,200.00	5,100.00		288.00	39.36	327.36
008	刘伟	3,000.00	1,000.00	200.00	100.00	1,100.00	5,400.00		336.00	51.40	387.40
009	齐天宇	2,200.00		200.00	100.00	1,000.00	3,500.00	200.00	192.00		392.00

图 5-38 工资发放条

(6) 单击“退出”按钮退出。

提示：

- 工资业务处理完成后，相关工资报表数据同时生成，系统提供了多种形式的报表反映工资核算的结果。如果对报表的格式不满意还可以进行修改。
- 系统提供的工资报表主要包括“工资发放签名表”、“工资发放条”、“部门工资汇总表”、“人员类别汇总表”、“部门条件汇总表”、“条件统计表”、“条件明细表”及“工资变动明细表”等。
- 工资发放条是发放工资时交给职工的工资项目清单。系统提供了自定义工资发放打印信息和工资项目打印位置格式的功能，提供固化表头和打印区域范围的“工资套打”格式。

9. 查看部门工资汇总表

操作步骤：

(1) 执行“统计分析”|“账表”|“工资表”命令，打开“工资表”对话框。

(2) 单击选中“部门工资汇总表”，单击“查看”按钮，打开“部门工资汇总表—选择部门范围”对话框。

(3) 单击选中各个部门，并单击“选定下级部门”前的复选框，再单击“确定”按钮。

(4) 单击“确定”按钮，进入“部门工资汇总表”窗口，如图 5-39 所示。

图 5-39　部门工资汇总表

(5) 单击"退出"按钮退出。

提示:

♦ 部门工资汇总表提供按单位(或各部门)进行工资汇总的查询。

♦ 可以选择部门级次,可以查询当月部门工资汇总表,也可以查询其他各月的部门工资汇总表。

10. 对财务部进行工资项目构成分析

操作步骤:

(1) 执行"统计分析"|"账表"|"工资分析表"命令,打开"工资分析表"对话框。

(2) 单击"确定"按钮,打开"选择分析部门"对话框。

(3) 在"选择分析部门"对话框中,单击选中各个部门。

(4) 单击"确定"按钮,打开"分析表选项"对话框。

(5) 在"分析表选项"对话框中,单击">>"按钮,选中所有的薪资项目内容,如图 5-40 所示。

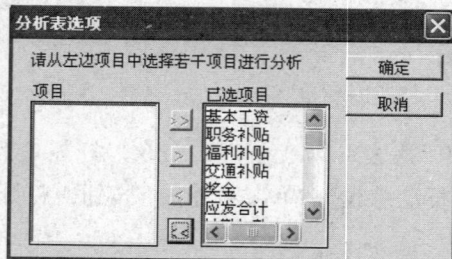

图 5-40　"分析表选项"对话框

(6) 单击"确定"按钮,进入"工资项目分析表(按部门)"窗口。

(7) 单击"部门"栏的下三角按钮,选择"财务部",即可查看财务部工资项目构成情况。

(8) 单击"退出"按钮退出。

提示:

对于工资项目分析,系统仅提供单一部门的分析表。用户可以在分析界面中单击"部门"栏的下三角按钮,查看该部门的工资项目构成分析。

11. 查询 1 月份计提"应付福利费"的记账凭证

操作步骤:

(1) 执行"统计分析"|"凭证查询"命令,打开"凭证查询"对话框,如图 5-41 所示。

业务日期	业务类型	业务号	制单人	凭证日期	凭证号	标志
2014-01-31	应付工资	1	周健	2014-01-31	转-1	未审核
2014-01-31	应付福利费	2	周健	2014-01-31	转-2	未审核

图 5-41　凭证查询

(2) 在"凭证查询"对话框中,单击选中"应付福利费"所在行。

(3) 单击"凭证"按钮,打开计提应付福利费的转账凭证。

(4) 单击"退出"按钮退出。

提示:

◆ 薪资管理系统中的凭证查询功能可以对薪资管理系统生成的转账凭证进行查询、删除或冲销。而在总账系统中,对薪资管理系统中传递过来的转账凭证只能进行查询、审核或记账等操作,不能进行修改或删除。

◆ 在凭证查询功能中单击"单据"按钮,可以查看该张凭证所对应的单据。

◆ 如果要进行工资数据的上报或采集或者进行不同工资类别之间的人员变动,应在"工资数据维护"功能中完成。

◆ 在"工资数据维护"功能中还可以进行"人员信息复制"及"工资类别汇总"的操作。

12. 账套备份

在"D:\300 账套备份"文件夹中新建"(5-2)工资业务处理"文件夹。将账套输出至"(5-2)工资业务处理"文件夹中。

第 6 章

固定资产系统

功能概述

固定资产系统主要提供资产管理、折旧计算、统计分析等功能。其中资产管理主要包括原始设备的管理、新增资产的管理、资产减少的处理、资产变动的管理等，并提供资产评估及计提固定资产减值准备功能，支持折旧方法的变更；可以按月自动计算折旧，生成折旧分配凭证，同时输出有关的报表和账簿。固定资产核算系统可以用于固定资产总值、累计折旧数据的动态管理，协助设备管理部门做好固定资产实体的各项指标的管理、分析工作。具体包括以下内容。

- ◆ 初始设置：根据用户的具体情况，建立一个合适的固定资产子账套的过程。初始设置包括系统初始化、部门设置、类别设置、使用状况定义、增减方式定义、折旧方法定义、卡片项目定义、卡片样式定义等。

- ◆ 卡片管理：固定资产管理在企业中分为两部分，一是固定资产卡片台账管理，二是固定资产的会计处理。系统提供了卡片管理的功能，主要从卡片、变动单及资产评估三方面来实现卡片管理，主要包括卡片录入、卡片修改、卡片删除、资产增加及资产减少等功能，不仅实现了固定资产文字资料的管理，而且还实现了固定资产的图片管理。

- ◆ 折旧管理：自动计提折旧形成折旧清单和折旧分配表，按分配表自动制作记账凭证，并传递到总账系统。在对折旧进行分配时可以在单位和部门之间进行分配。

- ◆ 月末对账结账：月末按照系统初始设置的账务系统接口，自动与账务系统进行对账，并根据对账结果和初始设置决定是否结账。

- ◆ 账表查询：通过"我的账表"对系统所能提供的全部账表进行管理，资产管理部门可随时查询分析表、统计表、账簿和折旧表，提高资产管理效率。另外，还提供固定资产的多种自定义功能。

实验目的与要求

系统学习固定资产系统初始化、日常业务处理的主要内容和操作方法。要求掌握输入固定资产卡片的方法；掌握固定资产增加、减少、变动的操作方法和要求；掌握固定资产折旧的处理过程及操作方法；了解固定资产账套内容及作用，熟悉固定资产月末转账、对账及月末结账的操作方法。

教学建议

固定资产系统是 ERP 财务管理系统中相对独立的一个子系统，在实际工作中运用较为广泛，其部分功能与总账联系较为紧密，学习时要了解固定资产系统与总账的关系，将固定资产系统与总账系统有机地结合起来，为企业的全面财务核算与管理服务。

建议本章讲授 4 课时，上机练习 4 课时。

实验一　固定资产系统初始化

实验准备

修改系统日期为"2014 年 1 月 1 日"。引入"D:\300 账套备份\(3-1)总账初始化"，由"001 周健"注册进入企业应用平台，启用固定资产系统。

实验要求

- 建立固定资产子账套
- 基础设置
- 录入原始卡片
- 账套备份

实验资料

1. 300 账套固定资产系统的参数

固定资产账套的启用月份为"2014 年 1 月"，固定资产采用"平均年限法(一)"计提折旧，折旧汇总分配周期为一个月；当(月初已计提月份=可使用月份－1)时将剩余折旧全部提足。固定资产编码方式为"2-1-1-2"；固定资产编码方式采用自动编码方式，编码方式为"类别编码+序号"；序号长度为"5"。要求固定资产系统与总账进行对账；固定资产对账科目为"1601 固定资产"；累计折旧对账科目为"1602 累计折旧"；对账不平衡的情况下不允许固定资产月末结账。

2. 固定资产选项设置

- 设置与财务系统的接口：
- 固定资产缺省入账科目：1601；
- 累计折旧缺省入账科目：1602。

3. 部门对应折旧科目(如表 6-1 所示)

表 6-1　部门对应折旧科目

部 门 名 称	贷 方 科 目
人事部	管理费用—折旧费(660204)
财务部	管理费用—折旧费(660204)
供应部	销售费用(6601)
销售部	销售费用(6601)
生产部	制造费用(5101)

4. 固定资产类别(如表 6-2 所示)

表 6-2　固定资产类别

类别编码	类别名称	使用年限	净残值率	计提属性	折旧方法	卡片样式
01	房屋及建筑物	30	2%	正常计提	平均年限法(一)	通用样式
011	办公楼	30	2%	正常计提	平均年限法(一)	通用样式
012	厂房	30	2%	正常计提	平均年限法(一)	通用样式
02	机器设备				平均年限法(一)	通用样式
021	生产线	10	3%	正常计提	平均年限法(一)	通用样式
022	办公设备	5	3%	正常计提	平均年限法(一)	通用样式

5. 固定资产增减方式(如表 6-3 所示)

表 6-3　固定资产增减方式

增 加 方 式	对应入账科目	减少方式	对应入账科目
直接购入	银行存款—工行存款(100201)	出售	固定资产清理(1606)
盘盈	待处理财产损溢—待处理固定资产损溢(190102)	盘亏	待处理财产损溢—待处理固定资产损溢(190102)
投资者投入	实收资本(4001)	投资转出	长期股权投资 (1511)
捐赠	营业外收入(6301)	捐赠转出	固定资产清理(1606)
在建工程转入	在建工程(1604)	报废	固定资产清理(1606)

6. 固定资产原始卡片(如表 6-4 所示)

表 6-4　固定资产原始卡片

卡片编号	00001	00002	00003	00004	00005
固定资产编号	01100001	01200001	02100001	02100002	02200001
固定资产名称	1 号楼	2 号楼	A 生产线	B 生产线	电脑
类别编号	011	012	021	021	022
类别名称	办公楼	厂房	生产线	生产线	办公设备
部门名称	人事部	生产部	生产部	生产部	财务部
增加方式	在建工程转入	在建工程转入	在建工程转入	在建工程转入	直接购入
使用状况	在用	在用	在用	在用	在用
使用年限	30 年	30 年	10 年	10 年	5 年
折旧方法	平均年限法(一)	平均年限法(一)	平均年限法(一)	平均年限法(一)	平均年限法(一)
开始使用日期	2012-09-08	2012-10-10	2012-08-20	2012-05-08	2011-06-01
币种	人民币	人民币	人民币	人民币	人民币
原值	412000	450000	150000	180000	20000
净残值率	2%	2%	3%	3%	3%
净残值	8240	9000	4500	5400	600
累计折旧	37800	25515	39375	45198	7236
月折旧率	0.0027	0.0027	0.0081	0.0081	0.0162
月折旧额	1112.4	1215	1215	1458	324
净值	362200	424485	110625	134802	12764
对应折旧科目	管理费用—折旧费	制造费用	制造费用	制造费用	管理费用—折旧费

实验指导

1. 建立固定资产账套

操作步骤:

(1) 在用友 ERP-U8 企业应用平台中,选择"财务会计"中的"固定资产",系统弹出"这是第一次打开此账套,还未进行过初始化,是否进行初始化?"信息提示对话框,如图 6-1 所示。

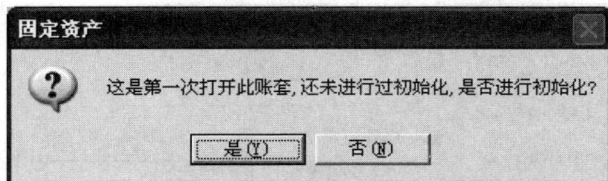

图 6-1　固定资产系统初始化提示信息

(2) 单击"是"按钮，打开固定资产"初始化账套向导—约定及说明"对话框。

(3) 选中"我同意"单选按钮，单击"下一步"按钮，打开固定资产"初始化账套向导—启用月份"对话框，如图 6-2 所示。

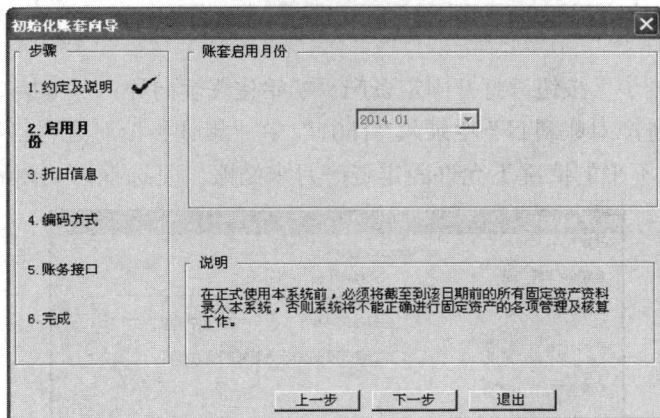

图 6-2　固定资产"初始化账套向导—启用月份"对话框

(4) 单击"下一步"按钮，打开固定资产"初始化账套向导—折旧信息"对话框，选择主要折旧方法为"平均年限法（一）"，如图 6-3 所示。

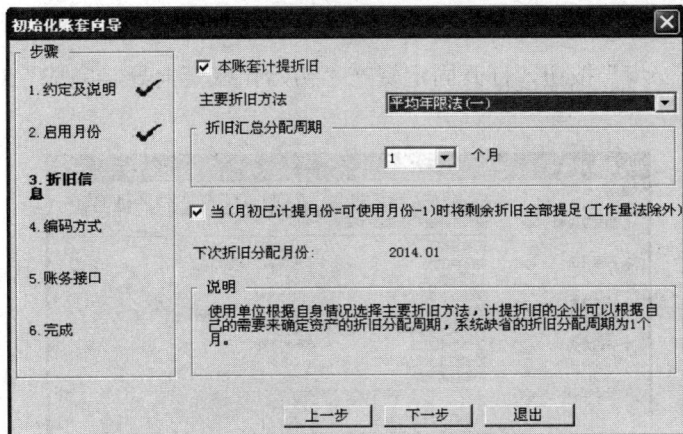

图 6-3　固定资产"初始化账套向导—折旧信息"对话框

(5) 单击"下一步"按钮，打开固定资产"初始化账套向导—编码方式"对话框。选择固定资产编码方式为"自动编码"和"类别编码+序号"，序号长度为"5"，如图 6-4 所示。

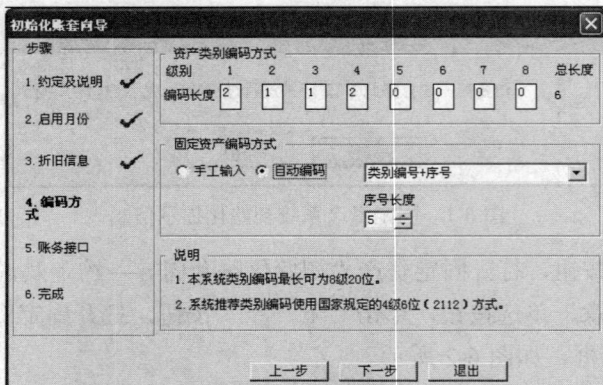

图 6-4　固定资产"初始化账套向导—编码方式"对话框

(6) 单击"下一步"按钮，打开固定资产"初始化账套向导—财务接口"对话框。

(7) 在"固定资产对账科目"栏录入"1601"，在"累计折旧对账科目"栏录入"1602"，取消选中"在对账不平的情况下允许固定资产月末结账"复选框，如图 6-5 所示。

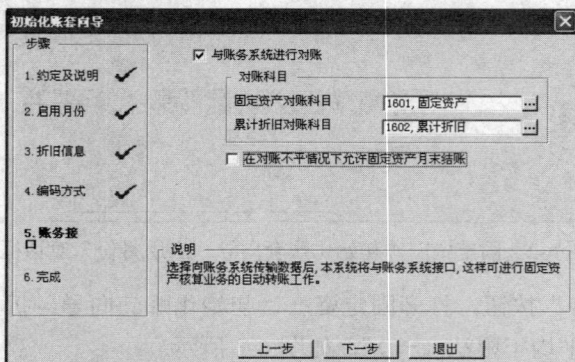

图 6-5　固定资产"初始化账套向导—财务接口"对话框

(8) 单击"下一步"按钮，打开固定资产"初始化账套向导—完成"对话框，如图 6-6 所示。

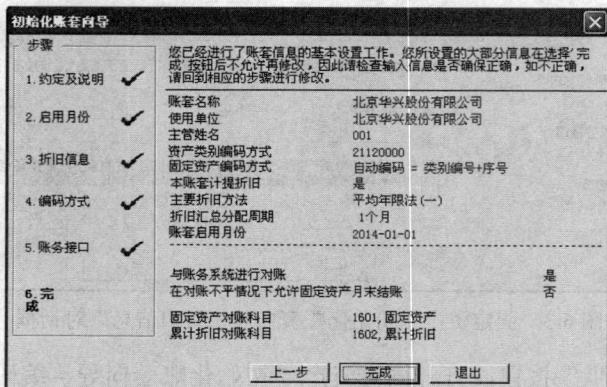

图 6-6　固定资产"初始化账套向导—完成"对话框

(9) 单击"完成"按钮，系统弹出"已经完成了新账套的所有设置工作，是否确定所设置的信息完全正确并保存对新账套的所有设置？"信息提示框。

(10) 单击"是"按钮，系统提示"已成功初始化本固定资产账套！"。

(11) 单击"确定"按钮，固定资产建账完成。

提示：

- 在固定资产"初始化账套向导—启用月份"对话框中所列示的启用月份只能查看，不能修改。启用日期确定后，在该日期前的所有固定资产都将作为期初数据，在启用月份开始计提折旧。

- 在固定资产"初始化账套向导—折旧信息"中，当(月初已计提月份=可使用月份－1)时，将剩余折旧全部提足(工作量法除外)是指除工作量法外，只要上述条件满足，则该月折旧额=净值－净残值，并且不能手工修改；如果不选该项，则该月不提足折旧，并且可手工修改，但如以后各月按照公式计算的月折旧率或折旧额是负数时，认为公式无效，令月折旧率=0，月折旧额=净值－净残值。

- 固定资产编码方式包括"手工输入"和"自动编码"两种方式。自动编码方式包括"类别编号+序号"、"部门编号+序号"、"类别编号+部门编号+序号"、"部门编号+类别编号+序号"。类别编号中的序号长度可自由设定为1~5位。

- 资产类别编码方式设定以后，一旦某一级设置类别，则该级的长度不能修改，未使用过的各级长度可以修改。每一个账套的自动编码方式只能选择一种，一经设定，该自动编码方式不得修改。

- 固定资产对账科目和累计折旧对账科目应与账务系统内的对应科目一致。

- 对账不平不允许结账是指在存在对应的账务账套的情况下，本系统在月末结账前自动执行一次对账，给出对账结果。如果不平，说明两系统出现偏差，应予以调整。

2. 设置选项

操作步骤：

(1) 执行"设置"|"选项"命令，打开"选项"对话框。

(2) 单击"编辑"按钮，单击打开"与财务系统接口"选项卡，设置固定资产缺省入账科目为1601；累计折旧缺省入账科目为1602；固定资产减值准备为1603；增值税进项税额科目为22210101；固定资产清理缺省入账科目为1606，如图6-7所示。

(3) 单击"确定"按钮返回。

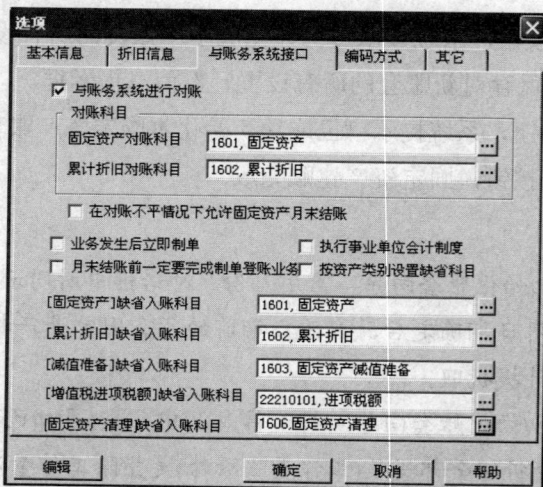

图 6-7　选项设置

3. 设置部门对应折旧科目

操作步骤:

(1) 执行"设置"|"部门对应折旧科目"命令,进入"部门对应折旧科目—列表视图"窗口。

(2) 选择"人事部"所在行,单击"修改"按钮,打开"单张视图"窗口(也可以直接选中部门编码目录中的"人事部",单击打开"单张视图"选项卡,再单击"修改"按钮)。

(3) 在"折旧科目"栏录入或选择"660204",如图 6-8 所示。

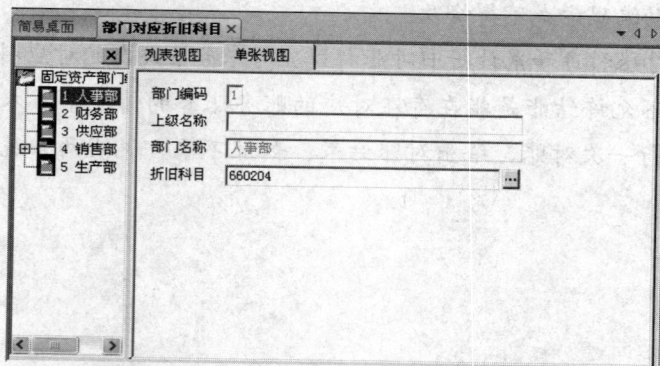

图 6-8　"部门对应折旧科目—单张视图"窗口

(4) 单击"保存"按钮。以此方法继续录入其他部门对应的折旧科目。

提示:

◆ 因本系统录入卡片时,只能选择明细级部门,所以设置折旧科目也只有给明细级设置才有意义。如果某一上级部门设置了对应的折旧科目,则下级部门继承上级部门的设置。

◆ 当为销售部设置对应的折旧科目为"6601 销售费用"时,系统会提示"是否将销售部的所有下级部门的折旧科目替换为'销售费用'？如果选择是，请在成功保存后单击'刷新'按钮查看"。单击"是"按钮，即将销售部的两个下级部门的折旧科目一并设置完成。

◆　设置部门对应的折旧科目时，必须选择末级会计科目。设置上级部门的折旧科目，则下级部门可以自动继承，也可以选择不同的科目，即上下级部门的折旧科目可以相同，也可以不同。

4. 设置固定资产类别

操作步骤：

(1) 执行"设置"|"资产类别"命令，进入"资产类别—列表视图"窗口。

(2) 单击"增加"按钮，打开"资产类别—单张视图"窗口。

(3) 在"类别名称"栏录入"房屋及建筑物"，在"使用年限"栏录入"30"，在"净残值率"栏录入"2"，如图 6-9 所示。

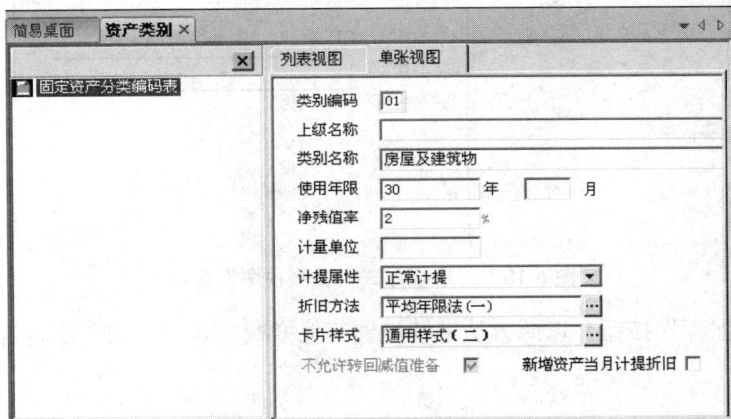

图 6-9　"资产类别—单张视图"窗口

(4) 单击"保存"按钮，继续录入 02 号资产的类别名称为"机器设备"，单击"保存"按钮。

(5) 单击"放弃"按钮，系统提示"是否取消本次操作"，单击"是"按钮，返回"资产类别—列表视图"窗口。

(6) 单击选中"固定资产分类编码表"中的"01 房屋及建筑物"分类，再单击"增加"按钮，在"类别名称"栏录入"办公楼"。

(7) 单击"保存"按钮。以此方法继续录入其他的固定资产分类。

提示：

◆　应先建立上级固定资产类别后再建立下级类别。由于在建立上级类别"房屋与建筑物"时就设置了使用年限、净残值率，其下级类别如果与上级类别设置相同，可自动继承不用修改；如果下级类别与上级类别设置不同，可以修改。

◆　类别编码、名称、计提属性及卡片样式不能为空。

◆ 非明细级类别编码不能修改和删除,明细级类别编码修改时只能修改本级的编码。

◆ 使用过的类别的计提属性不能修改。

◆ 系统已使用的类别不允许增加下级和删除。

5. 设置固定资产的增减方式

操作步骤:

(1) 执行"设置"|"增减方式"命令,打开"增减方式"窗口。

(2) 单击选中"直接购入"所在行,再单击"修改"按钮,打开"增减方式—单张视图"窗口,在"对应入账科目"栏录入"100201",如图 6-10 所示。

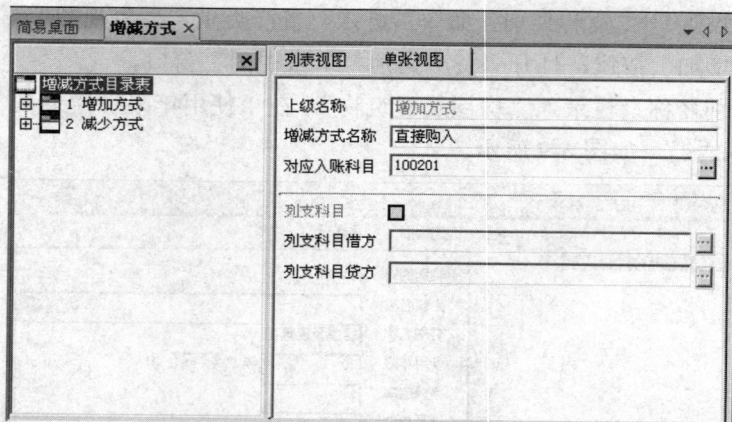

图 6-10 "增减方式—单张视图"窗口

(3) 单击"保存"按钮。以此方法继续设置其他增减方式对应的入账科目。

提示:

◆ 在资产增减方式中所设置的对应入账科目是为了生成凭证时默认。

◆ 因为本系统提供的报表中有固定资产盘盈盘亏报表,所以增减方式中"盘盈、盘亏、毁损"不能修改和删除。

◆ 非明细增减方式不能删除;已使用的增减方式不能删除。

◆ 生成凭证时,如果入账科目发生了变化,可以即时修改。

6. 录入固定资产原始卡片

操作步骤:

(1) 执行"卡片"|"录入原始卡片"命令,打开"固定资产类别档案"对话框。

(2) 选择"011 办公楼"前的复选框,回车后进入"固定资产卡片[录入原始卡片:00001号卡片]"窗口。

(3) 在"固定资产名称"栏录入"1 号楼",单击"部门名称"栏,再单击"部门名称"按钮,打开"固定资产—本资产部门使用方式"对话框,如图 6-11 所示。

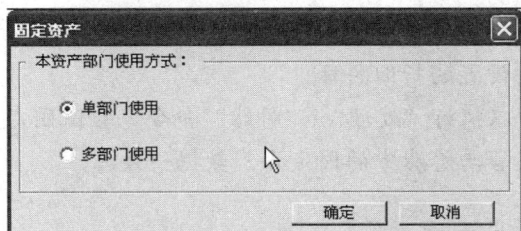

图 6-11　"固定资产—本资产部门使用方式"对话框

(4) 单击"确定"按钮，打开"部门参照"窗口。

(5) 选择"人事部"，双击确认。

(6) 单击"增加方式"栏，再单击"增加方式"按钮，打开"固定资产增减方式"对话框，选择"105 在建工程转入"，双击确认。

(7) 单击"使用状况"栏，再单击"使用状况"按钮，打开"使用状况参照"对话框。默认"在用"，单击"确定"按钮。

(8) 在"开始使用日期"栏录入"2012-09-08"，在"原值"栏录入"412 000"，在"累计折旧"栏录入"37 800"，如图 6-12 所示。

图 6-12　录入原始卡片

(9) 单击"保存"按钮，系统提示"数据成功保存！"。

(10) 单击"确定"按钮。以此方法继续录入其他的固定资产卡片。

提示：

◆ 在"固定资产卡片"界面中，除"固定资产卡片"选项卡外，还有若干的附属选项卡，附属选项卡上的信息只供参考，不参与计算也不回溯。

◆ 在执行原始卡片录入或资产增加功能时，可以为一个资产选择多个使用部门。

◆ 当资产为多部门使用时，原值、累计折旧等数据可以在多部门间按设置的比例分摊。

◆ 单个资产对应多个使用部门时，卡片上的"对应折旧科目"处不能输入，默认为选择使用部门时设置的折旧科目。

◆ 录入完成后，可以执行"处理"|"对账"命令，验证固定资产系统中录入的固定资产明细资料是否与总账中的固定资产数据一致。

7. 账套备份

在"D：\300 账套备份"文件夹中新建"(6-1)固定资产初始化"文件夹。将账套输出至"(6-1)固定资产初始化"文件夹中。

实验二　固定资产日常业务处理

实验准备

将系统日期修改为"2014 年 1 月 31 日"。引入"D：\300 账套备份\(6-1)固定资产初始化"备份账套数据，由"001 周健"注册进入固定资产系统。

实验要求

- 修改固定资产卡片
- 增加固定资产
- 折旧处理
- 生成增加固定资产的记账凭证
- 对账与结账
- 账表管理
- 将系统日期修改为"2014 年 2 月 28 日"，由"001 周健"注册进入"固定资产"系统
- 计提折旧
- 固定资产减少
- 固定资产变动
- 批量制单
- 账套备份

实验资料

1. 修改固定资产卡片

2014 年 1 月 15 日，将卡片编号为"00003"的固定资产(A 生产线)的使用状况由"在

用"修改为"大修理停用"。

2. 新增固定资产

2014 年 1 月 15 日，直接购入并交付销售一科使用一台电脑，预计使用年限为 5 年，原值为 12 000 元，净残值为 3%，采用"年数总和法"计提折旧。

3. 减少固定资产

2014 年 2 月 20 日将财务部使用的电脑"00005"号固定资产捐赠给希望工程。

4. 固定资产变动

2014 年 2 月 28 日，根据企业需要，将卡片号码为"00004"号的固定资产(B 生产线)的折旧方法由"平均年限法(一)"更改为"工作量法"。工作总量为 60 000 小时，累计工作量为 10 000 小时。

实验指导

1. 修改固定资产卡片

操作步骤：

(1) 执行"卡片"|"卡片管理"命令，打开"查询条件选择"对话框，修改开始使用日期为"2011-01-01"，单击"确定"按钮，进入"卡片管理"窗口，如图 6-13 所示。

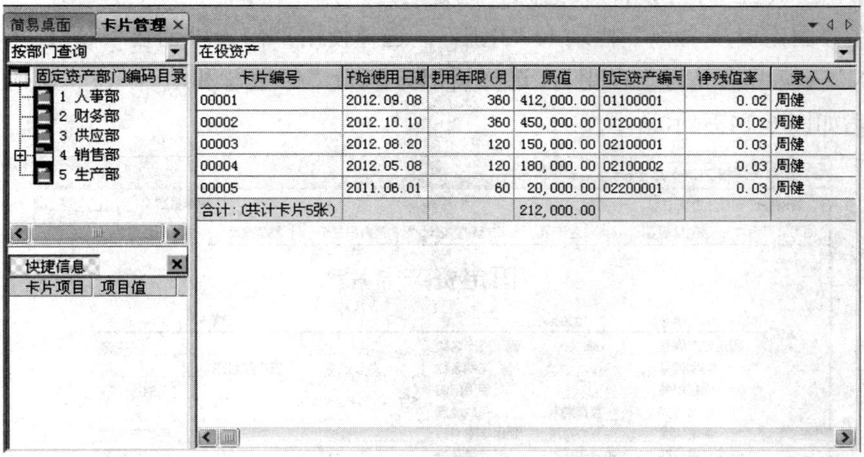

图 6-13　"卡片管理"窗口

(2) 选中"00003"所在行，再单击"修改"按钮，进入"固定资产卡片"窗口。

(3) 单击"使用状况"栏，再单击"使用状况"按钮，打开"使用状况参照"对话框。

(4) 选中"1004 大修理停用"，单击"确定"按钮。

(5) 单击"保存"按钮，系统提示"数据成功保存！"。

(6) 单击"确定"按钮返回"卡片管理"窗口。

提示：

- ◆ 当发现卡片有录入错误，或在资产使用过程中有必要修改卡片的一些内容时，可以通过卡片修改功能实现，这种修改为无痕迹修改。
- ◆ 原始卡片的原值、使用部门、工作总量、使用状况、累计折旧、净残值(率)、折旧方法、使用年限、资产类别在没有做变动单或评估单的情况下，在录入当月可以无痕迹修改；如果做过变动单，只有删除变动单才能无痕迹修改；若各项目做过一次月末结账，则只能通过变动单或评估单调整，不能通过卡片修改功能改变。
- ◆ 通过资产增加录入系统的卡片在没有制作凭证和变动单、评估单的情况下，录入当月可以无痕迹修改。如果做过变动单，只有删除变动单才能无痕迹修改。如果已制作凭证，要修改原值或累计折旧，则必须删除凭证后，才能无痕迹修改。卡片上的其他项目，任何时候均可无痕迹修改。
- ◆ 非本月录入的卡片，不能删除。
- ◆ 卡片做过一次月末结账后不能删除。做过变动单或评估单的卡片在删除时会提示先删除相关的变动单或评估单。

2. 增加固定资产

操作步骤：

(1) 执行"卡片"|"资产增加"命令，打开"资产类别参照"对话框。

(2) 双击 "022 办公设备"，进入"固定资产卡片"窗口。

(3) 在"固定资产名称"栏录入"电脑"；选择使用部门为"销售一科"；增加方式为"直接购入"；使用状况为"在用"；选择折旧方法为"年数总和法"；在"原值"栏录入"12 000"，如图 6-14 所示。

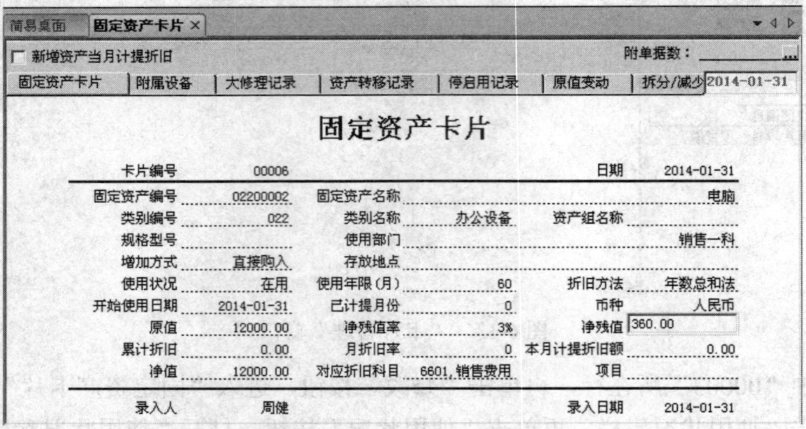

图 6-14　新增资产

(4) 单击"保存"按钮，系统提示"数据成功保存！"。

(5) 单击"确定"按钮，再单击"退出"按钮退出。

提示:

◆ 新卡片录入的第一个月不提折旧，折旧额为空或为零。

◆ 原值录入的必须是卡片录入月初的价值，否则将会出现计算错误。

◆ 如果录入的累计折旧、累计工作量大于零，说明是旧资产，该累计折旧或累计工作量是进入本单位前的值。

◆ 已计提月份必须严格按照该资产在其他单位已经计提或估计已计提的月份数，不包括使用期间停用等不计提折旧的月份。

◆ 只有当资产开始计提折旧后才可以使用资产减少功能，否则，减少资产只有通过删除卡片来完成。

3. 计提固定资产折旧

操作步骤:

(1) 执行"处理"|"计提本月折旧"命令，系统弹出"是否要查看折旧清单？"信息提示框，如图 6-15 所示。

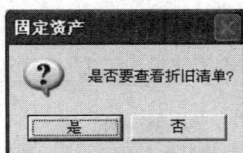

图 6-15　固定资产计提折旧信息提示 1

(2) 单击"是"按钮，系统提示"本操作将计提本月折旧，并花费一定时间，是否继续？"，如图 6-16 所示。

图 6-16　固定资产计提折旧信息提示 2

(3) 单击"是"按钮，打开"折旧清单"窗口，如图 6-17 所示。

图 6-17　折旧清单

(4) 单击“退出”按钮，打开“折旧分配表”窗口，如图 6-18 所示。

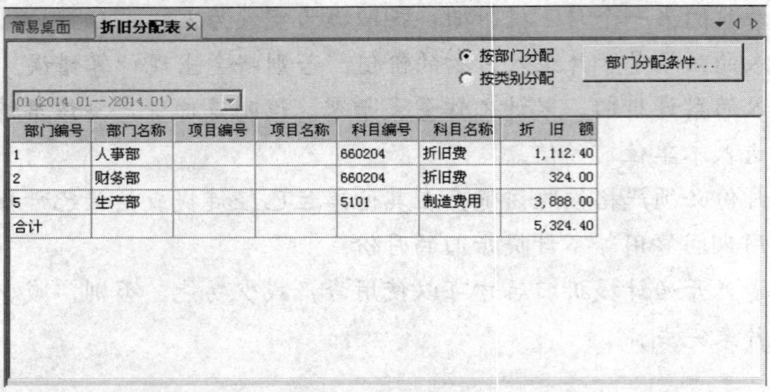
简易桌面
折旧分配表
按部门分配
按类别分配
部门分配条件...
01 (2014.01-->2014.01)
部门编号 部门名称 项目编号 项目名称 科目编号 科目名称 折旧额
1 人事部 660204 折旧费 1,112.40
2 财务部 660204 折旧费 324.00
5 生产部 5101 制造费用 3,888.00
合计 5,324.40

图 6-18　折旧分配表

(5) 单击“凭证”按钮，生成一张记账凭证。

(6) 修改凭证类别为“转账凭证”。

(7) 单击“保存”按钮，凭证左上角出现“已生成”字样，表示凭证已传递到总账，如图 6-19 所示。

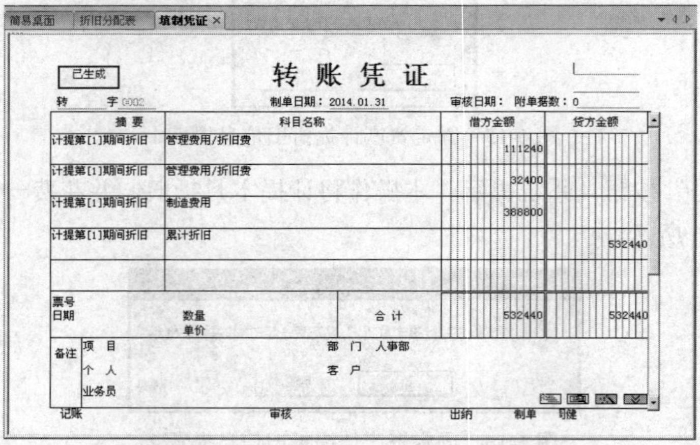
简易桌面
折旧分配表
填制凭证
已生成
转账凭证
转 字 0002
制单日期：2014.01.31
审核日期：
附单据数：0
摘要
科目名称
借方金额
贷方金额
计提第[1]期间折旧 管理费用/折旧费 111240
计提第[1]期间折旧 管理费用/折旧费 32400
计提第[1]期间折旧 制造费用 388800
计提第[1]期间折旧 累计折旧 532440
票号
日期
数量
单价
合计 532440 532440
备注
项目
个人
业务员
部门 人事部
客户
记账
审核
出纳
制单

图 6-19　计提折旧转账凭证生成

(8) 单击“退出”按钮退出。

提示：

- 计提折旧功能对各项资产每期计提一次折旧，并自动生成折旧分配表，然后制作记账凭证，将本期的折旧费用自动登账。
- 部门转移和类别调整的资产当月计提的折旧分配到变动后的部门和类别。
- 在一个期间内可以多次计提折旧，每次计提折旧后，只是将计提的折旧累加到月初的累计折旧上，不会重复累计。
- 若上次计提折旧已制单并已传递到总账系统，则必须删除该凭证才能重新计提折旧。

- ◆ 如果计提折旧后又对账套进行了影响折旧计算或分配的操作，必须重新计提折旧，否则系统不允许结账。
- ◆ 资产的使用部门和资产折旧要汇总的部门可能不同，为了加强资产管理，使用部门必须是明细部门，而折旧分配部门不一定分配到明细部门。不同的单位处理可能不同，因此要在计提折旧后、分配折旧费用时作出选择。
- ◆ 在折旧费用分配表界面中，可以单击"制单"按钮制单，也可以以后利用"批量制单"功能进行制单。

4. 生成增加固定资产的记账凭证

操作步骤：

(1) 执行"处理"|"批量制单"命令，打开"查询条件选择"对话框，单击"确定"按钮，进入"批量制单"窗口。

(2) 单击"全选"按钮，或双击"选择"栏，选中要制单的业务，如图 6-20 所示。

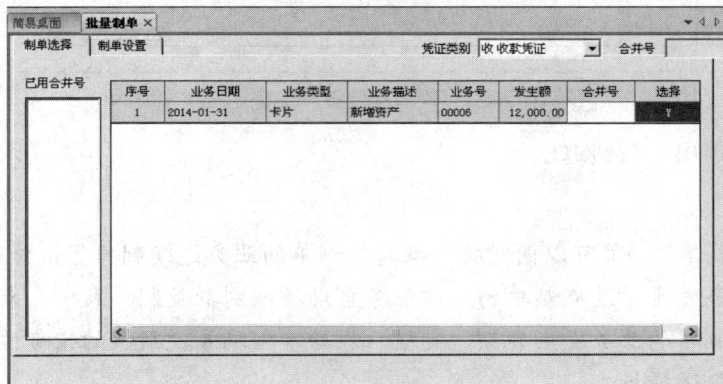

图 6-20　选择制单

(3) 单击打开"制单设置"选项卡，查看制单科目设置，如图 6-21 所示。

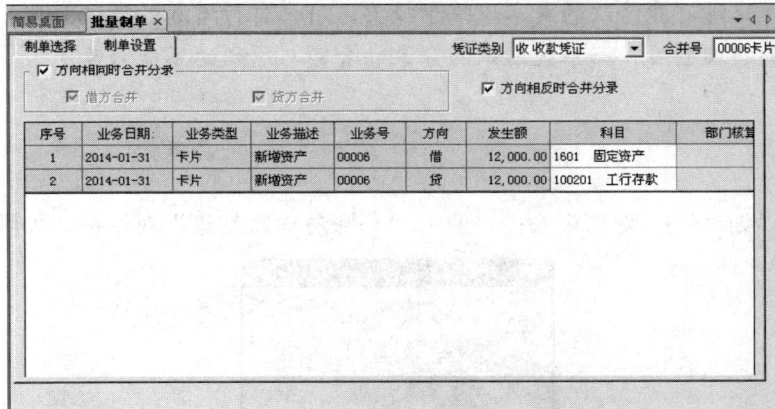

图 6-21　查看制单设置

(4) 单击"凭证"按钮，修改凭证类别为"付款凭证"，分别在第一行和第二行的"摘要"栏录入"购入电脑"。

(5) 单击"保存"按钮，如图 6-22 所示。

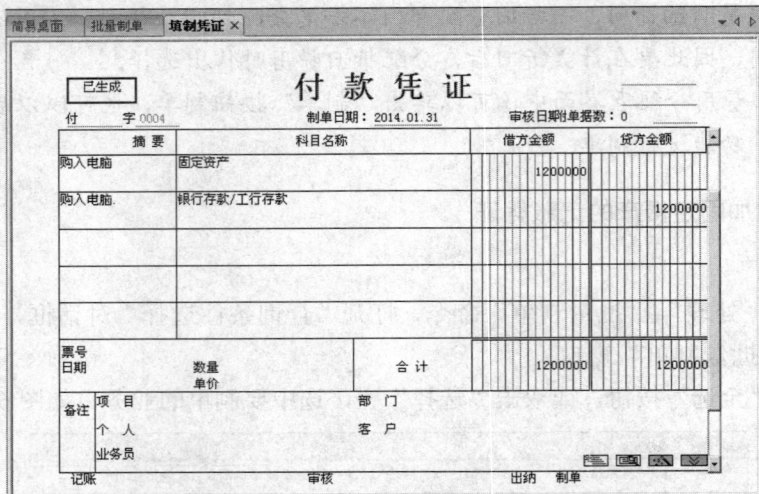

图 6-22　购入固定资产凭证生成

(6) 单击"退出"按钮退出。

提示：

◆　"批量制单"功能可以同时将一批需要制单的业务连续制作凭证传递到总账系统。凡是业务发生时没有制单的，该业务自动排列到批量制单表中，表中列示应制单而没有制单的业务发生日期、类型、原始单据编号、默认的借贷方科目和金额，以及制单选择标志。

◆　如果在选项中选择"业务发生时立即制单"，摘要根据业务情况自动输入；如果使用批量制单方式，则摘要为空，需要手工输入。

◆　修改凭证时，能修改的内容仅限于摘要、用户自行增加的凭证分录、系统默认的分录的折旧科目，而系统默认的分录的金额与原始的不能修改。

5. 对账

操作步骤：

(1) 执行"处理"|"对账"命令，打开"与账务对账结果"对话框，如图 6-23 所示。

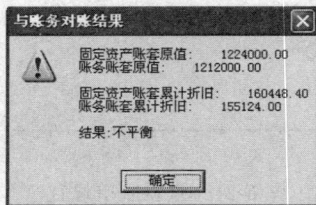

图 6-23　与账务对账结果

(2) 单击"确定"按钮。

提示：

◆ 只有设置账套参数时选择了"与账务系统进行对账"，本功能才能操作。

◆ 如果对账不平，需要根据初始化是否选中"在对账不平情况下允许固定资产月末结账"来判断是否可以进行结账处理。

◆ 本期增加一台电脑，原值为 12 000 元，已经在固定资产系统中填制了记账凭证并传递到了总账系统，但是总账系统尚未记账，所以出现相差 12 000 元原值的结果。

◆ 在固定资产系统中已经计提了折旧，但尚未在总账系统中记账，因此出现了折旧的差额。

6. 将固定资产系统所生成的记账凭证审核并记账

操作步骤：

(1) 由 003 号操作员进入总账系统，对固定资产系统生成的出纳凭证进行出纳签字。

(2) 由 002 号操作员进入总账系统，审核增加原值和计提折旧的记账凭证，并进行记账处理。

7. 重新进行对账

操作步骤：

(1) 由 001 号操作员在固定资产系统中，执行"处理"|"对账"命令，出现"与账务对账结果"对话框，如图 6-24 所示。

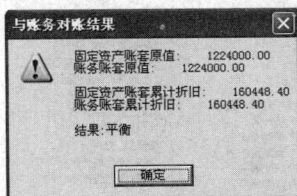

图 6-24　与账务对账结果

(2) 单击"确定"按钮。

8. 结账

操作步骤：

(1) 执行"处理"|"月末结账"命令，打开"月末结账"对话框。

(2) 单击"开始结账"按钮，出现"与总账对账结果"对话框。

(3) 单击"确定"按钮，出现系统提示，如图 6-25 所示。

图 6-25 固定资产系统月末结账后系统提示信息

(4) 单击"确定"按钮。

提示：

◆ 在固定资产系统中完成了本月全部制单业务后，可以进行月末结账。月末结账每月进行一次，结账后当期数据不能修改。

◆ 本期不结账，将不能处理下期的数据；结账前一定要进行数据备份，否则数据一旦丢失，将造成无法挽回的后果。

◆ 如果结账后发现有未处理的业务或者需要修改的事项，可以通过系统提供的"恢复月末结账前状态"功能进行反结账。但是，不能跨年度恢复数据，即本系统年末结转后，不能利用本功能恢复年末结转。

◆ 恢复到某个月月末结账前状态后，本账套对该结账后所做的所有工作都可以无痕迹删除。

9. 查询固定资产原值一览表

操作步骤：

(1) 执行"账表"|"我的账表"命令，进入固定资产"报表"窗口。

(2) 执行"账簿"中的"统计表"命令，如图 6-26 所示。

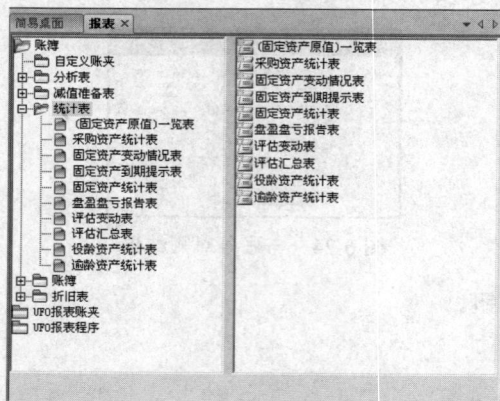

图 6-26 固定资产统计表

(3) 双击"(固定资产原值)一览表"，打开"条件— (固定资产原值)一览表"对话框。

(4) 单击"确定"按钮，进入"(固定资产原值)一览表"窗口，如图 6-27 所示。

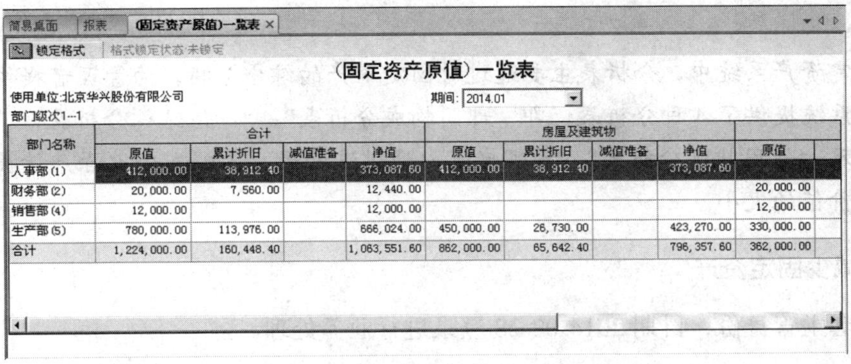

(固定资产原值)一览表

使用单位:北京华兴股份有限公司　　期间: 2014.01

部门级次1--1

部门名称	合计				房屋及建筑物				
	原值	累计折旧	减值准备	净值	原值	累计折旧	减值准备	净值	原值
人事部 (1)	412,000.00	38,912.40		373,087.60	412,000.00	38,912.40		373,087.60	
财务部 (2)	20,000.00	7,560.00		12,440.00					20,000.00
销售部 (4)	12,000.00			12,000.00					12,000.00
生产部 (5)	780,000.00	113,976.00		666,024.00	450,000.00	26,730.00		423,270.00	330,000.00
合计	1,224,000.00	160,448.40		1,063,551.60	862,000.00	65,642.40		796,357.60	362,000.00

图 6-27　(固定资产原值)一览表

(5) 单击“退出”按钮退出。

提示：

在固定资产系统中提供了 9 种统计表，包括“固定资产原值一览表”、“固定资产变动情况表”“固定资产到期提示表”、“固定资产统计表”、“评估汇总表”、“评估变动表”、“盘盈盘亏报告表”、“逾龄资产统计表”、“役龄资产统计表”。这些表从不同的侧面对固定资产进行统计分析，使管理者可以全面细致地了解企业对资产的管理、分布情况，为及时掌握资产的价值、数量，以及新旧程度等指标提供依据。

10. 查询“价值结构分析表”

操作步骤：

(1) 执行“账表”|“我的账表”命令，进入固定资产“报表”窗口。

(2) 单击“分析表”，再双击“价值结构分析表”，打开“条件—价值结构分析表”对话框。

(3) 单击“确定”按钮，打开“价值结构分析表”，如图 6-28 所示。

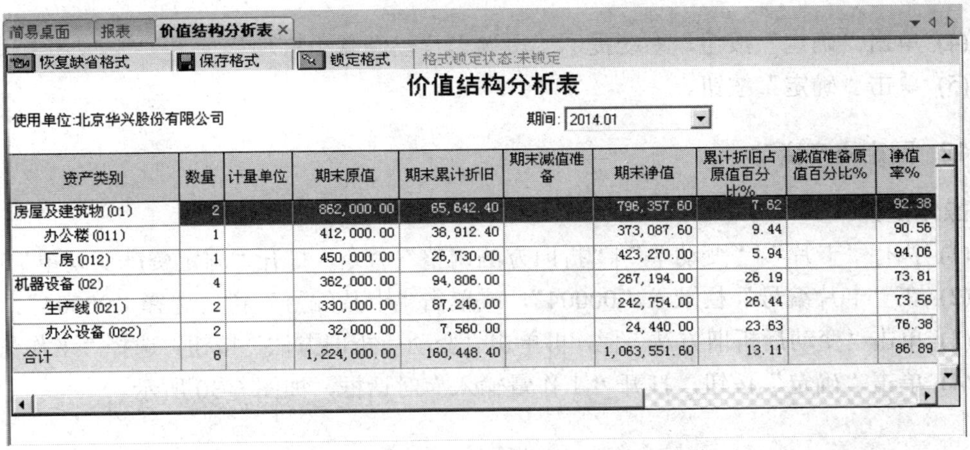

价值结构分析表

使用单位:北京华兴股份有限公司　　期间: 2014.01

资产类别	数量	计量单位	期末原值	期末累计折旧	期末减值准备	期末净值	累计折旧占原值百分比%	减值准备原值百分比%	净值率%
房屋及建筑物 (01)	2		862,000.00	65,642.40		796,357.60	7.62		92.38
办公楼 (011)	1		412,000.00	38,912.40		373,087.60	9.44		90.56
厂房 (012)	1		450,000.00	26,730.00		423,270.00	5.94		94.06
机器设备 (02)	4		362,000.00	94,806.00		267,194.00	26.19		73.81
生产线 (021)	2		330,000.00	87,246.00		242,754.00	26.44		73.56
办公设备 (022)	2		32,000.00	7,560.00		24,440.00	23.63		76.38
合计	6		1,224,000.00	160,448.40		1,063,551.60	13.11		86.89

图 6-28　价值结构分析表

(4) 单击“退出”按钮退出。

提示：

在固定资产系统中，分析表主要通过对固定资产的综合分析，为管理者提供管理和决策依据。系统提供了 4 种分析表，即"部门构成分析表"、"价值结构分析表"、"类别构成分析表"及"使用状况分析表"。管理者可以通过这些表，了解本企业资产计提折旧的程度和剩余价值的大小。

11. 减少固定资产

以账套主管身份、日期 2014-02-28 登录进行业务处理。

操作步骤：

(1) 执行"卡片"|"资产减少"命令，打开"资产减少"对话框。

(2) 在"卡片编号"栏录入"00005"，或单击"卡片编号"栏对照按钮，选择"00005"。

(3) 单击"增加"按钮，双击"减少方式"栏，再单击"减少方式"栏参照按钮，选择"204 捐赠转出"，如图 6-29 所示。

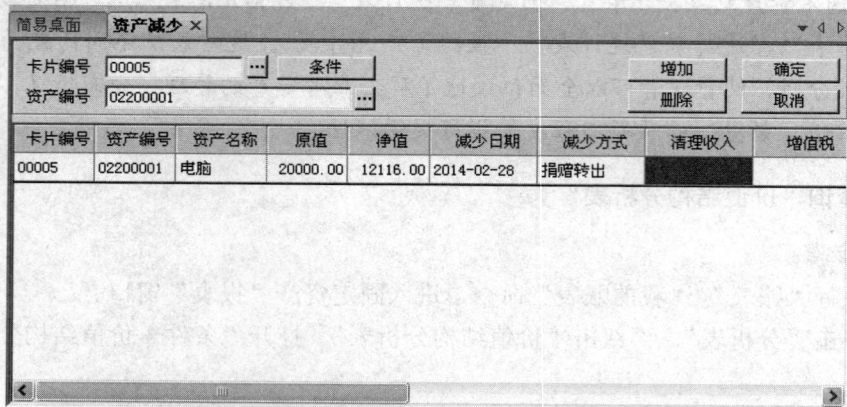

简易桌面	资产减少 ×							▼ ◄ ▷

卡片编号 00005　...　条件　　　　　　　　　　　　　　　增加　　确定
资产编号 02200001　　　　　　　　...　　　　　　　　　删除　　取消

卡片编号	资产编号	资产名称	原值	净值	减少日期	减少方式	清理收入	增值税
00005	02200001	电脑	20000.00	12116.00	2014-02-28	捐赠转出		

图 6-29　资产减少表

(4) 单击"确定"按钮，系统提示"所选卡片已经减少成功"。

(5) 单击"确定"按钮。

12. 固定资产变动

操作步骤：

(1) 执行"卡片"|"变动单"|"折旧方法调整"命令，打开"固定资产变动单"窗口。

(2) 在"卡片编号"栏录入"00004"，或单击"卡片编号"栏，选择"00004"。

(3) 单击"变动后折旧方法"栏，再单击"变动后折旧方法"按钮，选择"工作量法"。

(4) 单击"确定"按钮，打开"工作量输入"对话框，如图 6-30 所示。

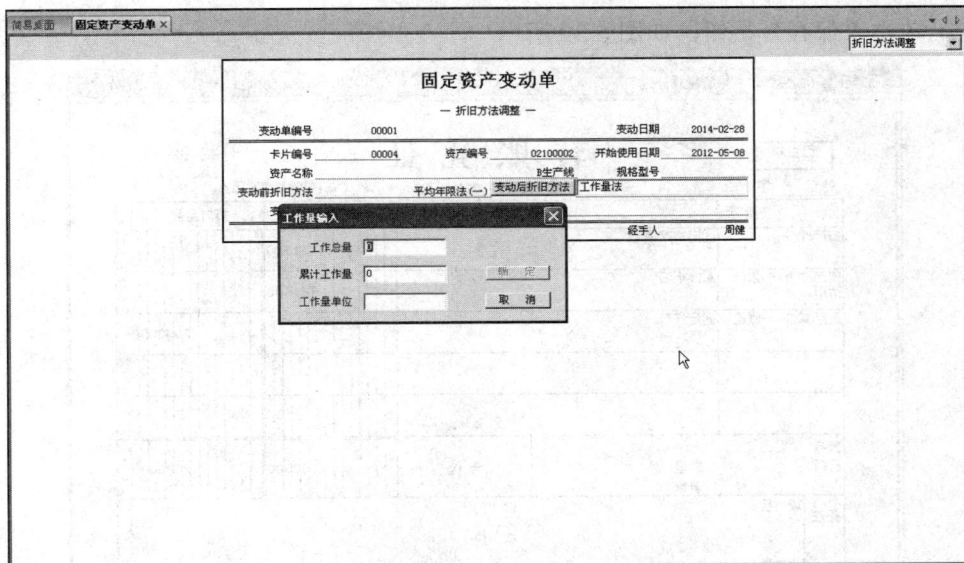

图 6-30 折旧方法变动

(5) 在"工作量输入"对话框中，在"工作总量"栏输入"60000"，在"累计工作量"栏输入"10000"，在"工作量单位"栏输入"小时"，单击"确定"按钮。

(6) 在"变动原因"栏录入"工作需要"。

(7) 单击"保存"按钮，系统提示"数据成功保存!"，单击"确定"按钮。

13. 批量制单

操作步骤:

(1) 执行"处理"|"批量制单"命令，打开"查询条件选择"对话框，单击"确定"按钮，进入"批量制单—制单选择"窗口。

(2) 单击"全选"按钮，或双击制单栏，选中要制单的业务，如图 6-31 所示。

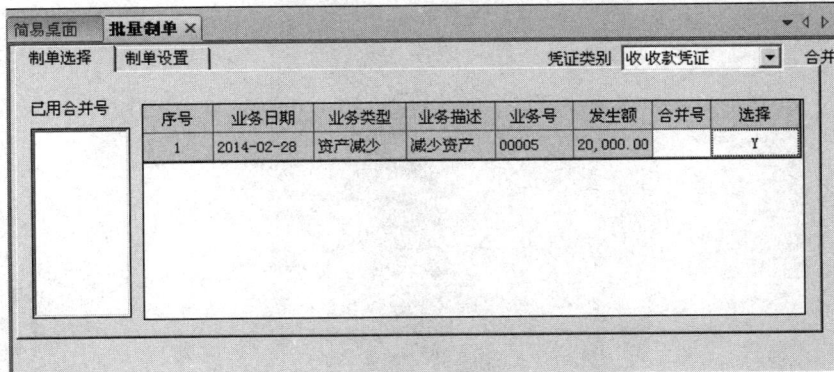

图 6-31 "批量制单—制单选择"窗口

(3) 打开"制单设置"选项卡，单击"凭证"按钮，生成一张记账凭证。

(4) 修改凭证类别为"转账凭证"。

(5) 单击"保存"按钮，如图 6-32 所示。

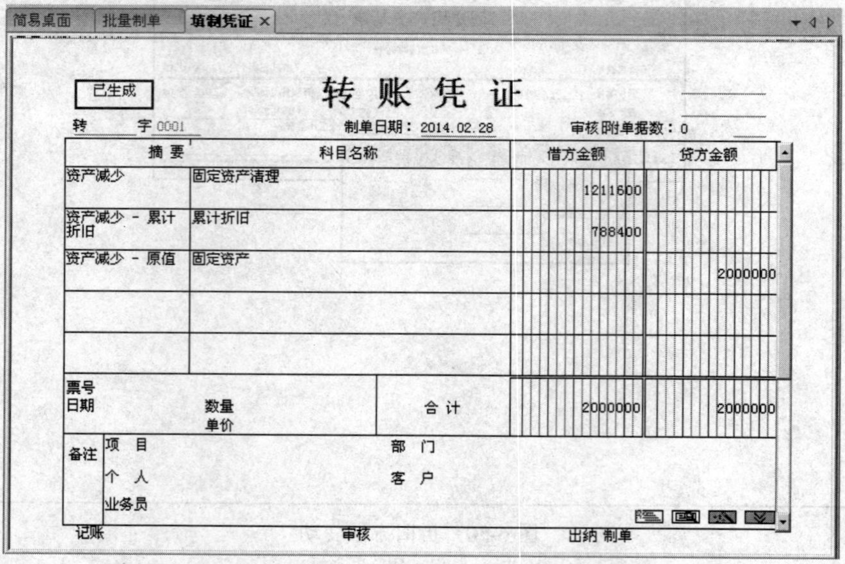

已生成		**转 账 凭 证**		
转 字 0001		制单日期：2014.02.28	审核 附单据数：0	

摘 要	科目名称	借方金额	贷方金额
资产减少	固定资产清理	1211600	
资产减少 - 累计折旧	累计折旧	788400	
资产减少 - 原值	固定资产		2000000
票号 日期	数量 单价 合 计	2000000	2000000
备注	项 目 部 门		
	个 人 客 户		
	业务员		
记账	审核	出纳 制单	

图 6-32 捐赠固定资产转账凭证生成

(6) 单击"退出"按钮退出。

14. 账套备份

在"D:\300 账套备份"文件夹中新建"(6-2)固定资产业务处理"文件夹。将账套输出至"(6-2)固定资产业务处理"文件夹中。

第 7 章

应收款管理系统

功能概述

应收款管理系统主要实现企业与客户之间业务往来账款的核算与管理。在应收款管理系统中，以销售发票、费用单、其他应收单等原始单据为依据，记录销售业务及其他业务所形成的往来款项，处理应收款项的收回、坏账、转账等情况，提供票据处理的功能，实现对应收款的管理。根据对客户往来款项的核算和管理的程度不同，系统提供了"详细核算"和"简单核算"两种应用方案。不同的应用方案，其系统功能、产品接口、操作流程等均不相同。

详细核算应用方案的功能主要包括记录应收款项的形成(包括由商品交易和非商品交易所形成的所有的应收项目)、处理应收项目的收款及转账情况、对应收票据进行记录和管理、随应收项目的处理过程自动生成凭证并传递给总账系统、对外币业务及汇兑损益进行处理，以及提供针对多种条件的各种查询和分析。

简单核算应用方案的功能，主要包括接收销售系统的发票、对其进行审核，以及对销售发票进行制单处理并传递给总账系统。

实验目的与要求

系统学习应收款管理系统初始化的一般方法，学习应收款系统日常业务处理的主要内容和操作方法。要求掌握应收款系统与总账系统组合时应收款系统的基本功能和操作方法，熟悉应收款系统账簿查询的作用和基本方法。

教学建议

应收款系统的功能较为全面，由于不同功能模块的组合将会使应收款系统的功能实现方式不同，因此，在学习时一定要弄清应收款系统的基本功能后，再系统学习不同模块组合时应收款系统录入数据或接收数据的方法和相应的账务处理。

建议本章讲授 4 课时，上机练习 4 课时。

实验一　　应收款管理系统初始化

实验准备

　　将系统日期修改为"2014 年 1 月 31 日"。引入光盘"实验账套\(3-1)总账初始化"账套备份数据，以"001 周健"身份注册进入应收款管理系统。

实验要求

- 设置系统参数
- 基础设置
- 设置科目
- 坏账准备设置
- 账龄区间设置
- 报警级别设置
- 设置允许修改"销售专用发票"的编号
- 设置本单位开户银行
- 录入期初余额并与总账系统进行对账
- 账套备份

实验资料

1. 300 账套应收款系统的参数

　　应收款核销方式为"按单据"，单据审核日期依据为"单据日期"，坏账处理方式为"应收余额百分比法"，代垫费用类型为"其他应收单"，应收款核算类型为"详细核算"，受控科目制单方式为"明细到客户"，非控科目制单方式为"汇总方式"，核销操作不生成凭证；启用客户权限，并且按信用方式根据单据提前 7 天自动报警。

2. 存货分类(如表 7-1 所示)

表 7-1　存货分类

存货分类编码	存货分类名称
1	原料及主要材料
2	辅助材料
3	库存商品
4	应税劳务

3. 计量单位(如表 7-2 所示)

表 7-2　计量单位

计量单位组	计量单位	
基本计量单位 (无换算率)	1	吨
	2	台
	3	桶
	4	公里

4. 存货档案(如表 7-3 所示)

表 7-3　存货档案

存货编码	存货名称	所属分类码	计量单位	税率/%	存货属性
001	钢材	1	吨	17	外购、生产耗用
002	油漆	1	桶	17	外购、生产耗用
003	电动机	1	台	17	外购、生产耗用
004	甲产品	3	台	17	自制、内销
005	乙产品	3	台	17	自制、内销
006	运输费	4	公里	7	外购、内销、应税劳务

5. 基本科目

应收科目为"1122 应收账款",预收科目为"2203 预收账款",销售收入科目为"6601 主营业务收入",应交增值税科目为"22210105 应交税费—应交增值税—销项税额",销售退回科目为"6601 主营业务收入",银行承兑科目为"1121 应收票据",商业承兑科目为"1121 应收票据",现金折扣科目为"6603",票据利息科目为"6603",票据费用科目为"6603",收支费用科目为"6601"。

6. 结算方式科目

现金结算方式科目为"1001 库存现金", 现金支票结算方式科目为"100201 工行存款",转账支票结算方式科目为"100201 工行存款",银行汇票结算方式科目为"100201 工行存款",信汇结算方式科目为"100201 工行存款",电汇结算方式科目为"100201 工行存款",银行汇票结算方式科目为"100201 工行存款"。

7. 坏账准备

提取比率为 0.5%,坏账准备期初余额为 0,坏账准备科目为"1231 坏账准备",坏账准备对方科目为"660206 管理费用—其他"。

8. 账龄区间

账期内账龄区间设置总天数为 10 天、30 天、60 天、90 天

逾期账龄区间设置总天数分别为 30 天、60 天、90 天和 120 天。

9. 报警级别

A 级时的总比率为 10%，B 级时的总比率为 20%，C 级时的总比率为 30%，D 级时的总比率为 40%，E 级时的总比率为 50%，总比率在 50%以上为 F 级。

10. 期初余额(存货税率均为 17%，开票日期均为 2013 年，如表 7-4 所示)

表 7-4　期初余额情况

单据名称	方向	开票日期	票号	客户名称	销售部门	科目编码	货物名称	数量	无税单价	价税合计
销售专用发票	正	11.12	78987	北京天益公司(01)	销售一科	1122	甲产品(004)	3	2 000	7 020
销售专用发票	正	11.18	78988	明兴公司(04)	销售一科	1122	甲产品(004)	3	2 000	7 020
销售专用发票	正	11.22	78989	大地公司(02)	销售一科	1121	乙产品(005)	2	500	1 170
其他应收单	正	11.22		明兴公司(04)	销售一科	1122	运费			500
预收款单(银行汇票)	正	11.26	111	伟达公司(06)	销售二科	2203				30 000

实验指导

1. 设置系统参数

操作步骤：

(1) 在用友 ERP-U8 企业应用平台中，执行"系统服务"|"权限"|"数据权限控制设置"命令，打开"数据权限控制设置"对话框。选中"客户档案"选项，如图 7-1 所示，单击"确定"按钮返回。

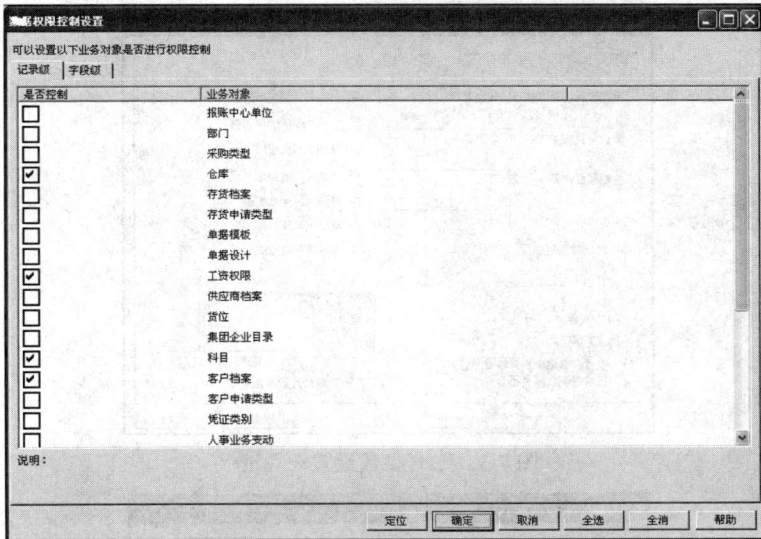

图 7-1 数据权限控制设置

(2) 在用友 ERP-U8 企业应用平台中，打开"业务工作"选项卡，执行"财务会计"|"应收款管理"|"设置"|"选项"命令，打开"账套参数设置"对话框。

(3) 单击"编辑"按钮，打开"常规"选项卡，修改单据审核日期依据为"单据日期"；单击"坏账处理方式"栏的下三角按钮，选择"应收余额百分比法"，如图 7-2 所示。

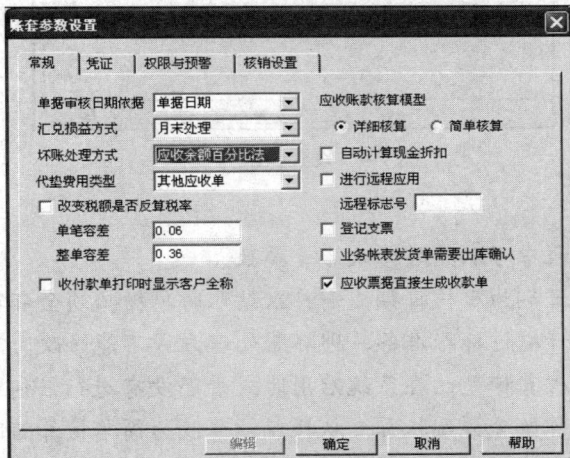

图 7-2 选择坏账处理方式

(4) 打开"凭证"选项卡，选择受控科目制单方式"明细到客户"，非控科目制单方式"汇总方式"，取消选中"核销生成凭证"复选框，如图 7-3 所示。

(5) 打开"权限与预警"选项卡，选中"控制客户权限"复选框；单据报警选择"信用方式"，在"提前天数"栏选择提前天数"7"，如图 7-4 所示。

(6) 单击"确定"按钮。

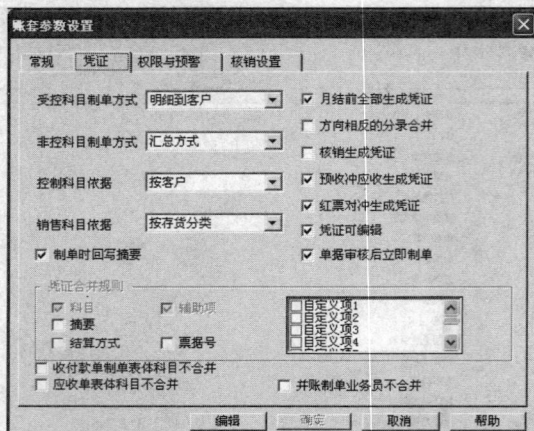

图 7-3　账套参数设置—凭证

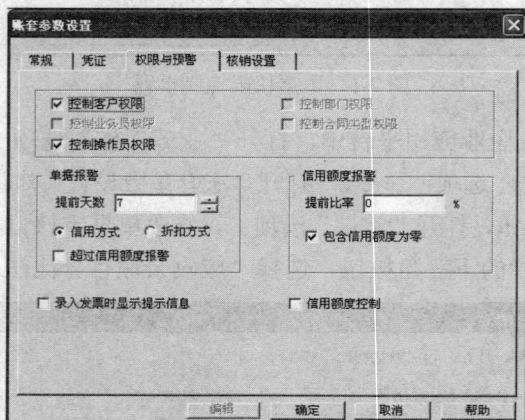

图 7-4　设置权限与预警

提示:

◆　在账套使用过程中可以随时修改账套参数。

◆　如果选择单据日期为审核日期,则月末结账时单据必须全部审核。

◆　如果当年已经计提过坏账准备,则坏账处理方式不能修改,只能下一年度修改。

◆　关于应收账款核算模型,在系统启用时或者还没有进行任何业务处理的情况下才允许从简单核算改为详细核算;从详细核算改为简单核算随时可以进行。

2. 设置存货分类

操作步骤:

(1) 在企业应用平台中,打开"基础设置"选项卡,执行"基础档案"|"存货"|"存货分类"命令,打开"存货分类"窗口。

(2) 单击"增加"按钮,按实验资料录入存货分类情况。

3. 设置计量单位

操作步骤：

(1) 在企业应用平台中，打开"基础设置"选项卡，执行"基础档案"|"存货"|"计量单位"命令，打开"计量单位"窗口。

(2) 单击"分组"按钮，打开"计量单位组"窗口。

(3) 单击"增加"按钮，录入计量单位组编码"01"，录入计量单位组名称"基本计量单位"，单击"计量单位组类别"栏的下三角按钮，选择"无换算率"，如图 7-5 所示。

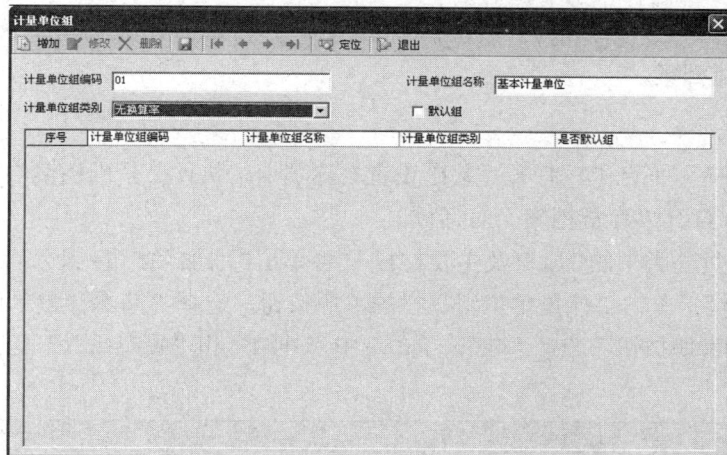

图 7-5　设置计量单位组

(4) 单击"保存"按钮，再单击"退出"按钮。

(5) 单击"单位"按钮，进入"计量单位设置"窗口。

(6) 单击"增加"按钮，录入计量单位编码"1"，计量单位名称"吨"，单击"保存"按钮。

(7) 继续录入其他的计量单位内容，录入完成所有的计量单位之后单击"退出"按钮。结果如图 7-6 所示。

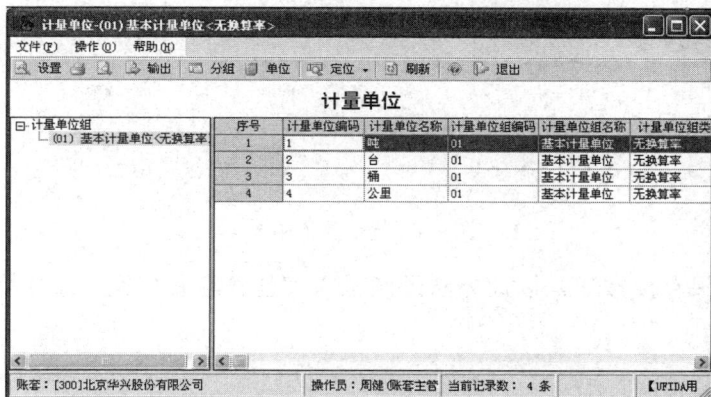

图 7-6　录入计量单位

提示:

◆ 在设置存货档案之前必须先到企业应用平台的基础档案中设置计量单位,否则,
存货档案中没有备选的计量单位,存货档案不能保存。

◆ 在设置计量单位时必须先设置计量单位分组,再设置各个计量单位组中的计量单
位。

◆ 计量单位组分为无换算率、固定换算率和浮动换算率 3 种类型。如果需要换算,
一般将财务计价单位作为主计量单位。

◆ 计量单位可以根据需要随时增加。

4. 设置存货档案

操作步骤:

(1) 在企业应用平台中,打开"基础设置"选项卡,执行"基础档案"|"存货"|"存
货档案"命令,打开"存货档案"对话框。

(2) 单击存货分类中的"原料及主要材料",再单击"增加"按钮;录入存货编码"001",
存货名称"钢材";单击"计量单位组"栏的参照按钮,选择"基本计量单位";单击"主
计量单位"栏的参照按钮,选择"吨";单击选中"外购"和"生产耗用"复选框,如图 7-7
所示。

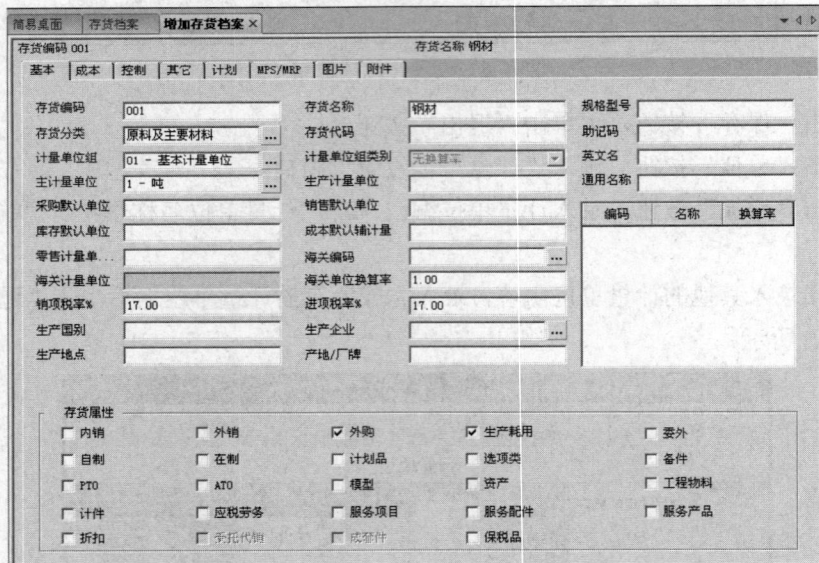

图 7-7　增加存货档案

(3) 单击"保存"按钮,以此方法继续录入其他的存货档案。录入完成后如图 7-8
所示。

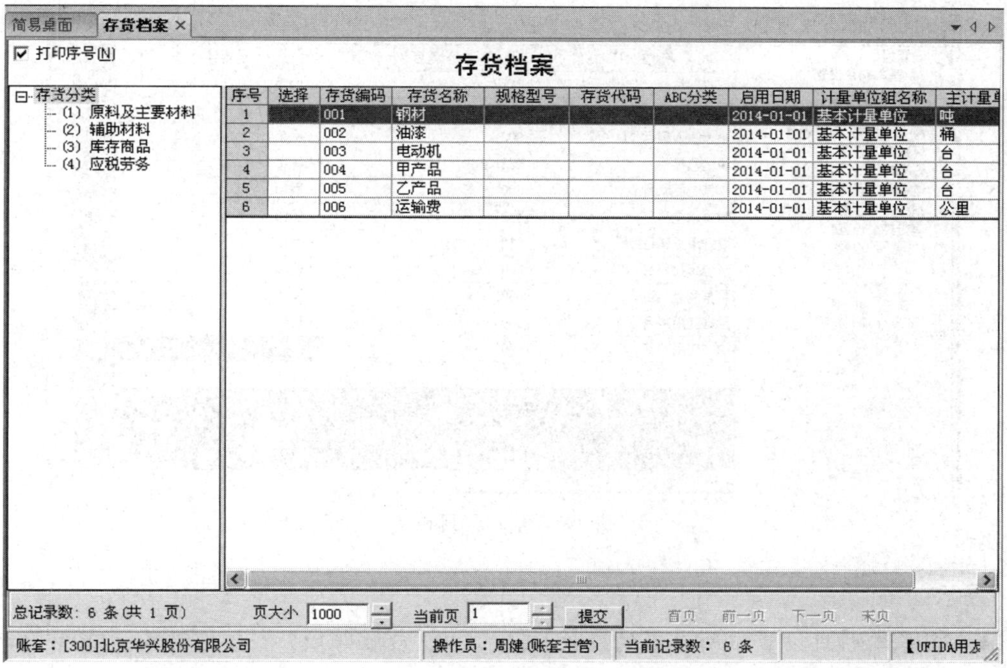

图 7-8　存货档案列表

提示:

◆ 存货档案在企业应用平台中录入。如果只启用财务系统且并不在应收、应付系统中填制发票则不需要设置存货档案。

◆ 在录入存货档案时,如果存货类别不符合要求应重新进行选择。

◆ 在录入存货档案时,如果直接列示的计量单位不符合要求,应先将不符合要求的计量单位删除,再单击参照按钮就可以在计量单位表中重新选择计量单位。

◆ 存货档案中的存货属性必须选择正确,否则,在填制相应单据时就不会在存货列表中出现。

◆ 存货档案中的有关成本资料可以在填制单据时列示,如果不录入成本资料,在单据中就不能自动列出存货的成本资料。

5. 设置基本科目

操作步骤:

(1) 在应收款管理系统中,执行"设置"|"初始设置"命令,打开"初始设置"窗口。

(2) 选择"设置科目"|"基本科目设置"选项,单击"增加"按钮,从"基本科目种类"列表中选择"应收科目",科目选择"1122";同理增加其他的基本科目,如图 7-9 所示。

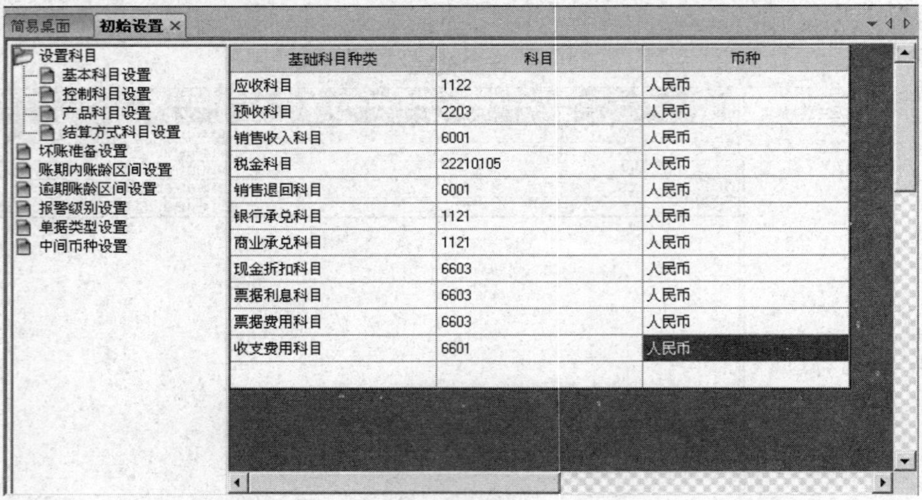

基础科目种类	科目	币种
应收科目	1122	人民币
预收科目	2203	人民币
销售收入科目	6001	人民币
税金科目	22210105	人民币
销售退回科目	6001	人民币
银行承兑科目	1121	人民币
商业承兑科目	1121	人民币
现金折扣科目	6603	人民币
票据利息科目	6603	人民币
票据费用科目	6603	人民币
收支费用科目	6601	人民币

图 7-9　基本科目设置

提示：

- 在基本科目设置中所设置的应收科目“1122 应收账款”、预收科目“2203 预收账款”及“1121 应收票据”，应在总账系统中设置其辅助核算内容为“客户往来”，并且其受控系统为“应收系统”。否则在这里不能被选中。
- 只有在这里设置了基本科目，在生成凭证时才能直接生成凭证中的会计科目，否则凭证中将没有会计科目，相应的会计科目只能手工再录入。
- 如果应收科目、预收科目按不同的客户或客户分类分别设置，则可在“控制科目设置”中设置，在此可以不设置。
- 如果针对不同的存货分别设置销售收入核算科目，则在此不用设置，可以在“产品科目设置”中进行设置。

6. 结算方式科目

操作步骤：

(1) 在“初始设置”窗口中，选择“结算方式科目设置”，进入“结算方式科目设置”窗口。

(2) 单击“增加”按钮，在“结算方式”栏下拉列表中选择“现金”；单击“币种”栏，选择“人民币”；在“科目”栏录入或选择“1001”，回车。以此方法继续录入其他的结算方式科目，如图 7-10 所示。

图 7-10　设置其他结算方式科目

提示：

◆ 结算方式科目设置是针对已经设置的结算方式设置相应的结算科目。即在收款或付款时只要告诉系统结算时使用的结算方式就可以由系统自动生成该种结算方式所使用的会计科目。

◆ 如果在此不设置结算方式科目，则在收款或付款时可以手工输入不同结算方式对应的会计科目。

7. 设置坏账准备

操作步骤：

(1) 在"初始设置"窗口中，选择"坏账准备设置"，打开"坏账准备设置"窗口，录入提取比率"0.5"，坏账准备期初余额"0"，坏账准备科目"1231"，坏账准备对方科目"660206"。

(2) 单击"确定"按钮，如图 7-11 所示。

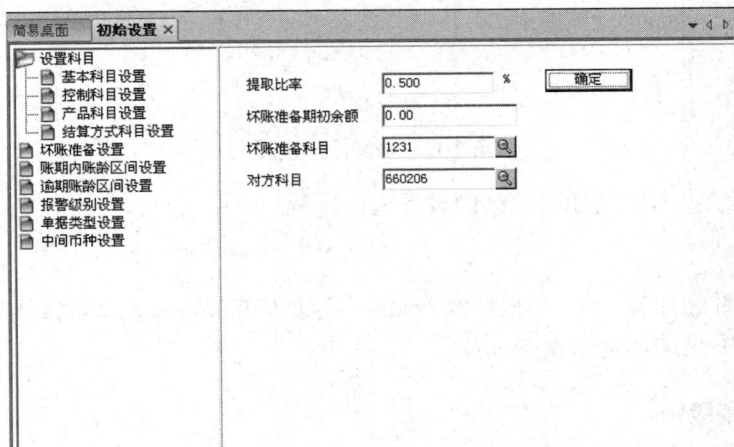

图 7-11　坏账准备设置

提示:

◆ 如果在选项中并未选中坏账处理的方式为"应收余额百分比法",则在此处就不能录入"应收余额百分比法"所需要的初始设置,即此处的初始设置是与选项中所选择的坏账处理方式相对应的。

◆ 坏账准备的期初余额应与总账系统中所录入的坏账准备的期初余额相一致,但是,系统没有坏账准备期初余额的自动对账功能,只能人工核对。坏账准备的期初余额如果在借方,则用"-"号表示。如果没有期初余额,应将期初余额录入"0",否则,系统将不予确认。

◆ 坏账准备期初余额被确认后,只要进行了坏账准备的日常业务处理就不允许再修改。下一年度使用本系统时,可以修改提取比率、区间和科目。

◆ 如果在系统选项中默认坏账处理方式为直接转销,则不用进行坏账准备设置。

8. 设置账龄区间

操作步骤:

(1) 在"初始设置"窗口中,选择|"账期内账龄区间设置"。

(2) 在"总天数"栏录入"10",回车,再在"总天数"栏录入"30"后回车。以此方法继续录入其他的总天数,如图 7-12 所示。

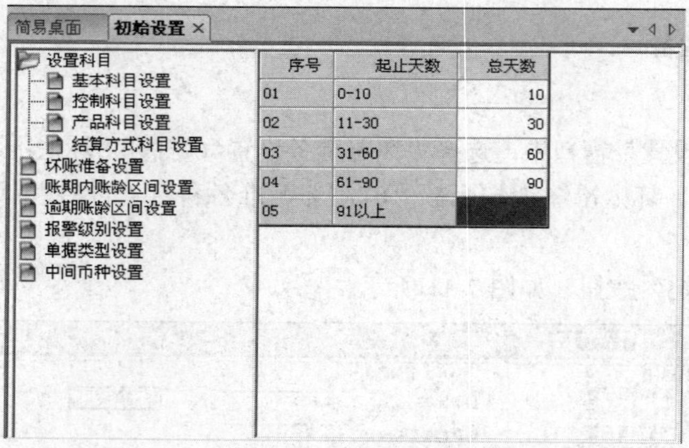

图 7-12　账龄区间设置

(3) 同样方法录入"逾期账龄区间设置"。

提示:

◆ 序号由系统自动生成,不能修改和删除。总天数直接输入截止该区间的账龄总天数。

◆ 最后一个区间不能修改和删除。

9. 设置报警级别

操作步骤:

(1) 在"初始设置"窗口中,选择"报警级别设置"。

(2) 在"总比率"栏录入"10"，在"级别名称"栏录入"A"，回车。以此方法继续录入其他的总比率和级别，如图 7-13 所示。

图 7-13　报警级别设置

(3) 单击"退出"按钮。

提示：

◆ 序号由系统自动生成，不能修改、删除。应直接输入该区间的最大比率及级别名称。

◆ 系统会根据输入的比率自动生成相应的区间。

◆ 单击"增加"按钮，可以在当前级别之前插入一个级别。插入一个级别后，该级别后的各级别比率会自动调整。

◆ 删除一个级别后，该级别后的各级比率会自动调整。

◆ 最后一个级别为某一比率之上，所以在"总比率"栏不能录入比率，否则将不能退出。

◆ 最后一个比率不能删除，如果录入错误则应先删除上一级比率，再修改最后一级比率。

10. 单据编号设置

操作步骤：

(1) 在企业应用平台中，执行"基础设置"|"单据设置"|"单据编号设置"命令，进入"单据编号设置"窗口。

(2) 执行左侧"单据类型"中的"销售管理"|"销售专用发票"命令，打开"单据编号设置—销售专用发票"窗口。

(3) 在"单据编号设置—销售专用发票"窗口中，单击"修改"按钮，选中"手工改动，重号时自动重取"复选框，如图 7-14 所示。

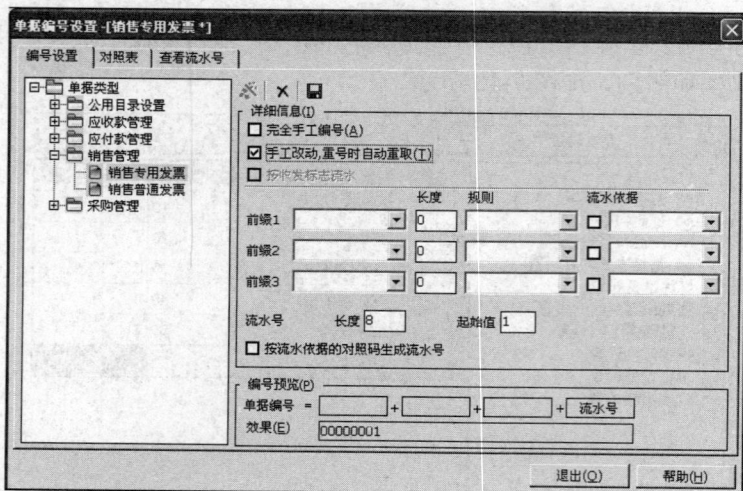

图 7-14   单据编号设置

(4) 单击"保存"按钮，再单击"退出"按钮退出。

(5) 同理，设置对应收款系统"其他应收单"、"收款单"编号允许手工修改。

提示：

◆   如果不在"单据编号设置"中设置"手工改动，重号时自动重取"，则在填制这一单据时其编号由系统自动生成而不允许手工修改。

◆   在单据编号设置中还可以设置"完全手工编号"及"按收发标志流水"等。

11. 录入期初销售发票

操作步骤：

(1) 在应收款管理系统中，执行"设置"|"期初余额"命令，进入"期初余额—查询"窗口。

(2) 单击"确定"按钮，进入"期初余额明细表"窗口。

(3) 单击"增加"按钮，打开"单据类别"对话框。

(4) 选择单据名称为"销售发票"，单据类型为"销售专用发票"，然后单击"确定"按钮，进入"销售专用发票"窗口。

(5) 单击"增加"按钮，修改开票日期为"2013-11-12"，录入发票号"78987"；在"客户名称"栏录入"01"，或单击"客户名称"栏的参照按钮，选择"天益公司"，系统自动带出客户相关信息；在"税率"栏录入"17"；在"科目"栏录入"1122"，或单击"科目"栏参照按钮，选择"1122 应收账款"；在"货物编号"栏录入"004"，或单击"货物编码"栏的参照按钮，选择"甲产品"；在"数量"栏录入"3"，在"无税单价"栏录入"2 000"，如图 7-15 所示。

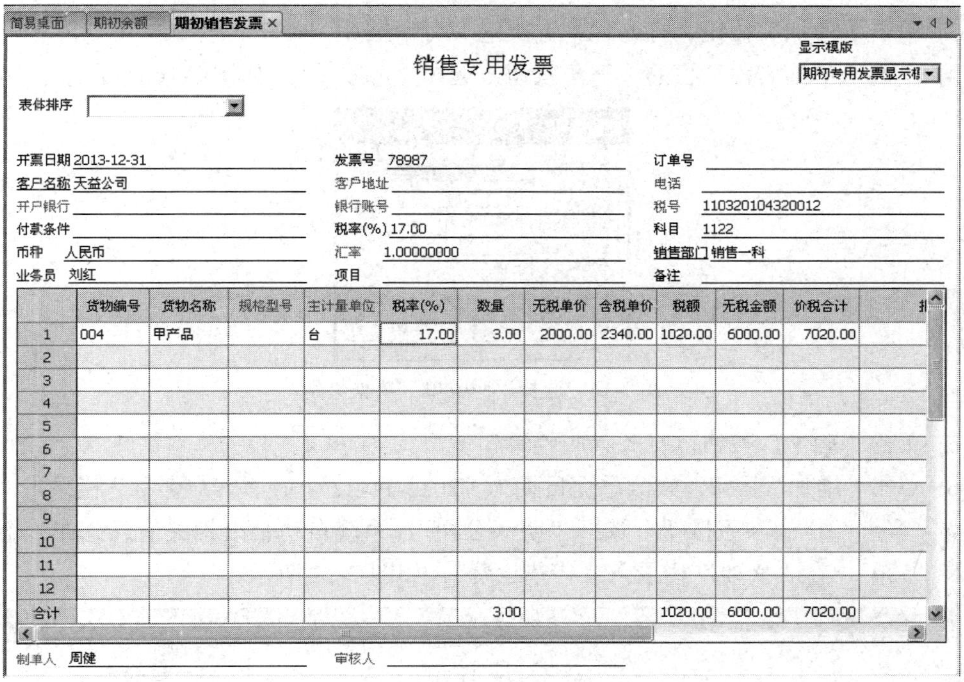

图 7-15　录入销售专用发票

(6) 单击"保存"按钮。以此方法继续录入第 2 张和第 3 张销售专用发票。

提示：

◆ 在初次使用应收款系统时，应将启用应收款系统时未处理完的所有客户的应收账款、预收账款、应收票据等数据录入到本系统。当进入第二年度时，系统自动将上年度未处理完的单据转为下一年度的期初余额。在下一年度的第一会计期间里，可以进行期初余额的调整。

◆ 如果退出了录入期初余额的单据，在"期初余额明细表"窗口中并没有看到新录入的期初余额，应单击"刷新"按钮，就可以列示出所有的期初余额的内容。

◆ 在录入期初余额时一定要注意期初余额的会计科目，比如第 3 张销售发票的会计科目为"1121"，即应收票据。应收款系统的期初余额应与总账进行对账，如果科目错误将会导致对账错误。

◆ 如果并未设置允许修改销售专用发票的编号，则在填制销售专用发票时不允许修改销售专用发票的编号。其他单据的编号也一样，系统默认的状态为不允许修改。

12. 录入期初其他应收单

操作步骤：

(1) 在应收款管理系统中，执行"设置"|"期初余额"命令，打开"期初余额—查询"窗口。

(2) 单击"确定"按钮，打开"期初余额明细表"窗口。

(3) 单击"增加"按钮，打开"单据类别"对话框。

(4) 单击"单据名称"栏的下三角按钮，选择"应收单"，如图 7-16 所示。

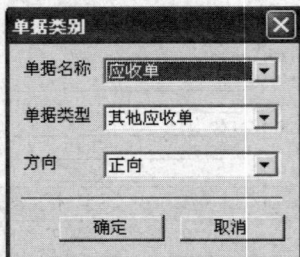

图 7-16 选择"应收单"单据类别

(5) 单击"确定"按钮，打开"应收单"窗口。

(6) 单击"增加"按钮，修改单据日期为"2013-11-22"；在"客户名称"栏录入"04"，或单击"客户"栏的参照按钮，选择"明兴公司"，系统自动带出相关信息；在"金额"栏录入"500"，在"摘要"栏录入"代垫运费"，如图 7-17 所示。

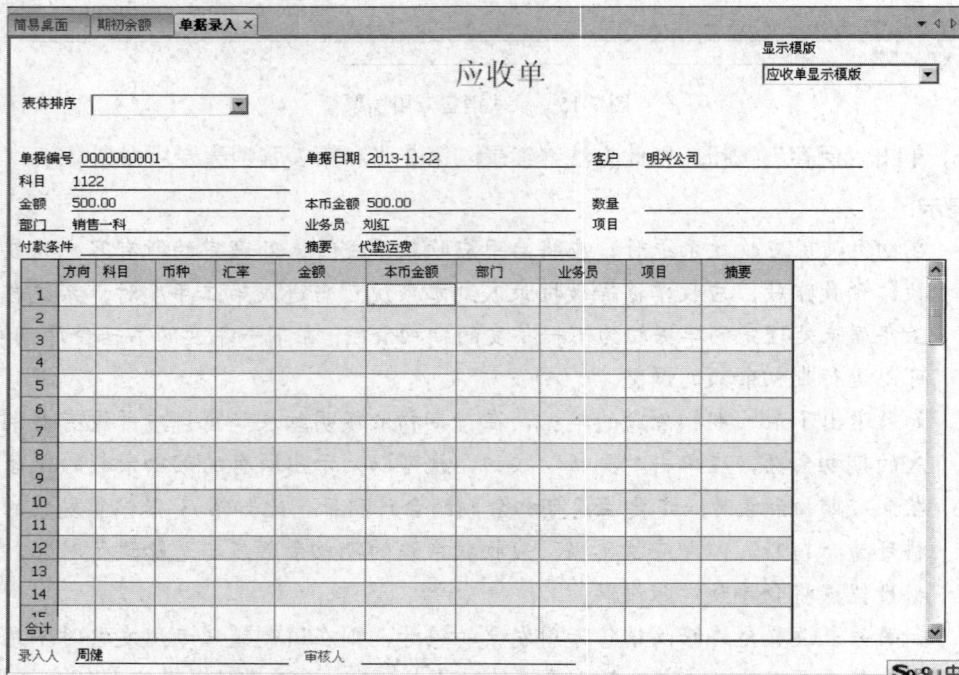

图 7-17 录入应收单

(7) 单击"保存"按钮。

提示：

◆ 在录入应收单时只需录入表格上半部分的内容，表格下半部分的内容由系统自动生成。

◆ 应收单中的会计科目必须录入正确，否则将无法与总账进行对账。

13. 录入预收款单

操作步骤：

(1) 在"期初余额明细表"中，单击"增加"按钮，打开"单据类别"对话框。

(2) 单击"单据名称"栏的下三角按钮，选择"预收款"，如图 7-18 所示。

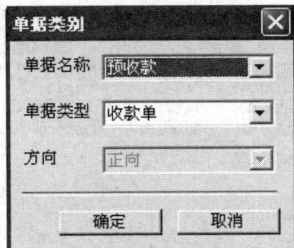

图 7-18　选择单据名称

(3) 单击"确定"按钮，打开"收款单"窗口。

(4) 修改日期为"2013-11-26"；在"客户"栏录入"06"，或单击"客户"栏参照按钮，选择"伟达公司"；在"结算方式"栏录入"6"，或单击"结算方式"栏的参照按钮，选择"银行汇票"；在"金额"栏录入"30 000"，在"摘要"栏录入"预收货款"；在收款单下半部分中的"科目"栏录入"2203"，或单击"科目"栏的参照按钮，选择"2203 预收账款"，如图 7-19 所示。

图 7-19　录入期初预收款

(5) 单击"保存"按钮，单击"退出"按钮退出。

提示：

录入预收款的单据类型仍然是"收款单"，但是款项类型为"预收款"。

14. 应收款系统与总账系统对账

操作步骤：

(1) 在"期初余额明细表"窗口中，单击"对账"按钮，打开"期初对账"窗口，如图 7-20 所示。

科目		应收期初		总账期初		差额	
编号	名称	原币	本币	原币	本币	原币	本币
1121	应收票据	1,170.00	1,170.00	1,170.00	1,170.00	0.00	0.00
1122	应收账款	14,540.00	14,540.00	14,540.00	14,540.00	0.00	0.00
2203	预收账款	-30,000.00	-30,000.00	-30,000.00	-30,000.00	0.00	0.00
	合计		-14,290.00		-14,290.00		0.00

图 7-20　"期初对账"窗口

(2) 单击"退出"按钮退出。

提示：

◆　当完成全部应收款期初余额录入后，应通过"对账"功能将应收系统期初余额与总账系统期初余额进行核对。

◆　当保存了期初余额结果，或在第二年使用需要调整期初余额时可以进行修改。当第一个会计期已结账后，期初余额只能查询不能再修改。

◆　期初余额所录入的票据保存后自动审核。

◆　应收款系统与总账系统对账，必须要在总账与应收系统同时启用后才可以进行。

15. 账套备份

在"D：\300 账套备份"文件夹中新建"(7-1)应收系统初始化"文件夹。将账套输出至"(7-1)应收系统初始化"文件夹中。

实验二　单据处理

实验准备

已经完成了第 7 章实验一的操作。可以引入已完成实验一"(7-1)应收系统初始化"的账套备份数据，或引入光盘中的"实验账套\(7-1)应收系统初始化"。将系统日期修改为"2014 年 1 月 31 日"，注册进入应收款管理系统。

实验要求

- 录入应收单据、收款单据
- 修改应收单据、收款单据
- 删除应收单据
- 核销收款单据
- 2014 年 1 月 25 日，审核本月录入的应收单据、收款单据
- 对应收单据、收款单据进行账务处理
- 账套备份

实验资料

(1) 2014 年 1 月 15 日，向天益公司销售甲产品 2 台，无税单价为 1 900 元，增值税率为 17%(销售专用发票号码：5678900)。

(2) 2014 年 1 月 15 日，向伟达公司销售甲产品 5 台，无税单价为 1 980 元，增值税率为 17%(销售专用发票号码：5678988)。

(3) 2014 年 1 月 16 日，向上海邦立公司销售乙产品 2 台，无税单价为 510 元，增值税率为 17%(销售专用发票号码：5678901)。以转账支票代垫运费 120 元。

(4) 2014 年 1 月 16 日，向天益公司销售乙产品 1 台，无税单价为 520 元，增值税率为 17%(销售专用发票号码：5678902)。以现金代垫运费 120 元。

(5) 2014 年 1 月 18 日，发现 2014 年 1 月 16 日所填制的向上海邦立公司销售乙产品 2 台，无税单价 510 元，增值税率为 17%的"5678901"号销售专用发票中的无税单价应为 512 元。

(6) 2014 年 1 月 18 日，发现 2014 年 1 月 15 日，向天益公司销售甲产品 2 台，无税单价为 1 900 元，增值税率为 17%的"5678900"号销售专用发票填制错误应删除。

(7) 2014 年 1 月 22 日，收到银行通知，收到上海邦立公司以信汇方式支付购买乙产品 2 台：货税款及代垫运费款 1 318.08 元。

(8) 2014 年 1 月 22 日，收到天益公司交来转账支票一张，支付销售乙产品 1 台的货税款及代垫费用款 668.4 元。

(9) 2014 年 1 月 23 日，发现 2014 年 1 月 22 日所填制的收到上海邦立公司销售乙产品 2 台的货税款 1 318.08 元应为 1 500 元，其中 1318.08 用于归还货税款，余款作为预收款。

(10) 2014 年 1 月 23 日，发现 2014 年 1 月 22 日所填制的收到天益公司交来转账支票款 668.4 元有错误，需删除该张收款单。

实验指导

1. 填制第 1 笔业务的销售专用发票

操作步骤:

(1) 在应收款管理系统中,执行"应收单据处理"|"应收单据录入"命令,打开"单据类别"对话框。

(2) 确认"单据名称"栏为"销售发票","单据类型"栏为"销售专用发票"后,单击"确定"按钮,打开"销售专用发票"窗口。

(3) 单击"增加"按钮,录入发票号"5678900",修改开票日期为"2014-01-15",单击销售类型的参照按钮,进入"销售类型基本参照"窗口。单击"编辑"按钮,进入"销售类型"窗口。单击"增加"按钮,输入销售类型编码"01",销售类型名称"普通销售",单击出库类别参照按钮,进入"收发类别档案基本参照"窗口。单击"编辑"按钮,进入"收发类别"窗口,单击"增加"按钮,录入收发类别编码"1",收发类别名称"出库",保存;同理,在出库类别下增加"101 销售出库",本例选择"销售出库"。在"客户简称"栏录入"01",或单击"客户简称"栏的参照按钮,选择"天益公司"。

(4) 在"存货编码"栏录入"004",或单击"存货名称"栏的参照按钮,选择"甲产品";在"数量"栏录入"2",在"无税单价"栏录入"1 900",如图 7-21 所示。

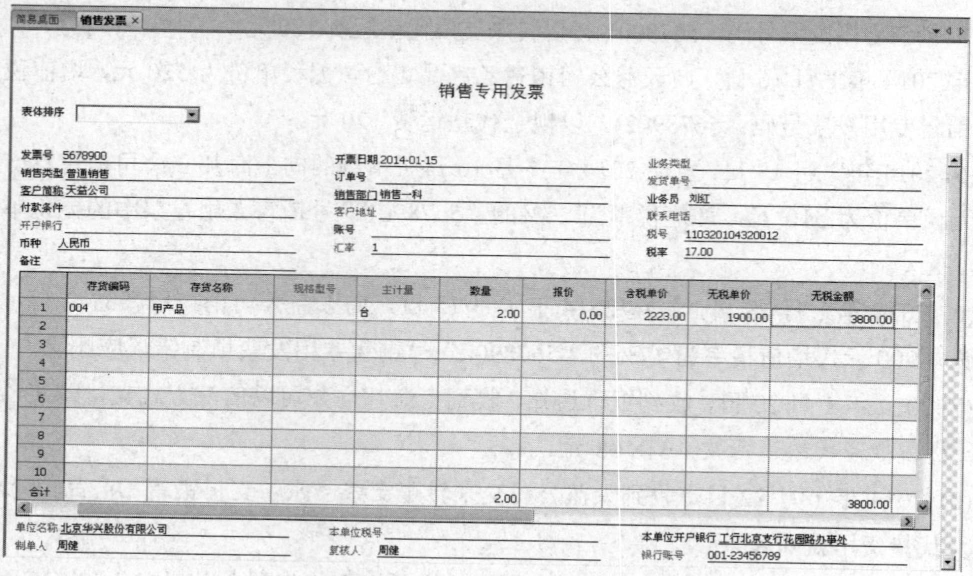

图 7-21 录入销售专用发票

(5) 单击"保存"按钮,再单击"增加"按钮,继续录入第 2 笔和第 3 笔业务的销售专用发票。

提示:

◆ 销售发票与应收单是应收款管理系统日常核算的单据。如果应收款系统与销售系统集成使用，销售发票和代垫费用在销售管理系统中录入，在应收系统中可以对这些单据进行查询、核销、制单等操作。此时应收系统需要录入的只限于应收单。

◆ 如果没有使用销售系统，则所有发票和应收单均需在应收系统中录入。

◆ 在不启用供应链的情况下，在应收款系统中只能对销售业务的资金流进行会计核算，即可以进行应收款、已收款和收入实现情况的核算；而其物流的核算，即存货出库成本的核算还需在总账系统中手工进行结转。

◆ 已审核的单据不能修改或删除，已生成凭证或进行过核销的单据在单据界面中不再显示。

◆ 在录入销售发票后可以直接进行审核，在直接审核后系统会提示"是否立即制单"，此时可以直接制单。如果录入销售发票后不直接审核可以在审核功能中审核，再到制单功能中制单。

◆ 已审核的单据在未进行其他处理之前应取消审核后再修改。

2. 填制第 3 笔业务的应收单

操作步骤：

(1) 在应收款管理系统中，执行"应收单据处理"|"应收单据录入"命令，打开"单据类别"对话框。单击"单据名称"栏的下三角按钮，选择"应收单"，单击"确定"按钮，打开"应收单"窗口。

(2) 修改单据日期为"2014-01-16"；在"客户"栏录入"03"，或单击"客户"栏的参照按钮，选择"邦立公司"；在"金额"栏录入"120"，在"摘要"栏录入"代垫运费"；在下半部分的"对应科目"栏录入"100201"，或单击"科目"栏的参照按钮，选择"100201工行存款"，如图 7-22 所示。

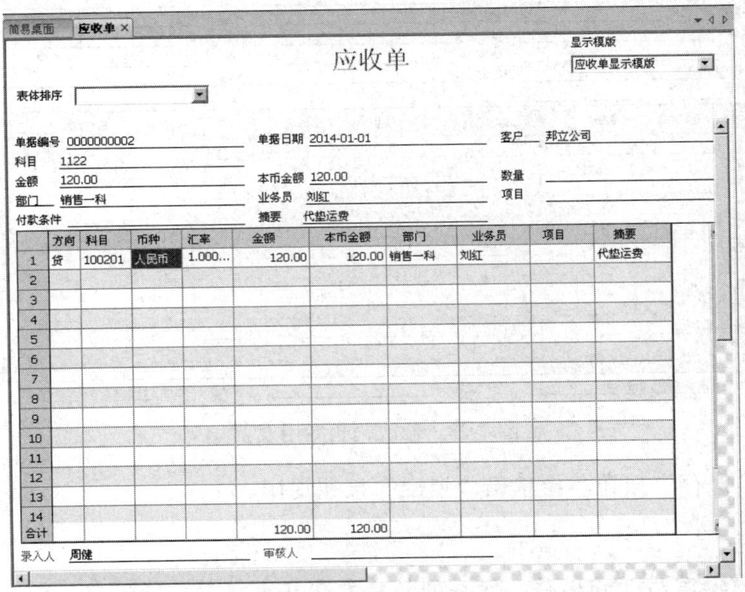

图 7-22 填写应收单

(3) 单击"保存"按钮,再单击"退出"按钮,继续录入第 4 笔业务的增值税专用发票及其他应收单。

提示:

◆ 在填制应收单时,只需录入上半部分的内容,下半部分的内容除对方科目外均由系统自动生成。下半部分的对方科目如果不录入可以在生成凭证后再手工录入。

◆ 应收单和销售发票一样可以在保存后直接审核,也可以在"应收单据审核"功能中审核。如果直接审核系统会问是否制单,如果在审核功能中审核则只能到制单功能中制单。

◆ 如果同时使用销售系统,在应收款系统中只能录入应收单而不能录入销售发票。

3. 修改销售专用发票

操作步骤:

(1) 在应收款管理系统中,执行"应收单据处理"|"应收单据录入"命令,打开"单据类别"对话框。

(2) 单击"确定"按钮。打开"销售专用发票"窗口。

(3) 单击"下张"按钮,找到"5678901"号销售专用发票。

(4) 单击"修改"按钮,将无税单价修改为"512",如图 7-23 所示。

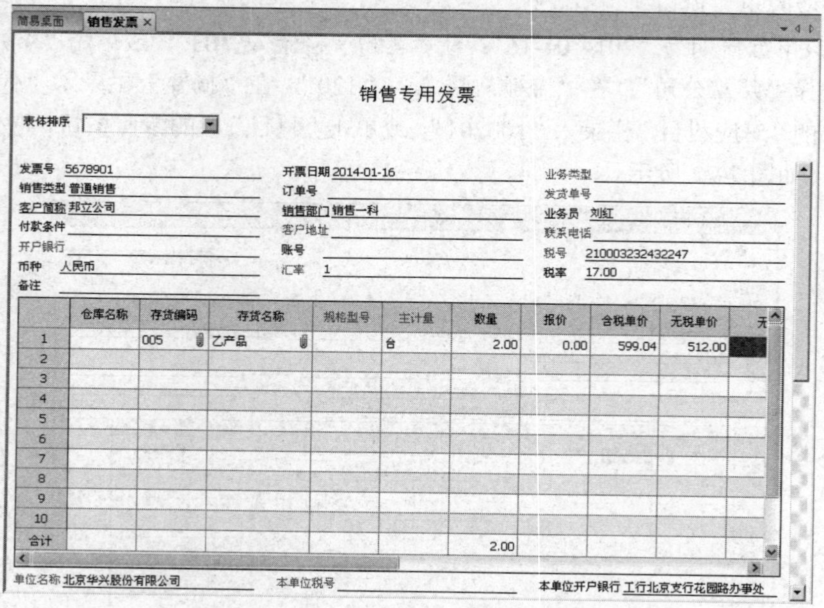

图 7-23 修改销售专用发票

(5) 单击"保存"按钮,再单击"退出"按钮退出。

提示:

销售发票被修改后必须保存。保存的销售发票在审核后才能制单。

4．删除销售专用发票

操作步骤：

(1) 在应收款管理系统中，执行"应收单据处理"|"应收单据录入"命令，打开"单据类别"对话框。

(2) 单击"确定"按钮，打开"销售专用发票"窗口。

(3) 找到"5678900"号销售专用发票。

(4) 单击"删除"按钮，系统提示"单据删除后不能恢复，是否继续？"，如图 7-24 所示。

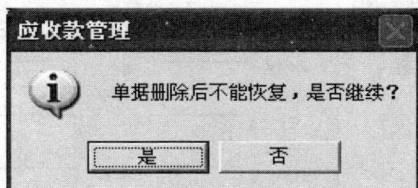

图 7-24　应收款管理单据删除提示信息

(5) 单击"是"按钮，再单击"退出"按钮退出。

5．审核应收单据

操作步骤：

(1) 在应收款管理系统中，执行"应收单据处理"|"应收单据审核"命令，打开"应收单查询条件"对话框。

(2) 单击"确定"按钮，进入"应收单据列表"窗口。

(3) 单击"全选"按钮，如图 7-25 所示。

图 7-25　应收单据列表

(4) 单击"审核"按钮，系统提示"本次审核成功单据 5 张"。

(5) 单击"确定"按钮，再单击"退出"按钮退出。

6. 制单

操作步骤:

(1) 在应收款管理系统中,执行"制单处理"命令,打开"制单查询"对话框。

(2) 在"制单查询"对话框中,选择"应收单制单"和"发票制单"复选框,如图 7-26 所示。

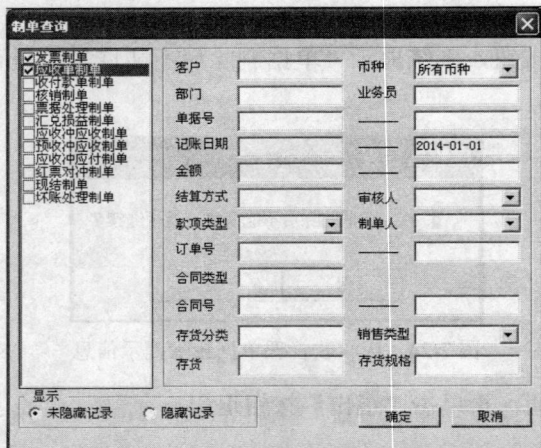

图 7-26 "制单查询"窗口

(3) 单击"确定"按钮,进入"应收制单"窗口。

(4) 单击"全选"按钮,单击"凭证类别"栏的下三角按钮,选择"转账凭证",如图 7-27 所示。

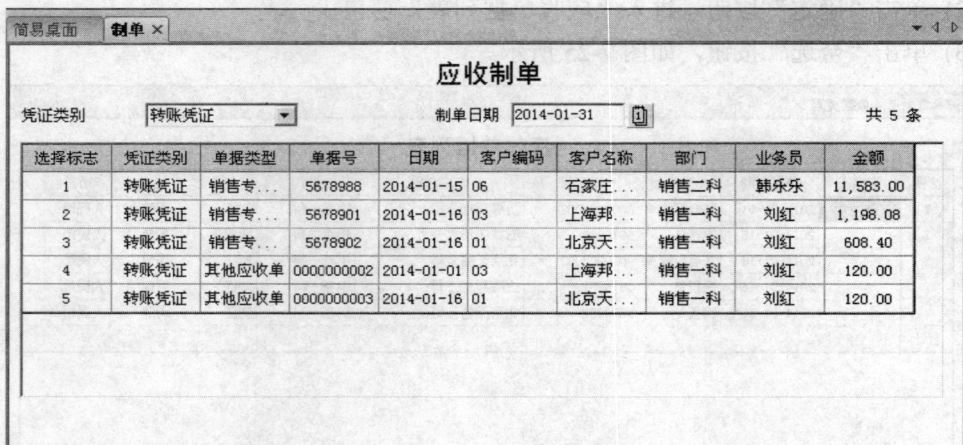

应收制单

凭证类别 [转账凭证 ▼]　　制单日期 2014-01-31 　　　共 5 条

选择标志	凭证类别	单据类型	单据号	日期	客户编码	客户名称	部门	业务员	金额
1	转账凭证	销售专...	5678988	2014-01-15	06	石家庄...	销售二科	韩乐乐	11,583.00
2	转账凭证	销售专...	5678901	2014-01-16	03	上海邦...	销售一科	刘红	1,198.08
3	转账凭证	销售专...	5678902	2014-01-16	01	北京天...	销售一科	刘红	608.40
4	转账凭证	其他应收单	0000000002	2014-01-01	03	上海邦...	销售一科	刘红	120.00
5	转账凭证	其他应收单	0000000003	2014-01-16	01	北京天...	销售一科	刘红	120.00

图 7-27 "应收制单"窗口

(5) 单击"制单"按钮,生成第 1 张转账凭证。

(6) 单击"保存"按钮,如图 7-28 所示。

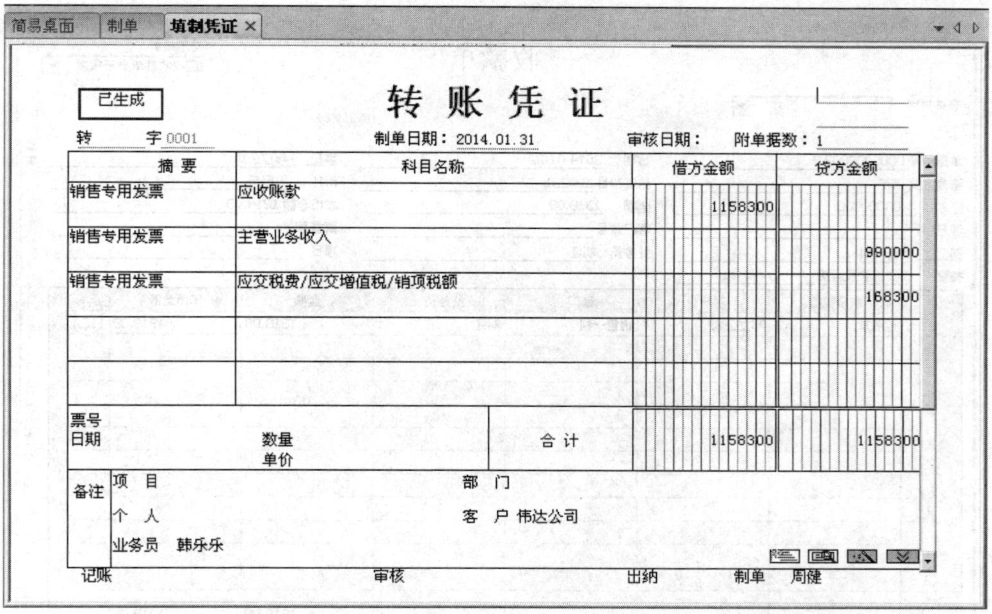

图 7-28　应收转账凭证生成

(7) 单击"下张"按钮，再单击"保存"按钮。

提示：

◆ 在"制单查询"对话框中，系统已默认制单内容为"发票制单"，如果需要选中其他内容制单，可以选中要制单内容前的复选框。

◆ 在以上例子中，由应收单所生成的凭证，其贷方是"现金"或"银行存款"，则应修改凭证类别为"付款凭证"，否则系统将不予保存。

◆ 凭证一经保存就传递到总账系统，再在总账系统中进行审核和记账等。

7. 填制收款单

操作步骤：

(1) 在应收款管理系统中，执行"收款单据处理"|"收款单据录入"命令，打开"收款单"窗口。

(2) 单击"增加"按钮。修改开票日期为"2014-01-22"；在客户名称栏录入"03"，或单击"客户"栏参照按钮，选择"上海邦立公司"；在"结算方式"栏录入"4"，或单击"结算方式"栏的下三角按钮，选择"信汇"；在"金额"栏录入"1 318.08"，在"摘要"栏录入"收到货款及运费"，如图 7-29 所示。

(3) 单击"保存"按钮。再单击"增加"按钮，继续录入第 2 张收款单。

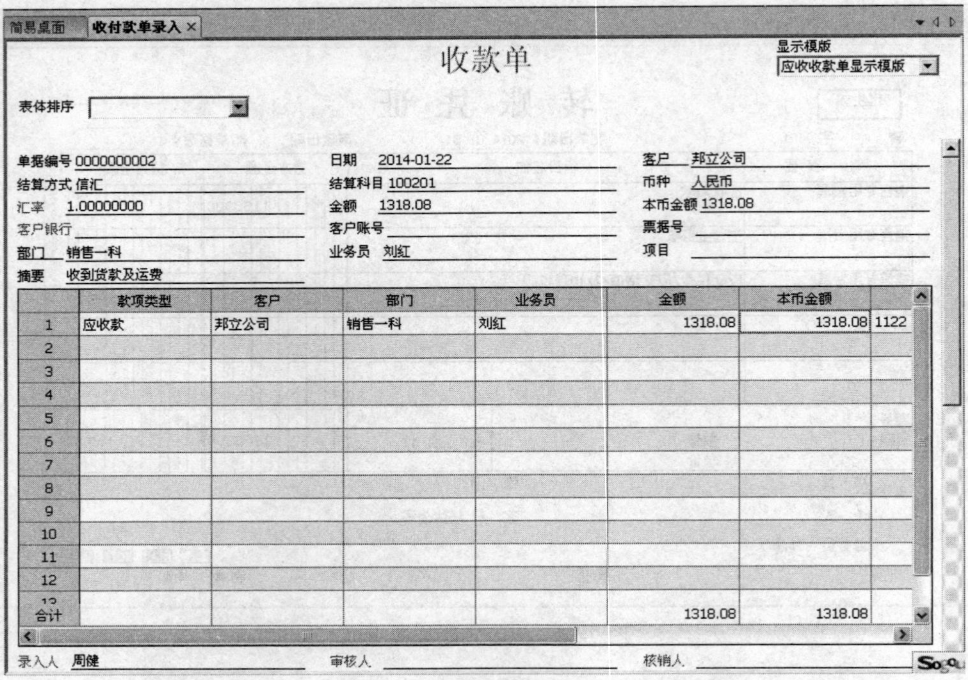

图 7-29　填制收款单

提示:

- 单击收款单的"保存"按钮后,系统会自动生成收款单表体的内容。
- 表体中的款项类型系统默认为"应收款",可以修改。款项类型还包括"预收款"和"其他费用"。
- 若一张收款单中,表头客户与表体客户不同,则视表体客户的款项为代付款。
- 在填制收款单后,可以直接单击"核销"按钮进行单据核销的操作。
- 如果是退款给客户,则可以单击"切换"按钮,填制红字收款单。

8. 修改收款单

操作步骤:

(1) 在应收款管理系统中,执行"收款单据处理"|"收款单据录入"命令,进入"收款单"窗口。

(2) 单击"下张"按钮,找到要修改的收款单。在要修改的收款单中,单击"修改"按钮,将表头中的金额修改为"1500";在表体第 2 行中单击款项类型选择"预收款",该行其他内容由系统自动生成,如图 7-30 所示。

(3) 单击"保存"按钮,再单击"退出"按钮退出。

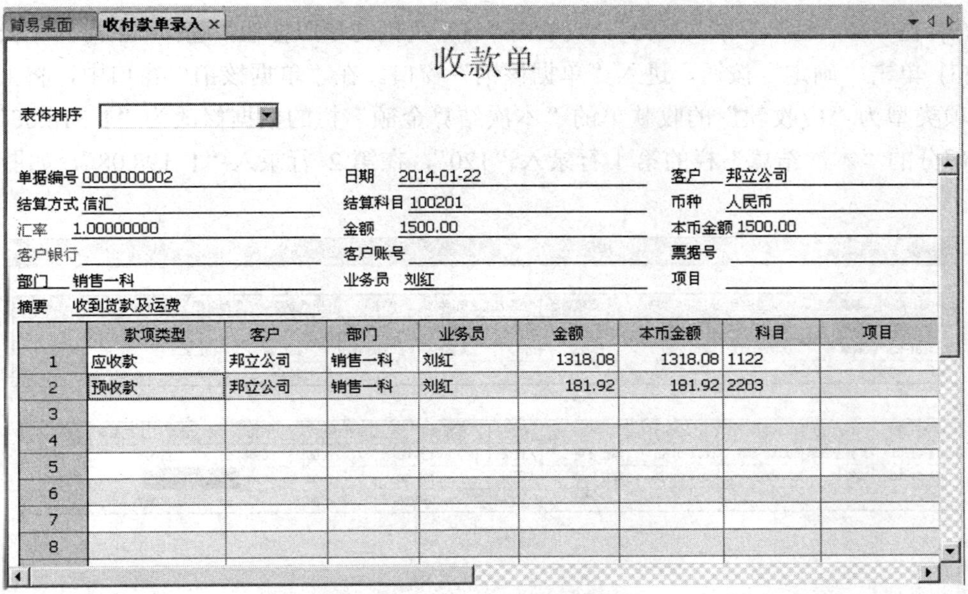

简易桌面　收付款单录入

收款单

表体排序

单据编号 0000000002　日期 2014-01-22　客户 邦立公司

结算方式 信汇　结算科目 100201　币种 人民币

汇率 1.00000000　金额 1500.00　本币金额 1500.00

客户银行　客户账号　票据号

部门 销售一科　业务员 刘红　项目

摘要 收到货款及运费

	款项类型	客户	部门	业务员	金额	本币金额	科目	项目
1	应收款	邦立公司	销售一科	刘红	1318.08	1318.08	1122	
2	预收款	邦立公司	销售一科	刘红	181.92	181.92	2203	
3								
4								
5								
6								
7								
8								

图 7-30　余款转为预收款

9. 删除收款单

操作步骤：

(1) 在应收款管理系统中，执行“收款单据处理”|“收款单据录入”命令，打开“收款单”窗口。

(2) 单击“下张”按钮，找到要删除的收款单。

(3) 单击“删除”按钮，系统提示“单据删除后不能恢复，是否继续？”。

(4) 单击“是”按钮。

10. 审核收款单

操作步骤：

(1) 在应收款管理系统中，执行“收款单据处理”|“收款单据审核”命令，打开“收款单过滤条件”对话框。

(2) 单击“确定”按钮，打开“收付款单列表”窗口。

(3) 单击“全选”按钮。

(4) 单击“审核”按钮，系统提示“本次审核成功单据 1 张”。

(5) 单击“确定”按钮，再单击“退出”按钮退出。

11. 核销收款单

操作步骤：

(1) 在应收款管理系统中，执行“核销处理”|“手工核销”命令，打开“核销条件”对话框。

(2) 在"客户栏"中录入"03",或单击"客户"栏的参照按钮,选择"上海邦立公司"。

(3) 单击"确定"按钮,进入"单据核销"窗口。在"单据核销"窗口中,将上半部分款项类型为"应收款"的收款单的"本次结算金额"栏的数据修改为"1 318.08",在下半部分的"本次结算"栏的第 1 行录入"120",在第 2 行录入"1 198.08",如图 7-31 所示。

单据日期	单据类型	单据编号	客户	款项类型	结算方式	币种	汇率	原币金额	原币余额	本次结算金额	订单号
2014-01-22	收款单	0000000002	邦立公司	应收款	信汇	人民币	1.00000000	1,318.08	1,318.08	1,318.08	
2014-01-22	收款单	0000000002	邦立公司	预收款	信汇	人民币	1.00000000	181.92	181.92		
合计								1,500.00	1,500.00	1,318.08	

单据日期	单据类型	单据编号	到期日	客户	币种	原币余额	可享受折扣	本次折扣	本次结算	订单号	凭证号
2014-01-01	其他应收单	0000000002	2014-01-01	邦立公司	人民币	120.00	0.00	0.00	120.00		付-0001
2014-01-16	销售专...	5678901	2014-01-16	邦立公司	人民币	1,198.08	0.00	0.00	1,198.08		转-0002
合计						1,318.08		0.00	1,318.08		

图 7-31   应收款管理—单据核销

(4) 单击"保存"按钮,再单击"退出"按钮退出。

提示:

♦ 在保存核销内容后,"单据核销"窗口中将不再显示已被核销的内容。

♦ 结算单列表显示的是款项类型为应收款和预收款的记录,而款项类型为其他费用的记录不允许在此作为核销记录。

♦ 核销时,结算单列表中款项类型为应收款的记录默认本次结算金额为该记录上的原币金额;款项类型为预收款的记录默认的本次结算金额为空。核销时可以修改本次结算金额,但是不能大于该记录的原币金额。

♦ 在结算单列表中,单击"分摊"按钮,系统将当前结算单列表中的本次结算金额合计自动分摊到被核销单据列表的"本次结算"栏中。核销顺序依据被核销单据的排序顺序。

♦ 手工核销时一次只能显示一个客户的单据记录,且结算单列表根据表体记录明细显示。当结算单有代付处理时,只显示当前所选客户的记录。若需要对代付款进行处理,则需要在过滤条件中输入该代付单位,进行核销。

♦ 一次只能对一种结算单类型进行核销,即手工核销的情况下需要将收款单和付款单分开核销。

♦ 手工核销保存时,若结算单列表的本次结算金额大于或小于被核销单据列表的本次结算金额合计,系统将提示结算金额不相等,不能保存。

♦ 若发票中同时存在红蓝记录,则核销时先进行单据的内部对冲。

◆ 如果核销后未进行其他处理，可以在期末处理中的“取消操作”功能中取消核销操作。

12. 制单

操作步骤：

(1) 在应收款管理系统中，执行“制单处理”命令，进入“制单查询”对话框。

(2) 在“制单查询”对话框中，选中“收付款单制单”。

(3) 单击“确定”按钮，进入“制单”窗口。

(4) 在“制单”窗口中，单击“全选”按钮，如图 7-32 所示。

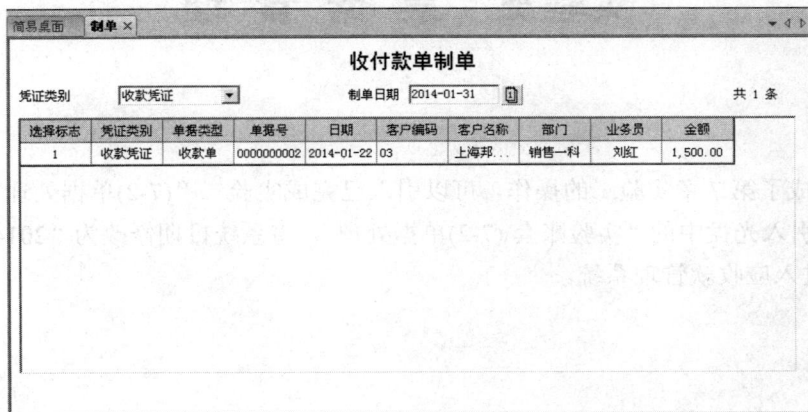

图 7-32 “制单”窗口

(5) 单击“制单”按钮，生成记账凭证。

(6) 单击“保存”按钮，结果如图 7-33 所示。

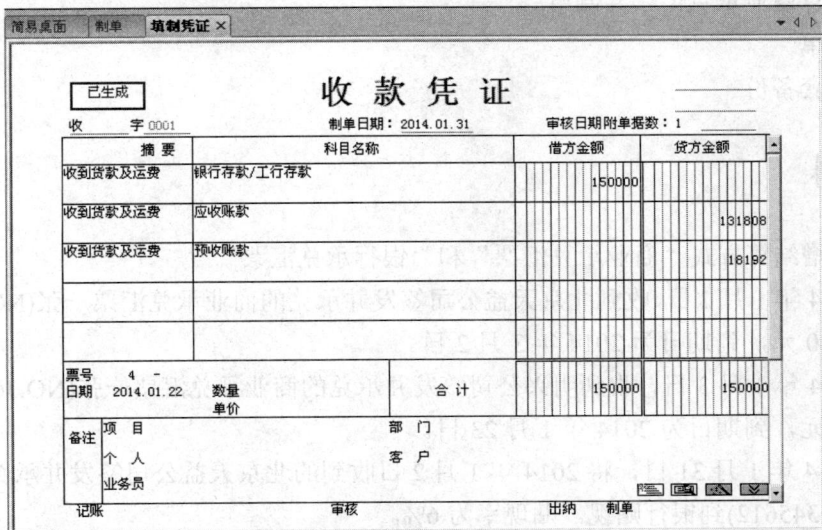

图 7-33 收款凭证生成

(7) 单击"退出"按钮退出。

提示:

在制单功能中还可以根据需要进行合并制单。

13. 账套备份

在"D:\300 账套备份"文件夹中新建"(7-2)单据处理"文件夹,将账套输出至"(7-2)单据处理"文件夹中。

实验三 票 据 管 理

实验准备

已经完成了第 7 章实验二的操作。可以引入已完成实验二"(7-2)单据处理"的账套备份数据,或引入光盘中的"实验账套\(7-2)单据处理"。将系统日期修改为"2014 年 1 月 31 日",注册进入应收款管理系统。

实验要求

- 增加结算方式
- 填制商业承兑汇票,暂不制单
- 商业承兑汇票贴现并制单
- 结算商业承兑汇票并制单
- 制单
- 账套备份

实验资料

(1) 新增结算方式"商业承兑汇票"和"银行承兑汇票"。

(2) 2014 年 1 月 2 日,收到北京天益公司签发并承兑的商业承兑汇票一张(NO.345612),面值为 7 020 元,到期日为 2014 年 3 月 2 日。

(3) 2014 年 1 月 3 日,收到明兴公司签发并承兑的商业承兑汇票一张(NO.367809),面值为 7 020 元,到期日为 2014 年 1 月 23 日。

(4) 2014 年 1 月 31 日,将 2014 年 1 月 2 日收到的北京天益公司签发并承兑的商业承兑汇票(NO.345612)到银行贴现,贴现率为 6%。

(5) 2014 年 1 月 23 日,将 2014 年 1 月 3 日收到的明兴公司签发并承兑的商业承兑汇票(NO.367809)结算。

实验指导

1. 增加结算方式

操作步骤：

(1) 在企业应用平台中，打开"基础设置"选项卡，执行"基础档案"|"收付结算"|"结算方式"命令，进入"结算方式"窗口。

(2) 单击"增加"按钮，在"结算方式编码"栏录入"7"，在"结算方式名称"栏录入"商业承兑汇票"，单击"保存"按钮；再在"结算方式编码"栏录入"8"，在"结算方式名称"栏录入"银行承兑汇票"，单击"保存"按钮。

(3) 单击"退出"按钮。

2. 填制商业承兑汇票

操作步骤：

(1) 在应收款管理系统中，执行"票据管理"命令，打开"查询条件选择"对话框。

(2) 单击"确定"按钮，进入"票据管理"窗口。

(3) 单击"增加"按钮，打开票据增加窗口。

(4) 在"收到日期"栏选择"2014-01-02"；单击"结算方式"栏的下三角按钮，选择"商业承兑汇票"；在"票据编号"栏录入"345612"；在"承兑单位"栏录入"01"，或单击"出票人"栏的参照按钮，选择"北京天益公司"；在"金额"栏录入"7 020"；在"出票日期"栏选择"2014-01-02"，在"到期日"栏选择"2014-03-02"；在"摘要"栏录入"收到商业承兑汇票"，如图7-34所示。

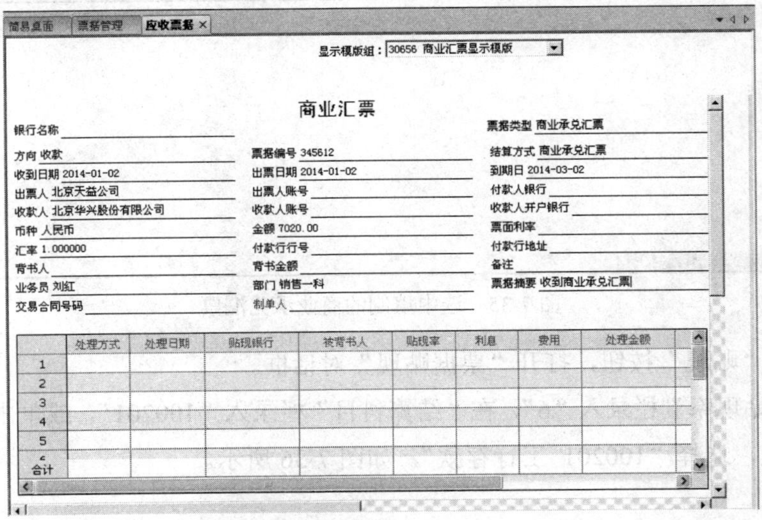

图 7-34　填制票据

(5) 单击"保存"按钮，返回"票据管理"窗口。以此方法继续录入第 2 张商业承兑汇票。

提示：

◆ 在实际工作中可以根据需要随时增加需要的结算方式。

◆ 保存一张商业票据之后，系统会自动生成一张收款单。这张收款单还需经过审核之后才能生成记账凭证。

◆ 由票据生成的收款单不能修改。

◆ 在"票据管理"功能中可以对商业承兑汇票和银行承兑汇票进行日常业务处理，包括票据的收入、结算、贴现、背书、转出、计息等。

◆ 商业承兑汇票不能有承兑银行，银行承兑汇票必须有承兑银行。

3. 商业承兑汇票贴现

操作步骤：

(1) 在应收款管理系统中，执行"票据管理"命令，打开"票据查询"对话框。

(2) 单击"确定"按钮，进入"票据管理"窗口。

(3) 在"票据管理"窗口中，选中 2014 年 1 月 2 日填制的商业承兑汇票，如图 7-35 所示。

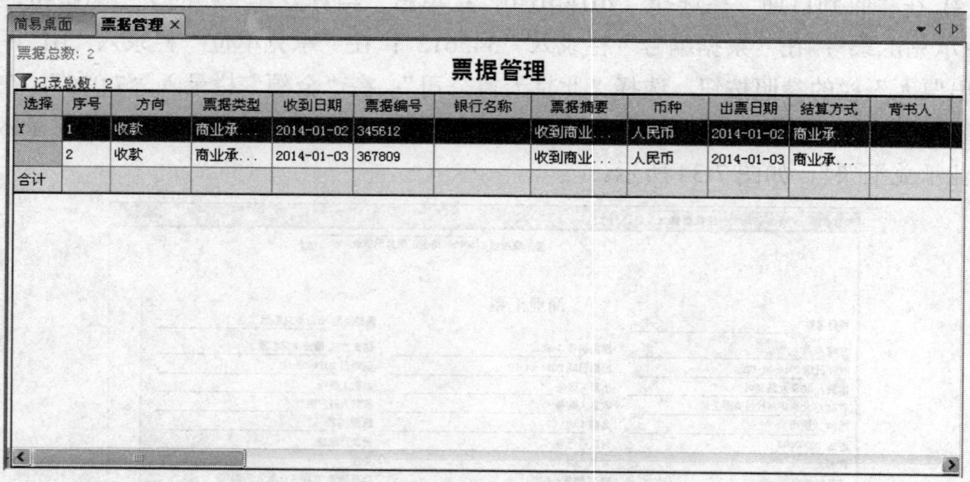

图 7-35 选中填制的商业承兑汇票

(4) 单击"贴现"按钮，打开"票据贴现"对话框。

(5) 在"贴现率"栏录入"6"，在"结算科目"栏录入"100201"，或单击"结算科目"栏的参照按钮，选择"100201 工行存款"，如图 7-36 所示。

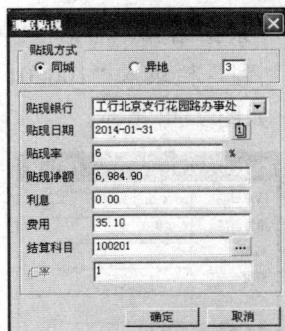

图 7-36　"票据贴现"对话框

(6) 单击"确定"按钮，系统弹出"是否立即制单"信息提示框。

(7) 单击"是"按钮，生成贴现的记账凭证，单击"保存"按钮，如图 7-37 所示。

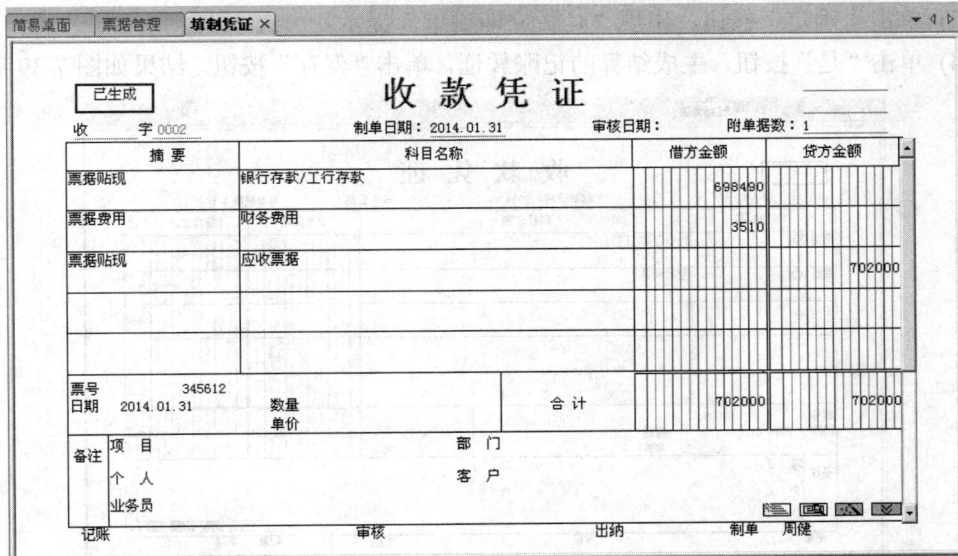

图 7-37　贴现记账凭证生成

(8) 单击"退出"按钮退出。

提示：

◆ 如果贴现净额大于余额，系统自动将其差额作为利息，不能修改；如果贴现净额小于票据余额，系统自动将其差额作为费用，不能修改。

◆ 票据贴现后，将不能对其进行其他处理。

4. 商业承兑汇票结算

操作步骤：

(1) 在"票据管理"窗口中，单击选中 2013 年 1 月 3 日填制的收到明兴公司签发并承兑的商业承兑汇票(NO.367809)。

(2) 单击"结算"按钮，打开"票据结算"对话框。修改结算日期为"2014-01-23"，录入结算金额"7 020"；在"结算科目"栏录入"100201"，或单击"结算科目"栏的参照按钮，选择"100201 工行存款"，如图 7-38 所示。

图 7-38 设置票据结算信息

(3) 单击"确定"按钮，出现"是否立即制单"提示。

(4) 单击"是"按钮，生成结算的记账凭证，单击"保存"按钮，结果如图 7-39 所示。

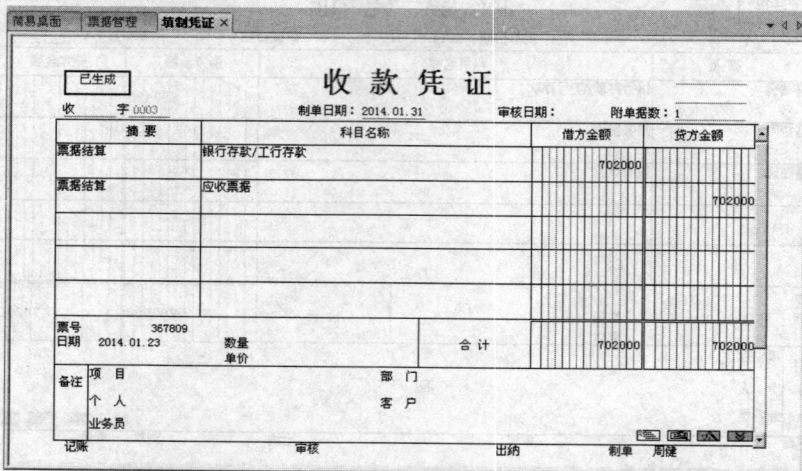

图 7-39 票据结算记账凭证生成

(5) 单击"退出"按钮退出。

提示：

◆ 当票据到期持票收款时，执行票据结算处理。

◆ 进行票据结算时，结算金额应是通过结算实际收到的金额。

◆ 结算金额减去利息加上费用的金额要小于等于票据余额。

◆ 票据结算后，不能再进行其他与票据相关的处理。

5. 审核收款单

操作步骤：

(1) 在应收款管理系统中，执行"收款单据处理"|"收款单据审核"命令，打开"结

算单过滤条件"对话框。

(2) 单击"确定"按钮，进入"收付款单列表"窗口。

(3) 单击"全选"按钮，再单击"审核"按钮，系统弹出"本次审核成功单据[2]"信息提示框，如图 7-40 所示。

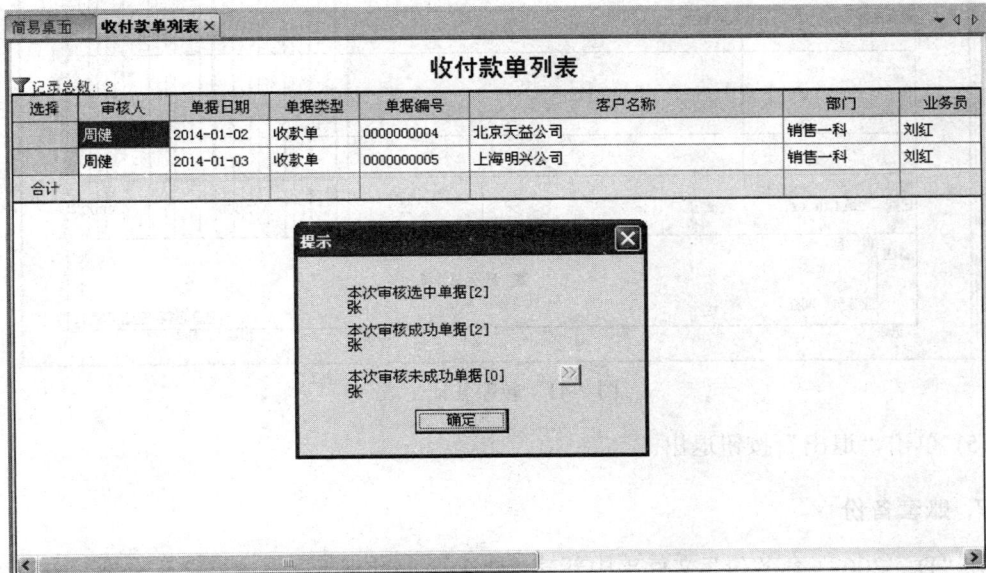

图 7-40 审核成功提示

(4) 单击"确定"按钮，在"审核人"栏出现了审核人的签字。

(5) 单击"退出"按钮退出。

提示：

在票据保存后由系统自动生成了一张收款单，这张收款单应在审核后再生成记账凭证，才完成了应收账款转为应收票据的核算过程。

6. 制单

操作步骤：

(1) 在应收款管理系统中，执行"制单处理"命令，打开"制单查询"对话框。

(2) 单击选中"收付款单制单"复选框。

(3) 单击"确定"按钮，打开"收付款单制单"窗口，单击"全选"按钮。

(4) 单击"制单"按钮，出现第 1 张记账凭证，修改凭证类别为"转账凭证"，单击"保存"按钮，保存第 1 张记账凭证。单击"下张"按钮，修改凭证类别为"转账凭证"，单击"保存"按钮，保存第 2 张记账凭证，如图 7-41 所示。

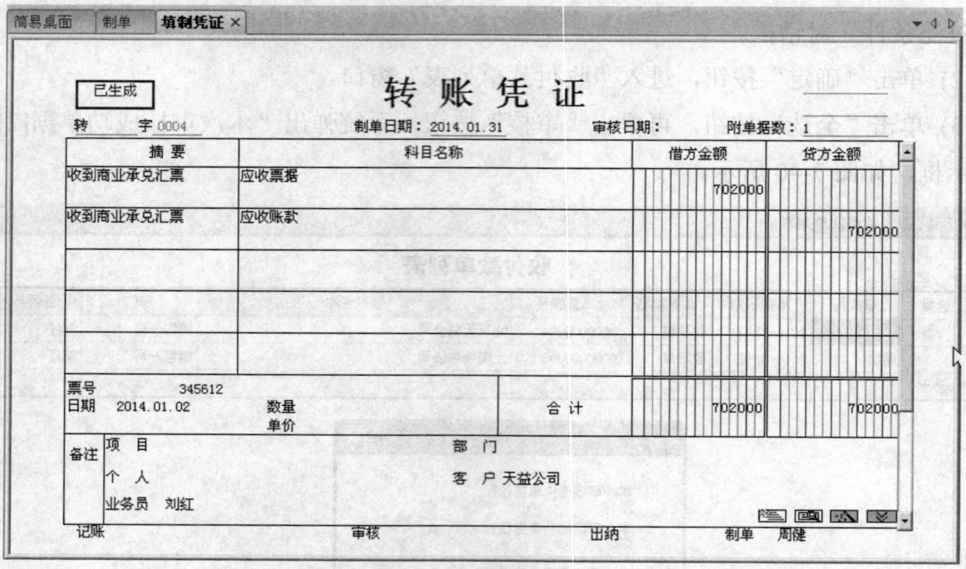

图 7-41　转账凭证生成

(5) 单击"退出"按钮退出。

7. 账套备份

在"D：\300 账套备份"文件夹中新建"(7-3)票据处理"文件夹，将账套输出至"(7-3)票据处理"文件夹中。

实验四　转账处理、坏账处理及查询

实验准备

已经完成了第 7 章实验三的操作。可以引入已完成实验三"(7-3)票据处理"的账套备份数据，或引入光盘中的"实验账套\(7-3)票据处理"。将系统日期修改为"2014 年 1 月 31 日"，注册进入应收款管理系统。

实验要求

- 应收冲应收暂不制单
- 预收冲应收暂不制单
- 红票对冲并制单
- 应收冲应收、预收冲应收制单
- 处理坏账发生业务并制单

- 处理坏账收回业务并制单
- 查询发票
- 查询收付款单
- 查询并删除凭证
- 对全部客户进行包括所有条件的欠款分析
- 查询 2014 年 1 月的业务总账
- 查询应收账款科目余额表
- 取消对明兴公司的转账操作
- 将未制单的单据制单
- 结账
- 账套备份

实验资料

(1) 2014 年 1 月 31 日，经三方同意将 1 月 16 日形成的应向"北京天益公司"收取的货税款及代垫费用款 728.4 元转为向明兴公司的应收账款。

(2) 2014 年 1 月 31 日，经双方同意，将伟达公司 2014 年 1 月 15 日购买"甲产品"5 台的货税款 11 583 元用预收款冲抵。

(3) 2014 年 1 月 31 日，经双方同意，将期初余额中应向明兴公司收取的运费 500 元用红票冲抵。

(4) 2014 年 1 月 24 日，将 1 月 16 日形成的应向明兴公司收取的应收账款 728.4 元(其中货款 608.4 元，代垫运费 120 元)转为坏账。

(5) 2014 年 1 月 31 日，收到银行通知(电汇)，收回已作为坏账处理的应向明兴公司收取的应收账款 728.4 元。

实验指导

1. 将应收账款冲抵应收账款

操作步骤:

(1) 在应收款管理系统中，执行"转账"|"应收冲应收"命令，打开"应收冲应收"对话框。

(2) 在"客户"栏录入"01"，或单击"客户"栏的参照按钮，选择"北京天益公司"；再在"转入"下的"客户"栏录入"04"，或单击参照按钮选择"明兴公司"，如图 7-42 所示。

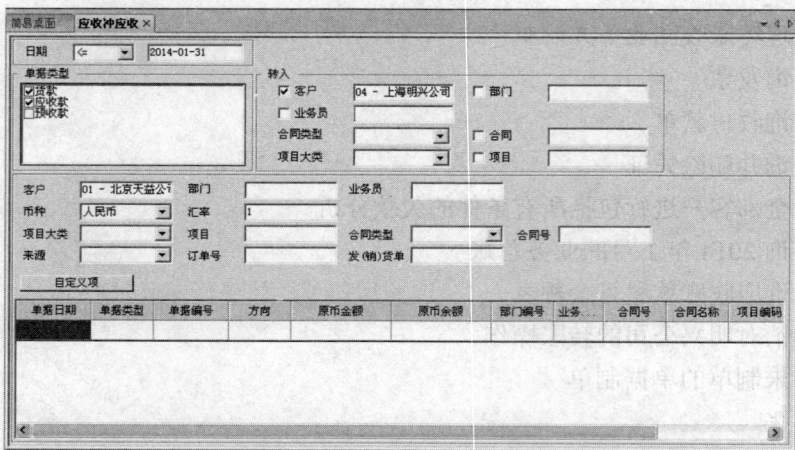

图 7-42 "应收冲应收"对话框

(3) 单击"查询"按钮。在第 1 行"并账金额"栏录入"608.4",再在第 3 行"并账金额"栏录入"120",如图 7-43 所示。

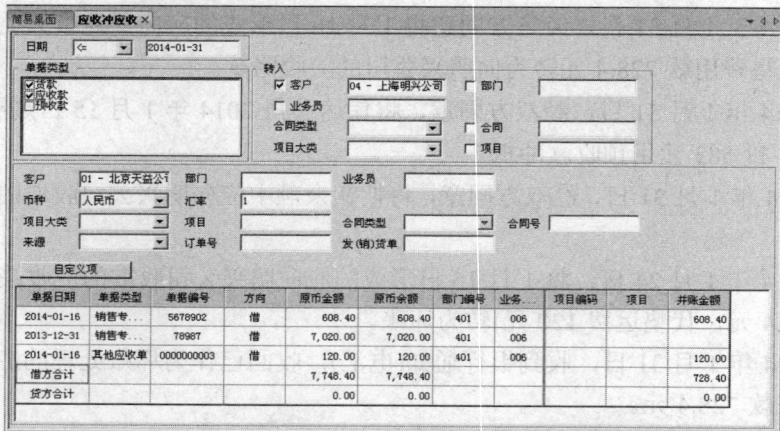

图 7-43 设置并账金额

(4) 单击"保存"按钮,出现"是否立即制单"提示,单击"否"按钮,再单击"取消"按钮退出。

提示:

♦ 每一笔应收款的转账金额不能大于其余额。

♦ 每次只能选择一个转入单位。

2. 将预收账款冲抵应收账款

操作步骤:

(1) 在应收款管理系统中,执行"转账"|"预收冲应收"命令,打开"预收冲应收"对话框。

(2) 在"客户"栏录入"06",或单击"客户"栏的参照按钮,选择"伟达公司"。

(3) 单击"过滤"按钮，在"金额"栏录入"11 583"，如图 7-44 所示。

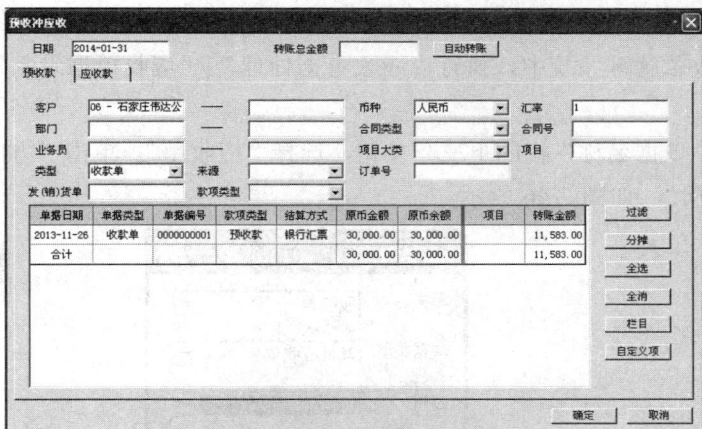

图 7-44 设置客户及金额信息

(4) 单击"应收款"选项卡，单击"过滤"按钮，在"转账金额"栏录入"11 583"，如图 7-45 所示。

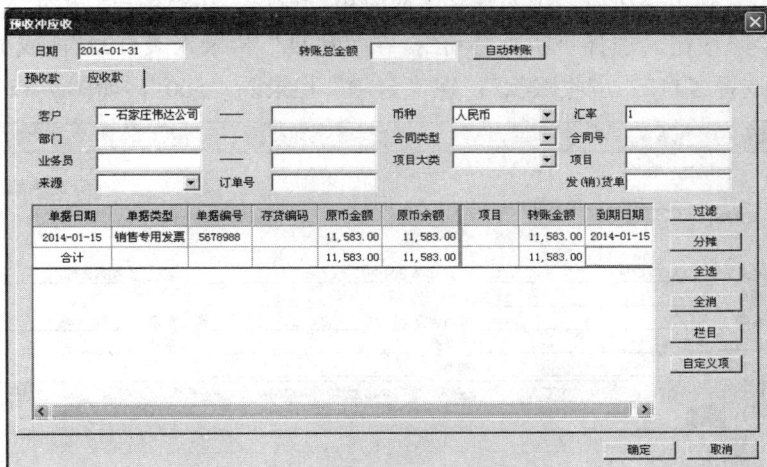

图 7-45 录入转账金额

(5) 单击"确定"按钮，出现"是否立即制单"提示，单击"否"按钮，再单击"退出"按钮。

提示：

♦ 可以在输入转账总金额后单击"自动转账"按钮，系统自动根据过滤条件进行成批的预收冲抵应收款工作。

♦ 每一笔应收款的转账金额不能大于其余额。

♦ 应收款的转账金额合计应该等于预收款的转账金额合计。

♦ 如果是红字预收款和红字应收单进行冲销，要把过滤条件中的"类型"选为"付款单"。

3. 填制红字应收单并制单

操作步骤:

(1) 在应收款管理系统中,执行"应收单据处理"|"应收单据录入"命令,打开"单据类别"窗口。

(2) 单击"单据名称"栏的下三角按钮,选择"应收单";单击"方向"栏的下三角按钮,选择"负向",如图 7-46 所示。

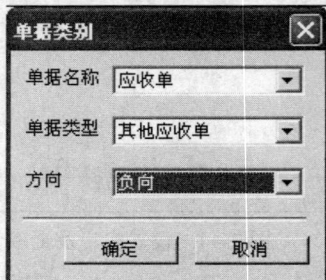

图 7-46 设置单据类别

(3) 单击"确定"按钮,进入红字"应收单"窗口。在"客户"栏录入"04",或单击"客户"栏参照按钮,选择"明兴公司";在"科目"栏录入"1122",或单击"科目"栏的参照按钮选择"1122 应收账款";在"金额"栏录入"500",如图 7-47 所示。

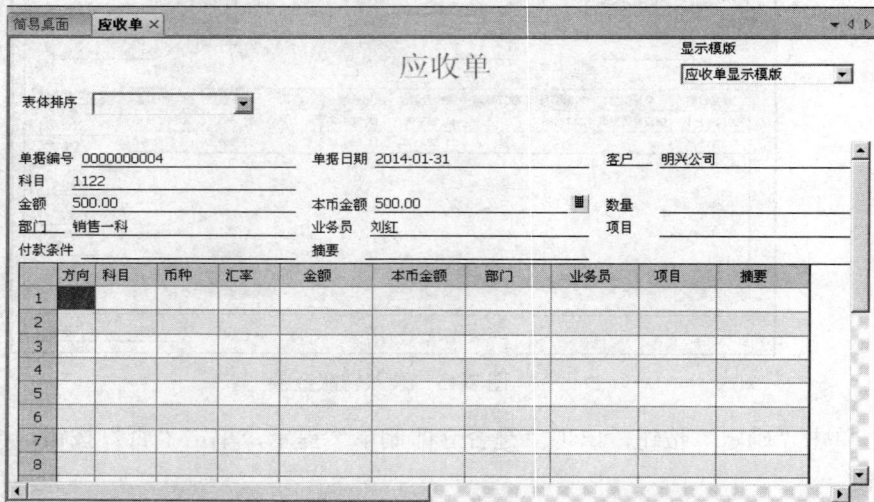

图 7-47 录入红字应收单

(4) 单击"保存"按钮,单击"审核"按钮,系统弹出"是否立即制单"信息提示对话框,单击"是"按钮,生成红字凭证。

(5) 在红字凭证的第二行"科目名称"栏录入"100201",或单击"科目"栏参照按钮,选择"100201 工行存款";选择结算方式为"信汇",单击"保存"按钮,如图 7-48 所示。

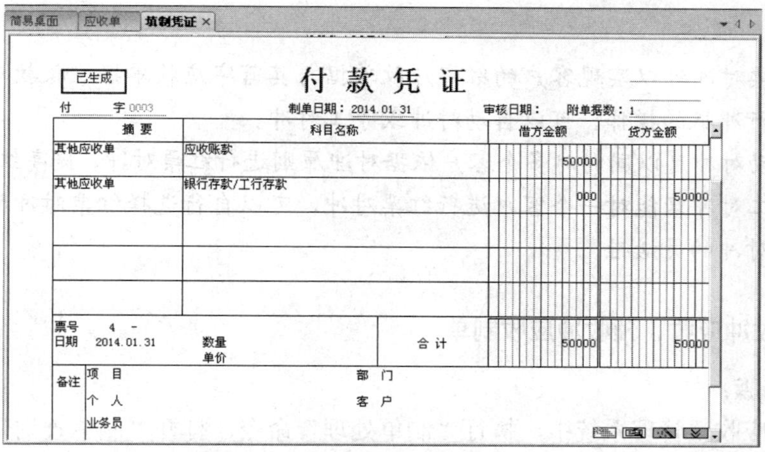

图 7-48 红字付款凭证生成

(6) 单击"退出"按钮退出。

4．红票对冲

操作步骤：

(1) 在应收款管理系统中，执行"转账"|"红票对冲"|"手工对冲"命令，打开"红票对冲条件"对话框。

(2) 在"客户"栏录入"04"，或单击"客户"栏的参照按钮，选择"明兴公司"。

(3) 单击"确定"按钮，进入"红票对冲"窗口。

(4) 在"2013-11-22"所填制的其他应收单"对冲金额"栏中录入"500"，如图 7-49 所示。

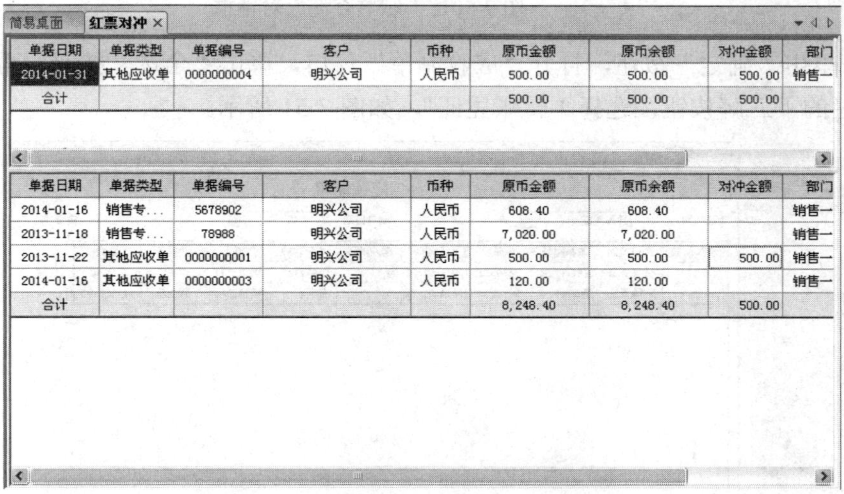

图 7-49 设置红票对冲

(5) 单击"保存"按钮，系统自动将选中的红字应收单和蓝字应收单对冲完毕。

(6) 单击"退出"按钮退出。

提示：

◆ 红票对冲可以实现客户的红字应收单据与其蓝字应收单据、收款单与付款单之间进行冲抵的操作。可以自动对冲或手工对冲。

◆ 自动对冲可以同时对多个客户依据对冲原则进行红票对冲，提高红票对冲的效率。

◆ 手工对冲只能对一个客户进行红票对冲，可以自行选择红票对冲的单据，提高红票对冲的灵活性。

5. 应收冲应收、预收冲应收制单

操作步骤：

(1) 在应收款管理系统中，执行"制单处理"命令，打开"制单查询"对话框。

(2) 分别选中"应收冲应收制单"和"预收冲应收制单"复选框，如图 7-50 所示。

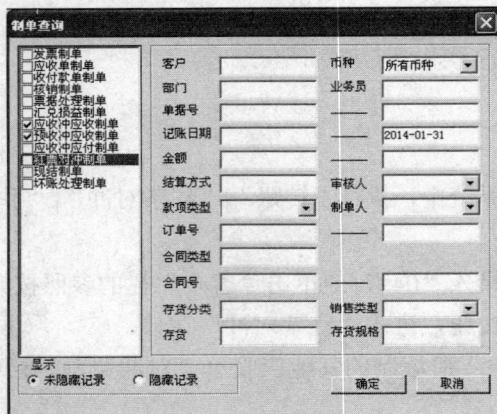

图 7-50　"制单查询"对话框

(3) 单击"确定"按钮，打开"应收制单"窗口，单击"全选"按钮，再单击"凭证类别"栏的下三解按钮，选择"转账凭证"，如图 7-51 所示。

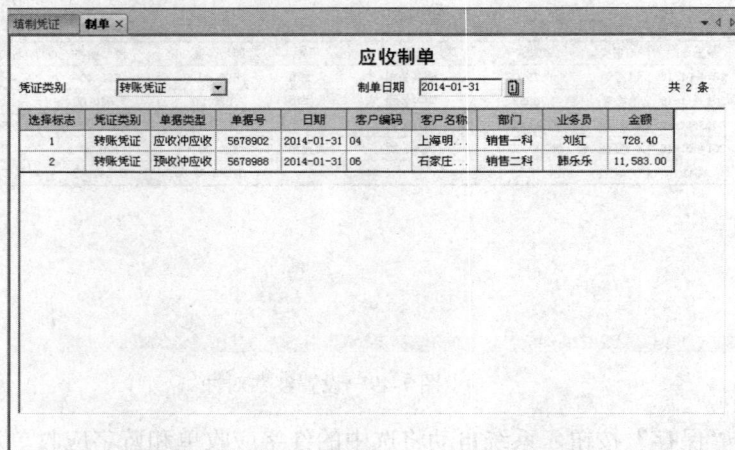

应收制单

凭证类别　转账凭证　　制单日期 2014-01-31　　　　共 2 条

选择标志	凭证类别	单据类型	单据号	日期	客户编码	客户名称	部门	业务员	金额
1	转账凭证	应收冲应收	5678902	2014-01-31	04	上海明…	销售一科	刘红	728.40
2	转账凭证	预收冲应收	5678988	2014-01-31	06	石家庄…	销售二科	韩乐乐	11,583.00

图 7-51　设置应收制单

(4) 单击"制单"按钮，出现第 1 张记账凭证，单击"保存"按钮，保存第 1 张记账凭证。单击"下张"按钮，单击"保存"按钮，保存第 2 张记账凭证，如图 7-52 所示。

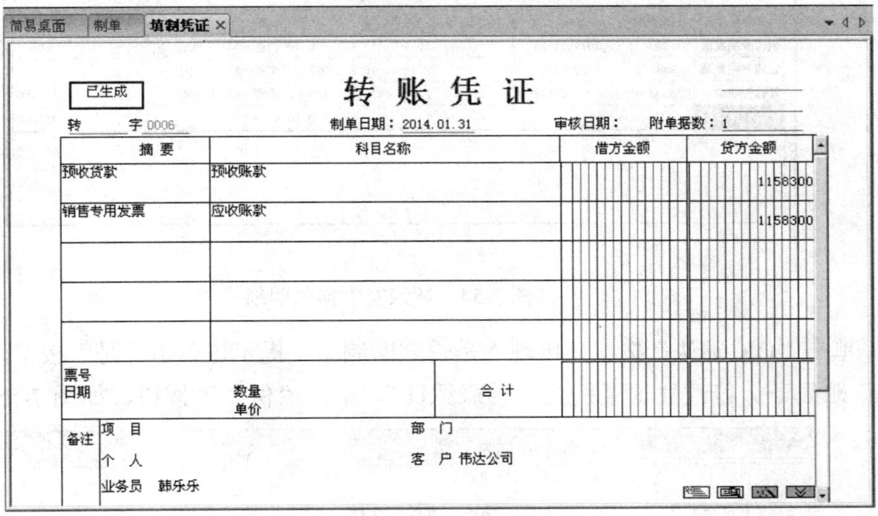

图 7-52　预收冲应收转账凭证生成

(5) 单击"退出"按钮退出。

6. 发生坏账

操作步骤：

(1) 在应收款管理系统中，执行"坏账处理"|"坏账发生"命令，打开"坏账发生"对话框。

(2) 将日期修改为"2014-01-24"，在"客户"栏录入"04"，或单击"客户"栏的参照按钮，选择"明兴公司"，如图 7-53 所示。

图 7-53　设置坏账信息

(3) 单击"确定"按钮，进入"发生坏账损失"窗口。

(4) 在"本次发生坏账金额"栏第 1 行录入"608.4"，再在第 3 行录入"120"，如图 7-54 所示。

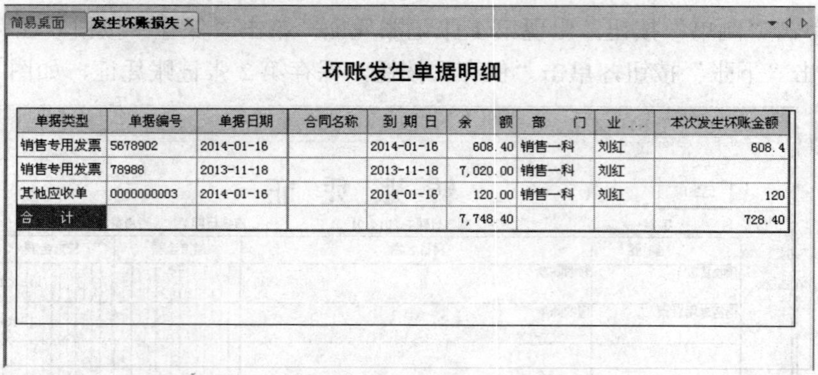

单据类型	单据编号	单据日期	合同名称	到 期 日	余 额	部 门	业 ...	本次发生坏账金额
销售专用发票	5678902	2014-01-16		2014-01-16	608.40	销售一科	刘红	608.4
销售专用发票	78988	2013-11-18		2013-11-18	7,020.00	销售一科	刘红	
其他应收单	0000000003	2014-01-16		2014-01-16	120.00	销售一科	刘红	120
合 计					7,748.40			728.40

图 7-54 坏账发生损失明细

(5) 单击“OK 确认”按钮，出现“是否立即制单”提示，单击“是”按钮，生成发生坏账的记账凭证。修改凭证类别为“转账凭证”，单击“保存”按钮，如图 7-55 所示。

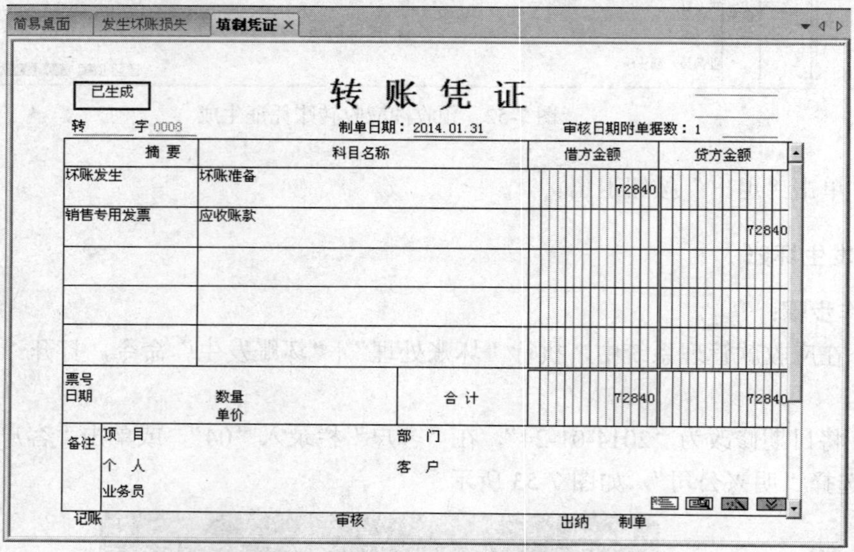

图 7-55 发生坏账转账凭证生成

(6) 单击“退出”按钮退出。

提示：

本次坏账发生金额只能小于等于单据余额。

7. 填收款单

操作步骤：

(1) 在应收款管理系统中，执行“收款单据处理”|“收款单据录入”命令，进入“收款单”窗口。

(2) 单击“增加”按钮。在“客户”栏录入“04”，或单击“客户”栏的参照按钮，选择“明兴公司”；在“结算方式”栏录入“5”，或单击“结算方式”栏的参照按钮选择“电汇";在"金额"栏录入"728.4",在"摘要"栏录入"已做坏账处理的应收账款又收回"。

(3) 单击"保存"按钮,如图 7-56 所示。

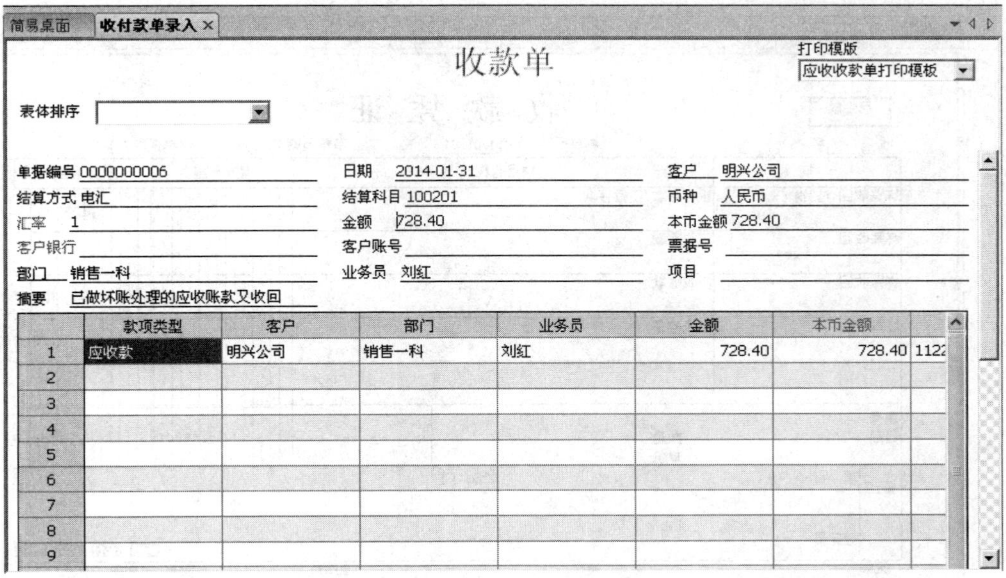

图 7-56 收款单

(4) 单击"退出"按钮退出。

8. 坏账收回

操作步骤:

(1) 在应收款管理系统中,执行"坏账处理"|"坏账收回"命令,打开"坏账收回"对话框。

(2) 在"客户"栏录入"04",或单击"客户"栏的参照按钮,选择"明兴公司";单击"结算单号"栏的参照按钮,选择"06"结算单,如图 7-57 所示。

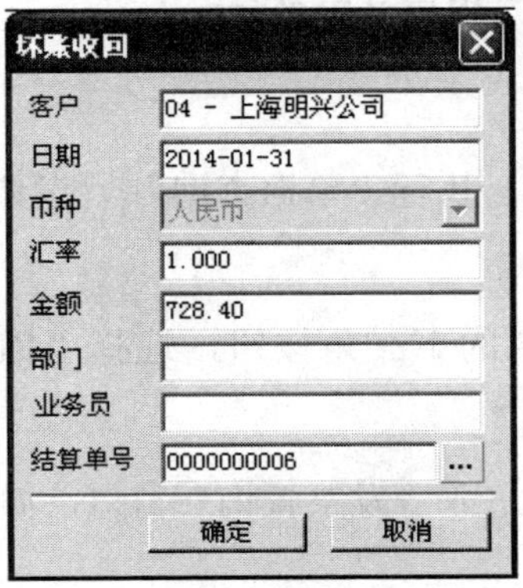

图 7-57 设置坏账收回信息

(3) 单击"确定"按钮，系统提示"是否立即制单"，单击"是"按钮，生成一张收款凭证，单击"保存"按钮，如图 7-58 所示。

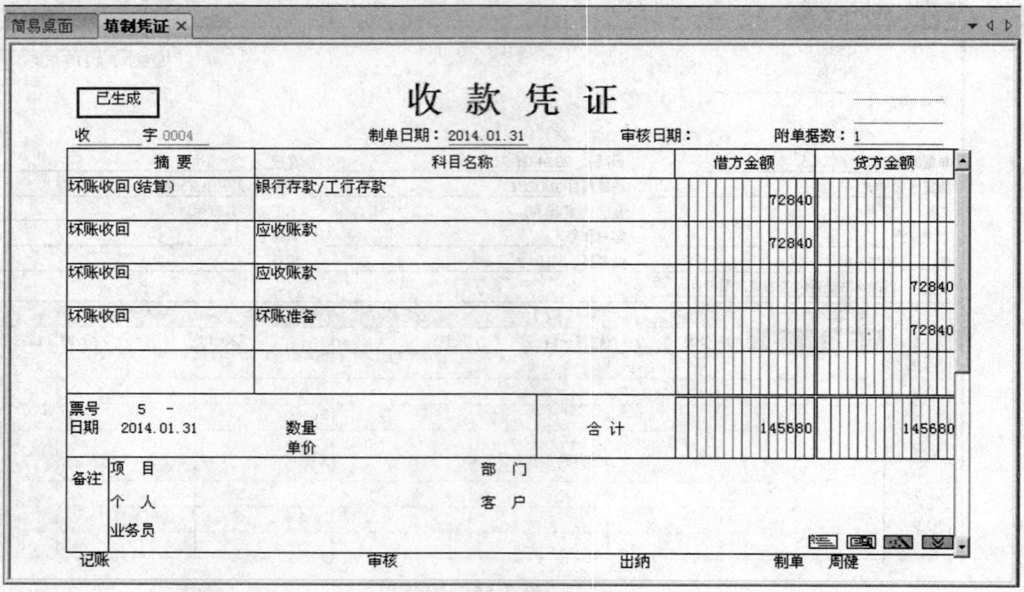

图 7-58　收回坏账凭证

(4) 单击"退出"按钮退出。

提示：

◆ 在录入一笔坏账收回的款项时，应该注意不要把该客户的其他收款业务与该笔坏账收回业务录入到一张收款单中。

◆ 坏账收回时制单不受系统选项中"方向相反分录是否合并"选项的控制。

9. 查询 1 月份填制的所有销售专用发票

操作步骤：

(1) 在应收款管理系统中，执行"单据查询"|"发票查询"命令，打开"发票查询"对话框。

(2) 单击"发票类型"栏的下三角按钮，选择"销售专用发票"；修改单据日期从"2013-01-01"到"2014-01-31"。

(3) 单击"确定"按钮，进入"发票查询"窗口，如图 7-59 所示。

单据日期	单据类型	单据编号	客户	币种	汇率	原币金额	原币余额	本币金额	本币
2013-11-18	销售专用发票	78988	上海明兴公司	人民币	1.00000000	7,020.00	7,020.00	7,020.00	
2013-11-22	销售专用发票	78989	北京大地公司	人民币	1.00000000	1,170.00	1,170.00	1,170.00	
2013-12-31	销售专用发票	78987	北京天益公司	人民币	1.00000000	7,020.00	7,020.00	7,020.00	
合计						15,210.00	15,210.00	15,210.00	

图 7-59　"发票查询"窗口

(4) 单击"退出"按钮退出。

提示：

◆ 在"发票查询"功能中可以分别查询"已审核"、"未审核"、"已核销"及"未核销"的发票，还可以按"发票号"、"单据日期"、"金额范围"或"余额范围"等条件进行查询。

◆ 在"发票查询"窗口中，单击"查询"按钮，可以重新输入查询条件；单击"单据"按钮，可以调出原始单据卡片；单击"详细"按钮，可以查看当前单据的详细结算情况；单击"凭证"按钮，可以查询单据所对应的凭证；单击"栏目"按钮，可以设置当前查询列表的显示栏目、栏目顺序、栏目名称、排序方式，可以保存设置内容。

10. 查询 1 月份所有的收款单

操作步骤：

(1) 在应收款管理系统中，执行"单据查询"|"收付款单查询"命令，打开"收付款单查询"对话框，选择单据类型为"收款单"。

(2) 单击"确定"按钮，打开"收付款单查询"窗口，如图 7-60 所示。

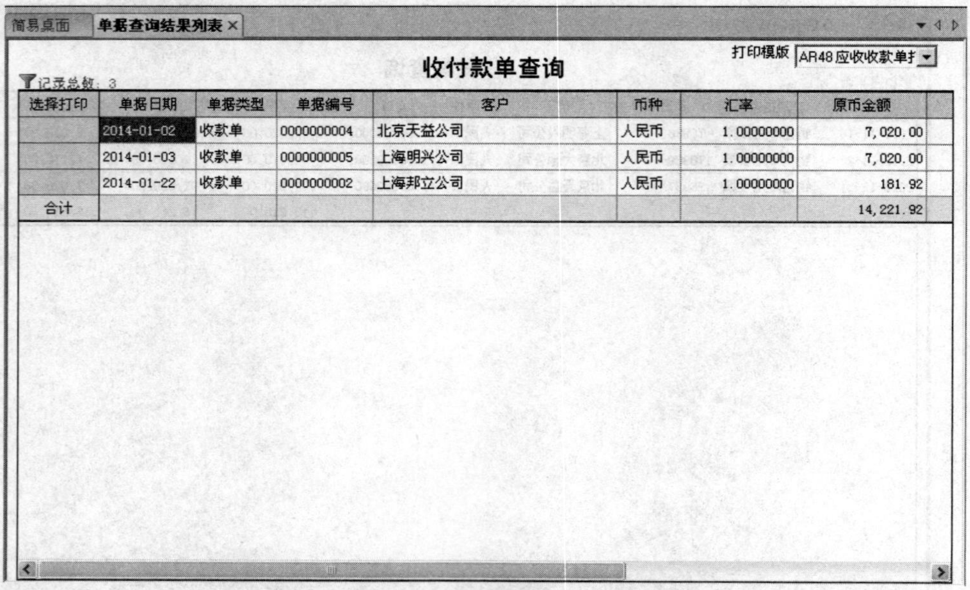

图 7-60 "收付款单查询"窗口

(3) 单击"退出"按钮退出。

提示:

♦ 在"收付款单查询"功能中可以分别查询"已核销"、"未核销"、"应收款"、"预收款"及"费用"的结算情况,还可以按"单据编号"、"金额范围"、"余额范围"或"单据日期"等条件进行查询。

♦ 在"收付款单查询"窗口中,也可以分别单击"查询"、"详细"、"单据"及"凭证"等按钮,查询到相应的内容。

11. 删除 1 月 23 日填制的收到明兴公司商业承兑汇票的记账凭证

操作步骤:

(1) 在应收款管理系统中,执行"单据查询"|"凭证查询"命令,打开"凭证查询条件"对话框。

(2) 单击"业务类型"栏的下三角按钮,选择"票据处理制单";在"客户"栏输入"04"或单击"客户"栏的参照按钮,选择"明兴公司"。

(3) 单击"确定"按钮,进入"凭证查询"窗口。

(4) 单击选中"票据结算"记账凭证,如图 7-61 所示。

(5) 单击"删除"按钮,系统弹出 "确定要删除此凭证吗?"信息提示框。

(6) 单击"是"按钮。

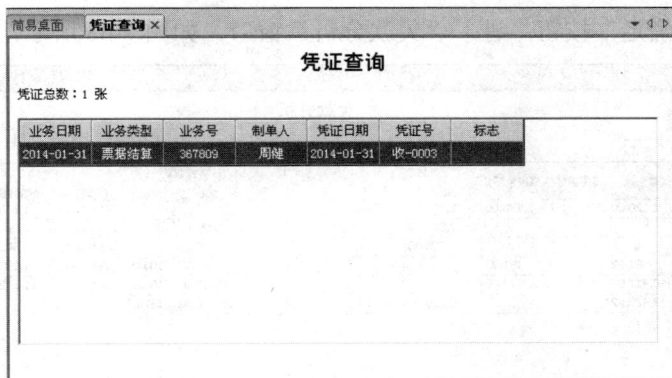

图 7-61　"凭证查询"窗口

(7) 单击"退出"按钮退出。

提示:

◆ 在"凭证查询"功能中,可以查看、修改、删除或冲销由应收款系统生成并传递到总账系统中的记账凭证。

◆ 如果凭证已经在总账系统中记账,又需要对形成凭证的原始单据进行修改,则可以通过冲销方式冲销凭证,然后对原始单据进行其他操作后再重新生成凭证。

◆ 一张凭证被删除后,它所对应的原始单据及相应的操作内容可以重新制单。

◆ 只有未在总账系统中审核的凭证才能删除。如果已经在总账系统中进行了出纳签字,应取消出纳签字后再进行删除操作。

12. 欠款分析

操作步骤:

(1) 在应收款管理系统中,执行"账表管理"|"统计分析"|"欠款分析"命令,打开"欠款分析"对话框。

(2) 选中所有条件,如图 7-62 所示。

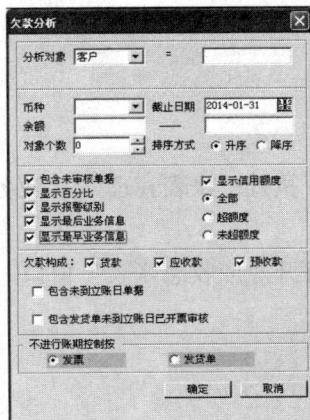

图 7-62　"欠款分析"对话框

(3) 单击"确定"按钮，进入"欠款分析"窗口，如图 7-63 所示。

简易桌面	欠款分析 ×												

欠款分析

客户 全部 币种: 截止日期: 2014-01-31

客户		欠款总计	信用额度	信用余额	贷款		应收款		预收款		最后业务信息			
编号	名称				金额	%	金额	%	金额	%	销售时间	销售金额	收款时间	收款金额	最
02	北京大地公司	1,170.00		-1,170.00	1,170.00	100.00					2013-11-22	1,170.00			20
04	上海明兴公司				7,020.00				7,020.00		2013-11-18	7,020.00	2014-01-31	728.40	20
01	北京天益公司				7,020.00				7,020.00		2014-01-16	608.40	2014-01-02	7,020.00	20
03	上海邦立公司	-181.92		181.92			181.92	100.00			2014-01-16	1,198.08	2014-01-22	1,500.00	
06	石家庄伟达公司	-18,417.00		18,417.00			18,417.00	100.00			2014-01-15	11,583.00	2013-11-26	30,000.00	
总计		-17,428.92			15,210.00	-87.27			32,638.92	187.27					

图 7-63 "欠款分析"窗口

(4) 单击"退出"按钮退出。

提示：

◆ 在"统计分析"功能中，可以按定义的账龄区间，进行一定期间内应收款账龄分析、收款账龄分析、往来账龄分析，了解各个客户应收款周转天数、周转率，了解各个账龄区间内应收款、收款及往来情况，及时发现问题，加强对往来款项动态的监督管理。

◆ 欠款分析是分析截止一定日期，客户、部门或业务员的欠款金额，以及欠款组成情况。

13. 查询业务总账

操作步骤：

(1) 在应收款管理系统中，执行"账表管理"|"业务账表"|"业务总账"命令，打开"应收总账表"对话框。

(2) 单击"确定"按钮，打开"应收总账表"窗口，如图 7-64 所示。

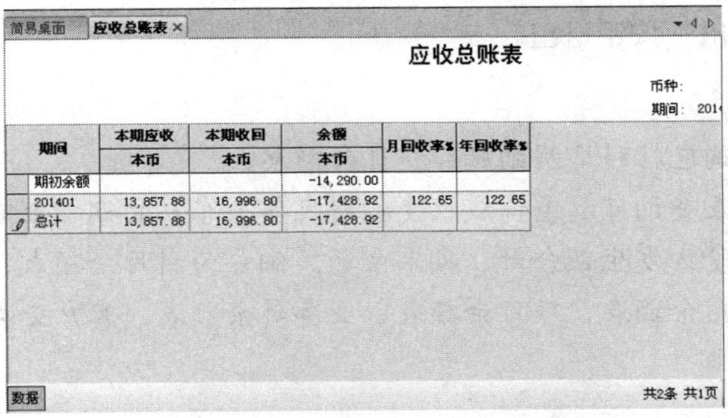

期间	本期应收	本期收回	余额	月回收率%	年回收率%
	本币	本币	本币		
期初余额			-14,290.00		
201401	13,857.88	16,996.80	-17,428.92	122.65	122.65
总计	13,857.88	16,996.80	-17,428.92		

图 7-64　“应收总账表”窗口

(3) 单击“退出”按钮退出。

提示：

- 通过业务账表查询，可以及时地了解一定期间内期初应收款结存汇总情况，应收款发生、收款发生的汇总情况、累计情况，及期末应收款结存汇总情况；还可以了解各个客户期初应收款结存明细情况，应收款发生、收款发生的明细情况、累计情况，以及期末应收款结存明细情况，及时发现问题，加强对往来款项的监督管理。
- 业务总账查询是对一定期间内应收款汇总情况的查询。在业务总账查询的应收总账表中不仅可以查询“本期应收”款、“本期收回”应收款及应收款的“余额”情况，还可以查询到应收款的月回收率及年回收率。

14. 查询科目余额表

操作步骤：

(1) 在应收款管理系统中，执行“账表管理”|“科目账查询”|“科目余额表”命令，打开“客户往来科目余额表”对话框。

(2) 单击“确定”按钮，打开“科目余额表”，如图 7-65 所示。

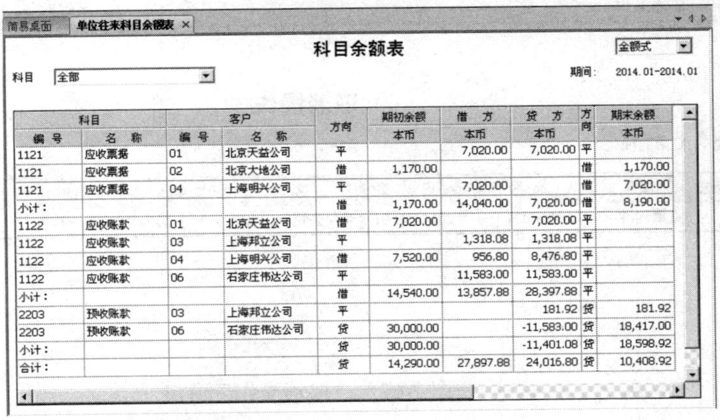

科目编号	科目名称	客户编号	客户名称	方向	期初余额 本币	借方 本币	贷方 本币	方向	期末余额 本币
1121	应收票据	01	北京天益公司	平		7,020.00	7,020.00	平	
1121	应收票据	02	北京大地公司	借	1,170.00			借	1,170.00
1121	应收票据	04	上海明兴公司	平		7,020.00		借	7,020.00
小计：				借	1,170.00	14,040.00	7,020.00	借	8,190.00
1122	应收账款	01	北京天益公司	借	7,020.00		7,020.00	平	
1122	应收账款	03	上海邦立公司	平		1,318.08	1,318.08	平	
1122	应收账款	04	上海明兴公司	借	7,520.00	956.80	8,476.80	平	
1122	应收账款	06	石家庄伟达公司	平		11,583.00	11,583.00	平	
小计：				借	14,540.00	13,857.88	28,397.88	平	
2203	预收账款	03	上海邦立公司	平			181.92	贷	181.92
2203	预收账款	06	石家庄伟达公司	贷	30,000.00		-11,583.00	贷	18,417.00
小计：				贷	30,000.00		-11,401.08	贷	18,598.92
合计：				贷	14,290.00	27,897.88	24,016.80	贷	10,408.92

图 7-65　科目余额表

(3) 单击"退出"按钮退出。

提示:

- ◆ 科目账查询包括科目明细账和科目余额表。
- ◆ 科目余额表查询可以查询应收受控科目各个客户的期初余额、本期借方发生额合计、本期贷方发生额合计、期末余额。细分为科目余额表、客户余额表、三栏余额表、部门余额表、项目余额表、业务员余额表、客户分类余额表及地区分类余额表。

15. 取消转账操作

操作步骤:

(1) 在应收款管理系统中,执行"其他处理"|"取消操作"命令,打开"取消操作条件"对话框。

(2) 在"客户"栏录入"04",或单击"客户"栏的参照按钮,选择"明兴公司";单击"操作类型"栏的下三角按钮,选择"红票对冲",如图 7-66 所示。

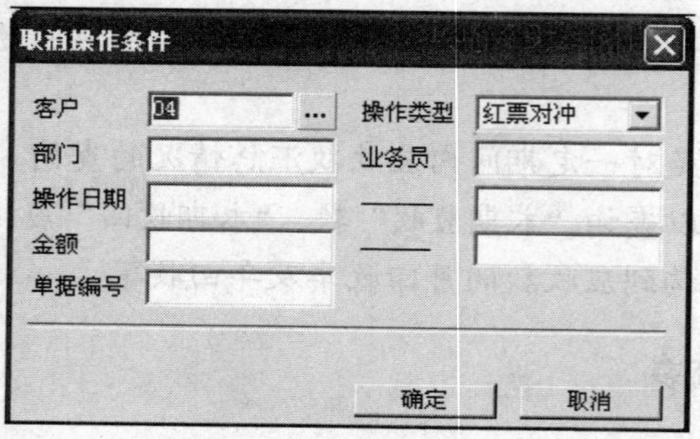

图 7-66　设置取消操作条件

(3) 单击"确定"按钮,进入"取消操作"窗口。

(4) 双击"选择标志"栏,如图 7-67 所示。

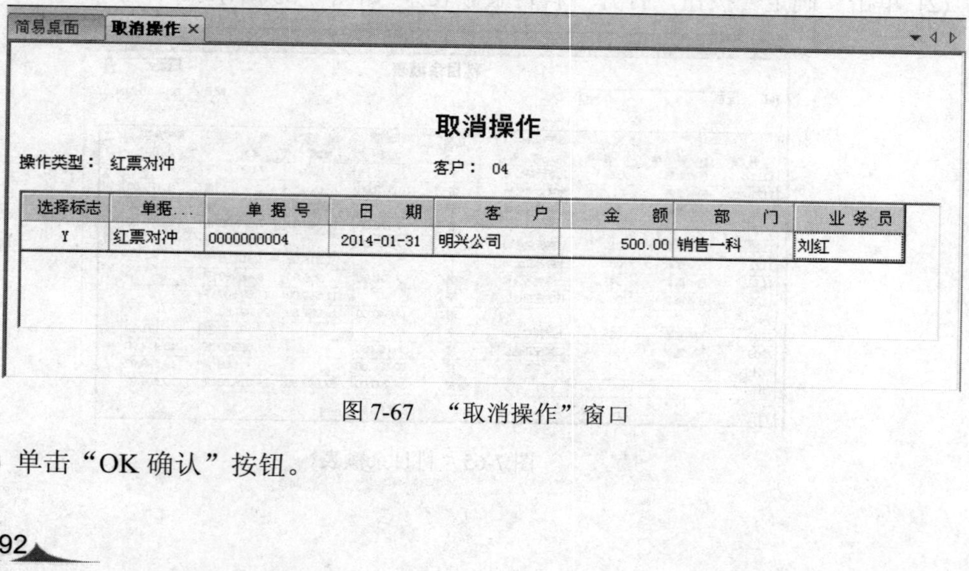

图 7-67　"取消操作"窗口

(5) 单击"OK 确认"按钮。

(6) 单击"退出"按钮退出。

提示：

◆ 取消操作类型包括取消核销、取消坏账处理、取消转账、取消汇兑损益、取消票据处理、取消并账等几类。

◆ 取消操作必须在未进行后序操作的情况下进行，如果已经进行了后序操作，则应在恢复后序操作后再取消操作。

16. 制单

操作步骤：

(1) 在应收款管理系统中，执行"制单处理"命令，打开"制单查询"对话框。

(2) 单击选中"票据处理制单"，单击"确定"按钮，进入"票据处理制单"窗口。

(3) 单击"全选"按钮，如图 7-68 所示。

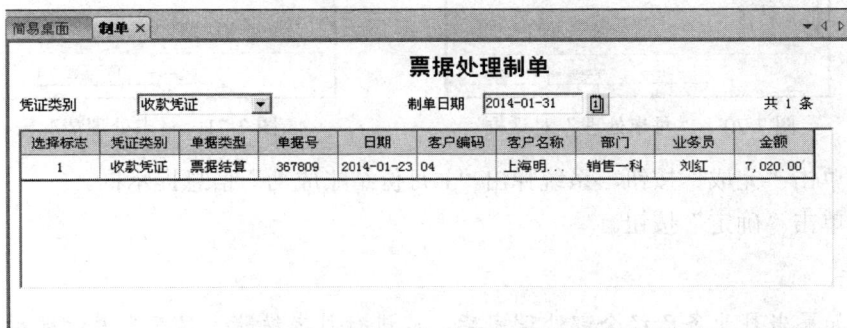

图 7-68　"票据处理制单"窗口

(4) 单击"制单"按钮，生成一张收款凭证。

(5) 单击"保存"按钮，如图 7-69 所示。

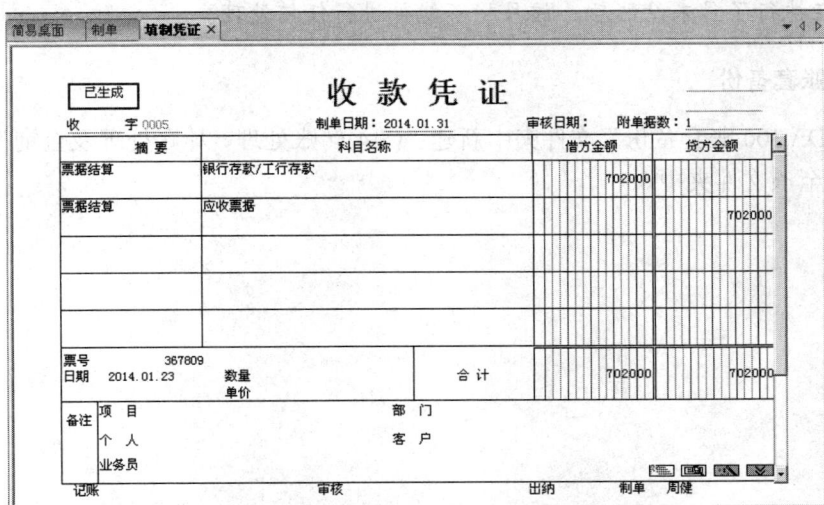

图 7-69　票据结算凭证生成

17. 结账

操作步骤：

(1) 在应收款管理系统中，执行"期末处理"|"月末结账"命令，打开"月末处理"对话框。

(2) 双击一月份"结账标志"栏，如图 7-70 所示。

(3) 单击"下一步"按钮，出现"月末处理—处理情况"表，如图 7-71 所示。

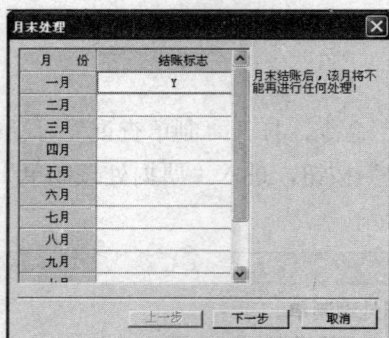

月末处理	
月　份	结账标志
一月	Y
二月	
三月	
四月	
五月	
六月	
七月	
八月	
九月	

月末结账后，该月将不能再进行任何处理！

上一步　下一步　取消

图 7-70 "月末处理"对话框

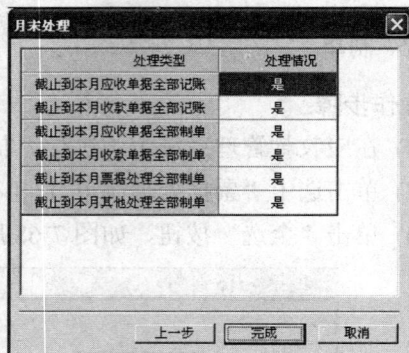

月末处理	
处理类型	处理情况
截止到本月应收单据全部记账	是
截止到本月收款单据全部记账	是
截止到本月应收单据全部制单	是
截止到本月收款单据全部制单	是
截止到本月票据处理全部制单	是
截止到本月其他处理全部制单	是

上一步　完成　取消

图 7-71 月末处理情况表

(4) 单击"完成"按钮，系统弹出"1 月份结账成功"信息提示框。

(5) 单击"确定"按钮。

提示：

♦ 如果当月业务已经全部处理完毕，应进行月末结账。只有当月结账后，才能开始下月的工作。

♦ 进行月末处理时，一次只能选择一个月进行结账，前一个月未结账，则本月不能结账。

♦ 在执行了月末结账后，该月将不能再进行任何处理。

18. 账套备份

在"D:\ 300 账套备份"文件夹中新建"(7-4)转账处理、坏账处理及查询"文件夹，将账套输出至该文件夹中。

第8章

应付款管理系统

功能概述

应付款管理系统主要实现企业与供应商之间业务往来账款的核算与管理。在应付款管理系统中，以采购发票、其他应付单等原始单据为依据，记录采购业务及其他业务所形成的往来款项，处理应付款项的支付和转账等情况，提供票据处理的功能，实现对应付款的管理。根据对供应商往来款项的核算和管理的程度不同，系统提供了"详细核算"和"简单核算"两种应用方案。不同的应用方案，其系统功能、产品接口及操作流程等均不相同。

详细核算应用方案的功能主要包括记录应付款项的形成(包括由商品交易和非商品交易所形成的所有的应付项目)、处理应付项目的付款及转账情况、对应付票据进行记录和管理、随应付项目的处理过程自动生成凭证并传递给总账系统、对外币业务及汇兑损益进行处理，以及提供针对不同条件的各种查询和分析。

简单核算应用方案的功能主要包括接收采购系统的发票并对其进行审核，以及对采购发票进行制单处理并传递给总账系统。

实验目的与要求

系统学习应付款系统初始化的一般方法，学习应付款系统日常业务处理的主要内容和操作方法。要求掌握应付款系统与总账系统组合时应付款系统的基本功能和操作方法，熟悉应付款系统账簿查询的作用和基本方法。

教学建议

应付款系统的功能较为全面，而由于不同功能模块的组合将会使应付款系统的功能实现方式有所不同，因此，在学习时一定要在掌握应付款系统的基本功能后，再系统学习不同模块组合时应付款系统录入数据或接收数据的方法及相应的账务处理。

建议本章讲授4课时，上机练习4课时。

实验一　应付款管理系统初始化

实验准备

将系统日期修改为"2014 年 1 月 31 日"。引入光盘"(7-5)坏账处理、其他与查询"账套备份数据,以"001 周健"的身份注册进入企业应用平台中的应付款管理系统。

实验要求

- 设置系统参数
- 初始设置
- 设置科目
- 逾期账龄区间设置
- 报警级别设置
- 设置允许修改"采购专用发票"、"其他应付单"及"付款单"的编号
- 录入期初余额并与总账系统进行对账
- 账套备份

实验资料

1. 300 账套应付款系统的参数

应付款核销方式为"按单据",单据审核日期依据为"业务日期",应付款核算类型为"详细核算",受控科目制单依据为"明细到供应商",非受控科目制单方式为"汇总方式";启用供应商权限,并且按信用方式根据单据提前 7 天自动报警。

2. 基本科目

应付科目为"2202 应付账款",预付科目为"1123 预付账款",采购科目为"1401 材料采购",采购税金科目为"22210101 应交税费——应交增值税——进项税额",银行承兑科目为"2201 应付票据",商业承兑科目为"2201 应付票据",现金折扣科目为"6603",票据利息科目为"6603",票据费用科目为"6603",收支费用科目为"6601"。

3. 结算方式科目

现金结算方式科目为"1001 库存现金";现金支票结算方式科目、转账支票结算方式科目、信汇结算方式科目、电汇结算方式科目,以及银行汇票结算方式科目均为"100201

工行存款"。

4．逾期账龄区间

总天数分别为 30 天、60 天、90 天和 120 天。

5．报警级别

A 级时的总比率为 10%，B 级时的总比率为 20%，C 级时的总比率为 30%，D 级时的总比率为 40%，E 级时的总比率为 50%，总比率在 50% 以上为 F 级。

6．期初余额(存货税率均为 17%，开票日期均为 2013 年)

期初余额情况如表 8-1 所示。

表 8-1　期初余额情况

单据 名称	方　向	开票 日期	票　号	供应商 名称	采购 部门	科目 编码	货物 名称	数 量	无税 单价/元	价税 合计/元
采购专用 发票	正	11.15	33987	北京无忧 公司(01)	供应部	2202	钢材 (001)	30 吨	1100	38 610
采购专用 发票	正	11.18	34567	杰信公司 (03)	供应部	2202	油漆 (002)	200 桶	100	23 400
采购专用 发票	正	11.23	32321	大为公司 (02)	供应部	2201	钢材 (001)	22 吨	1000	25 740
预付款单	正	11.23	111	北京无忧 公司(01)	供应部	1123				20 000

实验指导

1．设置系统参数

操作步骤：

(1) 以操作员 "001" (周健)，密码 "1"，登录到账套 300 中。在企业应用平台中，执行 "系统服务" | "权限" | "数据权限控制设置" 命令，打开 "数据权限控制设置" 对话框。选中 "供应商档案" 复选框，如图 8-1 所示，单击 "确定" 按钮返回。

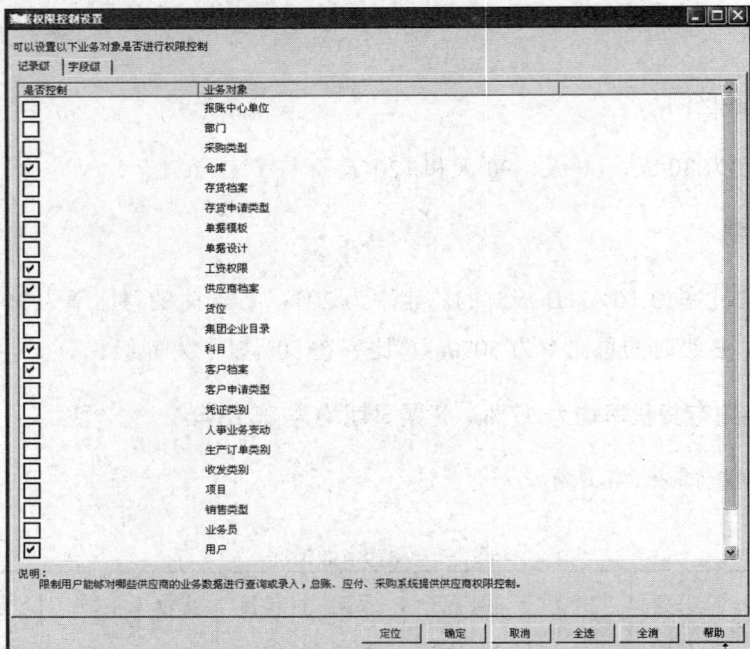

图 8-1　数据权限控制设置

(2) 在企业应用平台中，执行"财务会计"|"应付款管理"|"设置"|"选项"命令，打开"账套参数设置"对话框。

(3) 单击"编辑"按钮。打开"常规"选项卡，确定"单据审核日期依据"为"业务日期"，应付款核算类型为"详细核算"。

(4) 打开"凭证"选项卡，确定受控科目制单依据为"明细到供应商"，非受控科目制单方式为"汇总方式"。

(5) 打开"权限与预警"选项卡，选中"启用供应商权限"复选框，选择按照"信用方式"进行单据自动报警，在"提前天数"栏选择提前天数"7"，如图 8-2 所示。

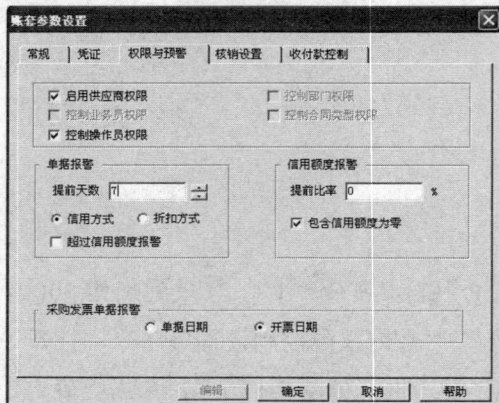

图 8-2　账套参数设置

(6) 单击"确定"按钮。

提示：

◆ 在进入应付款系统之前应在建立账套后启用应付款系统，或者在企业应用平台中启用应付款系统。应付款系统的启用会计期间必须大于或等于账套的启用期间。

◆ 在账套使用过程中可以随时修改账套参数。

◆ 如果选择单据日期为审核日期，则月末结账时单据必须全部审核。

◆ 关于应付账款核算模型，在系统启用时或者还没有进行任何业务处理的情况下才允许从简单核算改为详细核算。从详细核算改为简单核算随时可以进行。

2. 设置基本科目

操作步骤：

(1) 在应付款管理系统中，执行"设置"|"初始设置"命令，进入"初始设置"窗口。

(2) 选择"基本科目设置"，单击"增加"按钮，录入或选择应付科目"2202"及其他的基本科目，如图 8-3 所示。

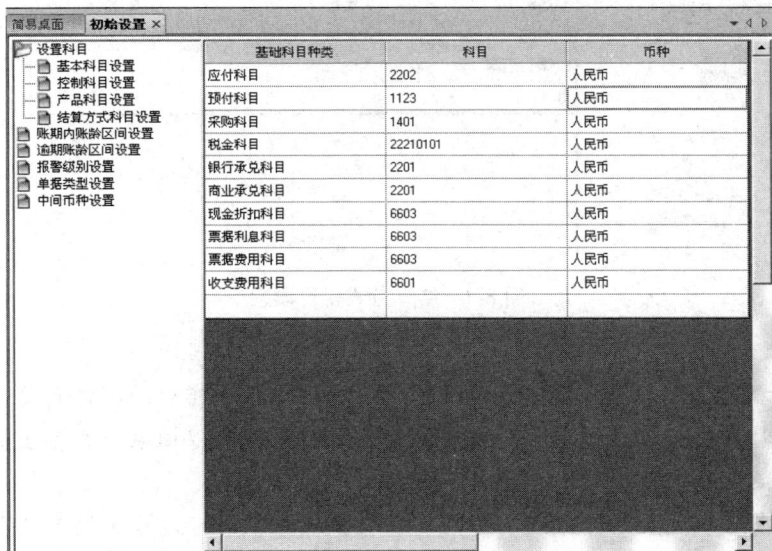

图 8-3　基本科目设置

提示：

◆ 在"基本科目设置"中所设置的应付科目"2202 应付账款"、预付科目"1123 预付账款"及"2201 应付票据"，应在总账系统中设置其辅助核算内容为"供应商往来"，并且其受控系统为"应付系统"，否则在此不能被选中。

◆ 只有在此设置了基本科目，在生成凭证时才能直接生成凭证中的会计科目，否则凭证中将没有会计科目，相应的会计科目只能手工再录入。

◆ 如果应付科目、预付科目按不同的供应商或供应商分类分别设置，则可在"控制科目设置"中进行设置，在此可以不设置。

◆ 如果针对不同的存货分别设置采购核算科目，则在此不用设置，可以在"产品科目设置"中进行设置。

3. 结算方式科目

操作步骤:

(1) 在"初始设置"窗口中，选择"结算方式科目设置"选项。

(2) 单击"结算方式"栏的下三角按钮，选择"现金"结算；单击"币种"栏，选择"人民币"；在"科目"栏录入或选择"1001"，按 Enter 键。以此方法继续录入其他的结算方式科目，如图 8-4 所示。

结算方式	币　种	本单位账号	科　目
1 现金	人民币		1001
2 现金支票	人民币		100201
3 转账支票	人民币		100201
4 信汇	人民币		100201
5 电汇	人民币		100201
6 银行汇票	人民币		100201

设置科目
　基本科目设置
　控制科目设置
　产品科目设置
　结算方式科目设置
账期内账龄区间设置
逾期账龄区间设置
报警级别设置
单据类型设置
中间币种设置

图 8-4　结算方式科目设置

提示:

◆ 结算方式科目设置是针对已经设置的结算方式设置相应的结算科目。即在付款或收款时只要告诉系统结算时使用的结算方式，就可以由系统自动生成该种结算方式所使用的会计科目。

◆ 如果在此不设置结算方式科目，则在付款或收款时可以手工输入不同的结算方式所对应的会计科目。

4. 设置逾期账龄区间

操作步骤:

(1) 在"初始设置"窗口中，选择"逾期账龄区间设置"选项。

(2) 在"总天数"栏录入"30"，按 Enter 键；再在"总天数"栏录入"60"后按 Enter 键。以此方法继续录入其他的总天数，如图 8-5 所示。

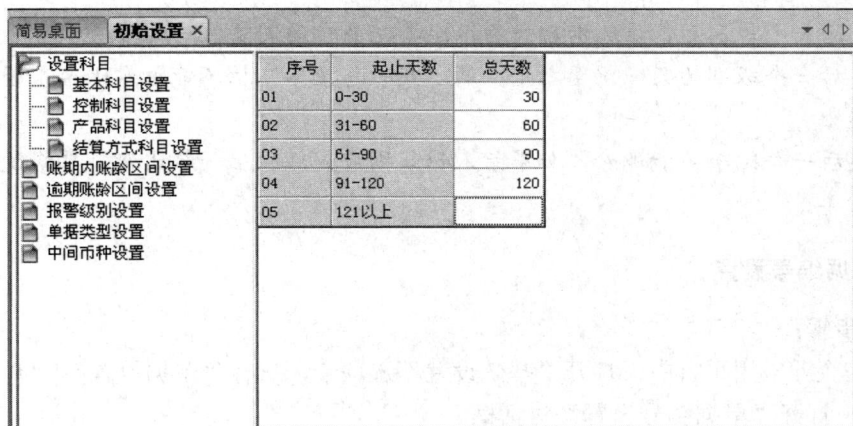

图 8-5　逾期账龄区间设置

提示：

◆ 序号由系统自动生成，不能修改和删除。总天数直接输入截止该区间的账龄总天数。

◆ 最后一个区间不能修改和删除。

5. 设置报警级别

操作步骤：

(1) 在"初始设置"窗口中，选择"报警级别设置"选项。

(2) 在"总比率"栏录入"10"，在"级别名称"栏录入"A"，按回车键。以此方法继续录入其他的总比率和级别，如图 8-6 所示。

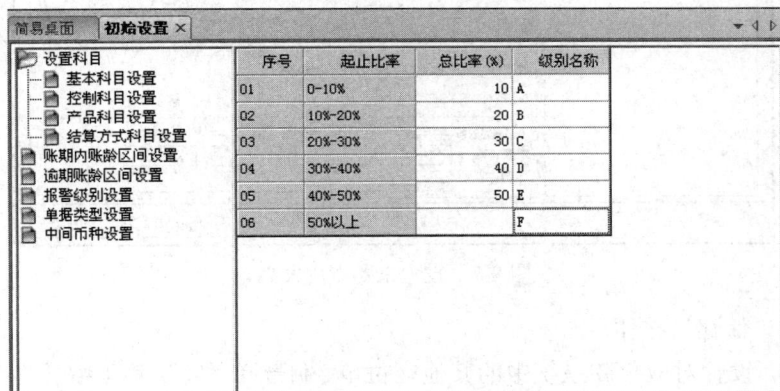

图 8-6　报警级别设置

提示：

◆ 序号由系统自动生成，不能修改和删除。应直接输入该区间的最大比率及级别名称。

◆ 系统会根据输入的比率自动生成相应的区间。

◆ 单击"增加"按钮，可以在当前级别之前插入一个级别。插入一个级别后，该级别后的各级别比率会自动调整。

◆ 删除一个级别后，该级别后的各级比率也会自动调整。

◆ 最后一个级别为某一比率之上，所以在"总比率"栏不能录入比率，否则将不能
退出。

◆ 最后一个比率不能删除，如果录入错误则应先删除上一级比率，再修改最后一级
比率。

6. 单据编号设置

操作步骤:

(1) 在企业应用平台中，打开"基础设置"选项卡，执行"单据设置"|"单据编码设置"命令，打开"单据编号设置"对话框。

(2) 执行"采购管理"|"采购专用发票"命令，打开"单据编号设置—[采购专用发票]"对话框。

(3) 在"单据编号设置[采购专用发票]"对话框中，单击"修改"按钮，选中"完全手工编号"复选框，如图 8-7 所示。

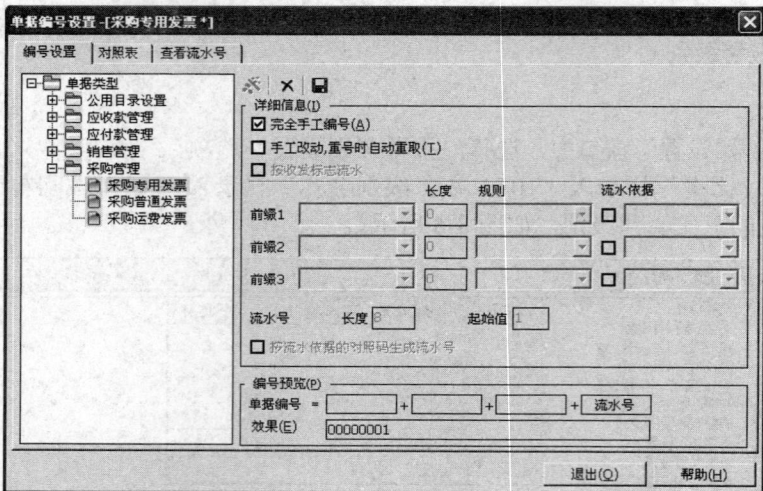

图 8-7　设置采购专用发票

(4) 单击"保存"按钮。

(5) 同理，设置对应付款系统中的其他应付单、付款单"完全手工编号"，单击"退出"按钮退出。

提示:

◆ 如果不在"单据编号设置"中对采购专用发票采用"完全手工编号"，则在填制采购专用发票时其编号由系统自动生成，而不允许手工录入编号。

◆ 在单据编号设置中还可以设置"重号时自动重取"及"按收发标志流水"等。

7. 录入期初采购发票

操作步骤:

(1) 在应付款管理系统中，执行"设置"|"期初余额"命令，打开"期初余额—查询"对话框。

(2) 单击"确定"按钮，进入"期初余额明细表"窗口。

(3) 单击"增加"按钮，打开"单据类别"对话框。

(4) 单击"确定"按钮，进入"采购专用发票"窗口。

(5) 单击"增加"按钮，修改开票日期为"2013-11-15"，录入发票号"33987"；在"供应商"栏录入"01"，或单击"供应商"栏的参照按钮，选择"无忧公司"；在"存货编码"栏录入"001"，或单击"存货编码"栏的参照按钮，选择"钢材"；在"数量"栏录入"30"，在"原币单价"栏录入"1 100"，如图 8-8 所示。

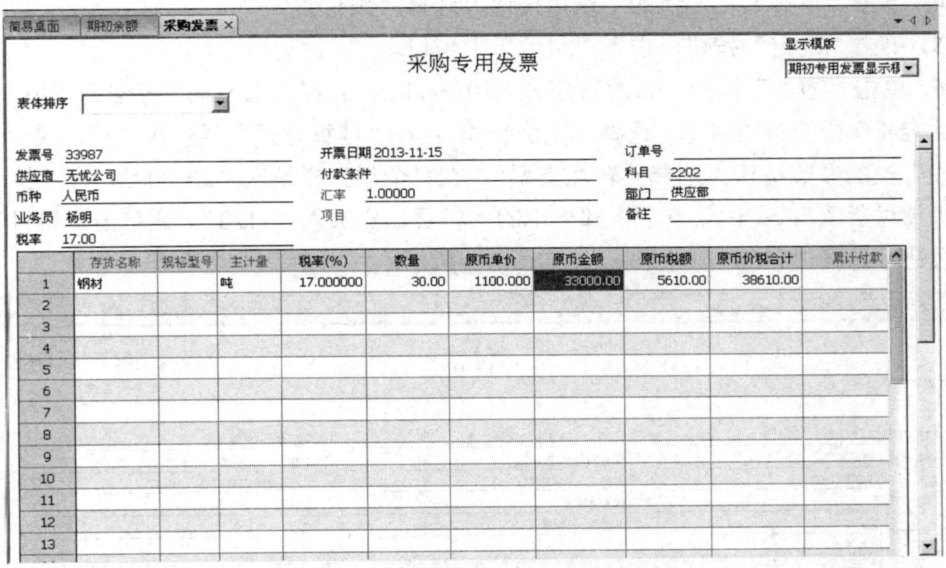

图 8-8　录入期初采购专用发票

(6) 单击"保存"按钮。以此方法继续录入第 2 张和第 3 张采购专用发票。

提示:

◆ 在初次使用应付款系统时，应将启用应付款系统时未处理完的所有供应商的应付账款、预付账款、应付票据等数据录入到本系统中。当进入第二年度时，系统会自动将上年度未处理完的单据转为下一年度的期初余额。在下一年度的第一会计期间里，可以进行期初余额的调整。

◆ 在日常业务中，可对期初发票、应付单、预付款、票据进行后续的核销及转账处理。

◆ 如果退出了录入期初余额的单据，在"期初余额明细表"窗口中并没有看到新录入的期初余额，应单击"刷新"按钮，就可以列示出所有的期初余额的内容。

◆ 在录入期初余额时一定要注意期初余额的会计科目，比如第 3 张采购发票的会计科目为"2201"，即应付票据。应付款系统的期初余额应与总账进行对账，如果科目错误将会导致对账错误。

◆ 如果并未设置允许修改采购专用发票的编号，则在填制采购专用发票时不允许修改采购专用发票的编号。其他单据的编号也一样，系统默认的状态为不允许修改。

8. 录入预付款单

操作步骤：

(1) 在应付款管理系统中，执行"设置"|"期初余额"命令，打开"期初余额—查询"对话框。

(2) 单击"确定"按钮，进入"期初余额明细表"窗口。

(3) 单击"增加"按钮，打开"单据类别"对话框。

(4) 单击"单据名称"栏的下三角按钮，选择"预付款"。

(5) 单击"确定"按钮，进入"付款单"窗口。

(6) 单击"增加"按钮，修改日期为"2013-11-23"；在"供应商"栏录入"01"，或单击"供应商"栏的参照按钮，选择"无忧公司"；在"结算方式"栏录入"3"，或单击"结算方式"栏的参照按钮，选择"转账支票"；在"金额"栏录入"20 000"，在"摘要"栏录入"预付货款"；在付款单下半部分中的"科目"栏录入"1123"，或单击"科目"栏的参照按钮，选择"1123 预付账款"，如图 8-9 所示。

图 8-9 录入付款单

(7) 单击"保存"按钮，再单击"退出"按钮退出。

提示：

录入预付款的单据类型仍然是"付款单"，但是款项类型为"预付款"。

9. 应付款系统与总账系统对账

操作步骤：

(1) 在"期初余额明细表"窗口中，单击"对账"按钮，打开"期初对账"选项卡，如图 8-10 所示。

| 简易桌面 | 期初余额 | 期初对账 × | | | | | | ▼ ◀ ▶ |

科目		应付期初		总账期初		差额	
编号	名称	原币	本币	原币	本币	原币	本币
1123	预付账款	-20,000.00	-20,000.00	-20,000.00	-20,000.00	0.00	0.0
2201	应付票据	25,740.00	25,740.00	25,740.00	25,740.00		0.0
2202	应付账款	62,010.00	62,010.00	62,010.00	62,010.00	0.00	0.0
	合计		67,750.00		67,750.00		0.0

图 8-10 期初对账

(2) 单击"退出"按钮退出。

提示：

◆ 当完成全部应付款期初余额的录入后，应通过"对账"功能将应付系统期初余额与总账系统期初余额进行核对。

◆ 当保存了期初余额结果，或在第二年的使用中需要调整期初余额时可以进行修改。当第一个会计期已结账后，期初余额只能查询不能再修改。

◆ 期初余额所录入的票据保存后，系统会自动进行审核。

◆ 应付款系统与总账系统对账，必须要在总账系统与应付款系统同时启用后才可以进行。

10. 账套备份

在"D:\300 账套备份"文件夹中新建"(8-1)应付系统初始化"文件夹，并将账套输出至该文件夹中。

实验二 单 据 处 理

实验准备

已经完成了第 8 章实验一的操作。可以引入已完成实验一"(8-1)应付系统初始化"的账套备份数据，或引入光盘中的"实验账套\(8-1)应付系统初始化"。将系统日期修改为"2014 年 1 月 31 日"，注册进入应付款管理系统。

实验要求

- 录入应付单据和付款单据
- 修改应付单据和付款单据
- 删除应付单据
- 2014 年 1 月 31 日，审核本月录入的应付单据和付款单据
- 核销付款单据
- 对应付单据和付款单据进行账务处理
- 账套备份

实验资料

(1) 2014 年 1 月 15 日，从北京无忧公司采购钢材 10 吨，原币单价为 1 200 元，增值税率为 17%(采购专用发票号码：668800)。

(2) 2014 年 1 月 15 日，从杰信公司采购油漆 20 桶，原币单价为 110 元，增值税率为 17%(采购专用发票号码：8908)，运费 80 元。

(3) 2014 年 1 月 16 日，从大为公司采购钢材 50 吨，原币单价为 990 元，增值税率为 17%(采购专用发票号码：3451)。

(4) 2014 年 1 月 16 日，向北京无忧公司采购钢材 20 吨，原币单价为 980 元，增值税率为 17%(采购专用发票号码：2302)。

(5) 2014 年 1 月 18 日，发现 2014 年 1 月 15 日所填制的从北京无忧公司采购钢材 10 吨，原币单价为 1 200 元，增值税率为 17%的 "668800" 号采购专用发票中的无税单价应为 1 120 元。

(6) 2014 年 1 月 18 日，从北京无忧公司采购钢材 12 吨，原币单价为 1 200 元，增值税率为 17%(采购专用发票号码：69900)。

(7) 2014 年 1 月 18 日，发现 2014 年 1 月 16 日，向北京无忧公司采购钢材 20 吨，原币单价为 980 元，增值税率为 17%的 "2302" 号采购专用发票填制错误，应删除。

(8) 2014 年 1 月 22 日，以转账支票支付向北京无忧公司购买钢材 10 吨的货税款 13 104 元。

(9) 2014 年 1 月 22 日，以转账支票支付向大为公司购买钢材 50 吨的货税款 57 915 元。

(10) 2014 年 1 月 22 日，以转账支票支付向杰信公司购买油漆的货税款 2 574 元。

(11) 2014 年 1 月 23 日，发现 2014 年 1 月 22 日所填制的以转账支票支付向北京无忧公司购买钢材 10 吨的货税款 13 104 元应为 15 000 元，余款作为预付款。

(12) 2014 年 1 月 23 日，发现 2014 年 1 月 22 日所填制的以转账支票支付向大为公司购买钢材 50 吨的货税款 57 915 元有错误，需删除该张付款单。

实验指导

1. 填制第 1 笔业务的采购专用发票

操作步骤：

(1) 在应付款管理系统中，执行"应付单据处理"|"应付单据录入"命令，打开"单据类别"对话框。

(2) 单击"确定"按钮，打开"采购发票—专用发票"窗口。

(3) 单击"增加"按钮，修改开票日期为"2014-01-15"，录入发票号"668800"；在"供应商"栏录入"01"，或单击"供应商"栏的参照按钮，选择"无忧公司"；在"存货编码"栏录入"001"，在"存货名称"栏录入"钢材"；在"数量"栏录入"10"，在"原币单价"栏录入"1 200"，如图 8-11 所示。

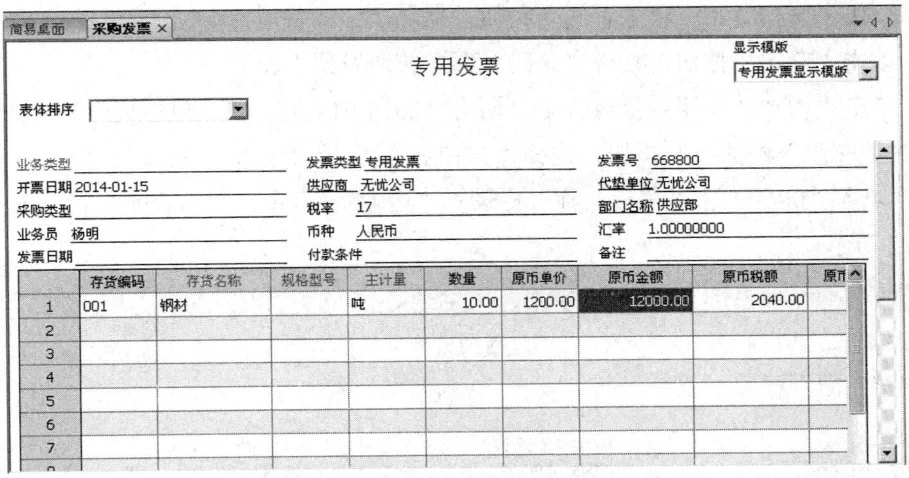

图 8-11　填制第 1 笔业务的采购专用发票

(4) 单击"保存"按钮，再单击"退出"按钮退出。

(5) 同理，填制第 2 笔业务的采购专用发票。

提示：

◆ 在填制采购专用发票时，税率由系统自动生成，可以修改。

◆ 采购发票与应付单是应付款管理系统日常核算的单据。如果应付款系统与采购系统集成使用，采购发票在采购管理系统中录入，则在应付系统中可以对这些单据进行查询、核销及制单等操作，此时应付系统需要录入的只限于应付单。

◆ 如果没有使用采购系统，则所有发票和应付单均需在应付系统中录入。

◆ 在不启用供应链的情况下，在应付款系统中只能对采购业务的资金流进行会计核算，即可以对应付款、已付款，以及采购情况进行核算；而其物流的核算，即存货入库成本的核算还需在总账系统中手工进行结转。

◆ 已审核的单据不能修改或删除，已生成凭证或进行过核销的单据在单据界面中不再显示。

◆ 在录入采购发票后可以直接进行审核，在直接审核后系统会提示："是否立即制单"，此时可以直接制单。如果录入采购发票后不直接审核可以在审核功能中审核，再到制单功能中制单。

◆ 已审核的单据在未进行其他处理之前应取消审核后再进行修改。

2. 填制第 2 笔业务的采购普通发票

操作步骤：

(1) 在应付款管理系统中，执行"应付单据处理"|"应付单据录入"命令，打开"单据类别"对话框。

(2) 单击"单据类型"栏的下三角按钮，选择"采购普通发票"。

(3) 单击"确定"按钮，打开"采购发票—普通发票"窗口。

(4) 单击"增加"按钮，修改开票日期为"2014-01-15"；在"供应商"栏录入"03"，或单击"供应商"栏的参照按钮，选择"杰信公司"；在"税率"栏录入"7"；在"存货编码"栏录入"006"，在"存货名称"栏录入"运输费"；在"原币金额"栏录入"80"，如图 8-12 所示。

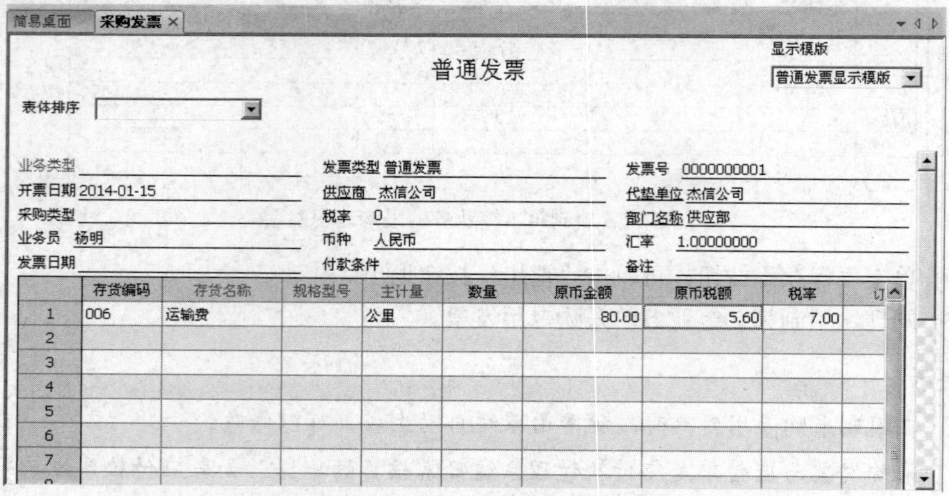

图 8-12　填制第 2 笔业务的采购普通发票

(5) 单击"保存"按钮，再单击"退出"按钮退出。继续录入第 3 笔、第 4 笔及第 6 笔业务的采购专用发票。

提示：

◆ 按会计制度规定，运费可以按7%的税率进行增值税的进项税额抵扣，因此运费成本为扣除7%进项税后的部分。

◆ 如果在启用应付款系统的同时启用采购系统，则应在采购系统中填制"运费发票"，在应付款系统中对采购系统传递过来的"运费发票"进行付款及付款核销等操作。

3. 修改采购专用发票

操作步骤：

(1) 在应付款管理系统中，执行"应付单据处理"|"应付单据录入"命令，打开"单据类别"对话框。

(2) 单击"确定"按钮，打开"采购发票—专用发票"窗口。

(3) 单击"翻页"按钮，找到"668800"号采购专用发票。

(4) 单击"修改"按钮，将原币单价修改为"1 120"。

(5) 单击"保存"按钮，再单击"退出"按钮退出。

提示：

采购发票被修改后必须保存，保存的采购发票在审核后才能制单。

4. 删除采购专用发票

操作步骤：

(1) 在应付款管理系统中，执行"应付单据处理"|"应付单据录入"命令，打开"单据类别"对话框。

(2) 单击"确定"按钮，进入"采购发票—专用发票"窗口。

(3) 单击"首张"按钮，再单击"下张"按钮，找到"2302"号采购专用发票。

(4) 单击"删除"按钮，系统提示："单据删除后不能恢复，是否继续？"。

(5) 单击"是"按钮，再单击"退出"按钮退出。

5. 审核应付单据

操作步骤：

(1) 在应付款管理系统中，执行"应付单据处理"|"应付单据审核"命令，打开"应付单查询条件"对话框。

(2) 单击"确定"按钮，进入"应付单据列表"窗口。

(3) 单击"全选"按钮，如图8-13所示。

简易桌面 | 单据处理 ×

应付单据列表

记录总数：5

选择	审核人	单据日期	单据号	供应商名称	部门	业务员	制单人	币种	汇率	本币金额
Y		2014-01-15	668800	北京无忧公司	供应部	杨明	周健	人民币	1.00000000	13,104.00
Y		2014-01-15	0000000001	天津杰信公司	供应部	杨明	周健	人民币	1.00000000	80.00
Y		2014-01-15	8908	天津杰信公司	供应部	杨明	周健	人民币	1.00000000	2,574.00
Y		2014-01-16	3451	辽宁大为公司	供应部	杨明	周健	人民币	1.00000000	57,915.00
Y		2014-01-18	69900	北京无忧公司	供应部	杨明	周健	人民币	1.00000000	16,848.00
合计										90,521.00

图 8-13　应付单据列表

(4) 单击“审核”按钮，系统提示：“本次审核成功单据 5 张”。

(5) 单击“确定”按钮，再单击“退出”按钮退出。

6. 制单

操作步骤：

(1) 在应付款管理系统中，执行“制单处理”命令，打开“制单查询”对话框。

(2) 选中“发票制单”复选框，单击“确定”按钮，打开“采购发票制单”窗口。

(3) 单击“全选”按钮，单击“凭证类别”栏的下三角按钮，选择“转账凭证”，如图 8-14 所示。

简易桌面 | 制单 ×

采购发票制单

凭证类别　转账凭证　　制单日期　2014-01-31　　共 5 条

选择标志	凭证类别	单据类型	单据号	日期	供应商编码	供应商名称	部门	业务员	金额
1	转账凭证	采购专用发票	668800	2014-01-31	01	北京无忧公司	供应部	杨明	13,104.00
2	转账凭证	采购普通发票	0000000001	2014-01-31	03	天津杰信公司	供应部	杨明	80.00
3	转账凭证	采购专用发票	8908	2014-01-31	03	天津杰信公司	供应部	杨明	2,574.00
4	转账凭证	采购专用发票	3451	2014-01-31	02	辽宁大为公司	供应部	杨明	57,915.00
5	转账凭证	采购专用发票	69900	2014-01-31	01	北京无忧公司	供应部	杨明	16,848.00

图 8-14　采购发票制单

(4) 单击"制单"按钮，生成第 1 张转账凭证。

(5) 单击"保存"按钮，结果如图 8-15 所示。

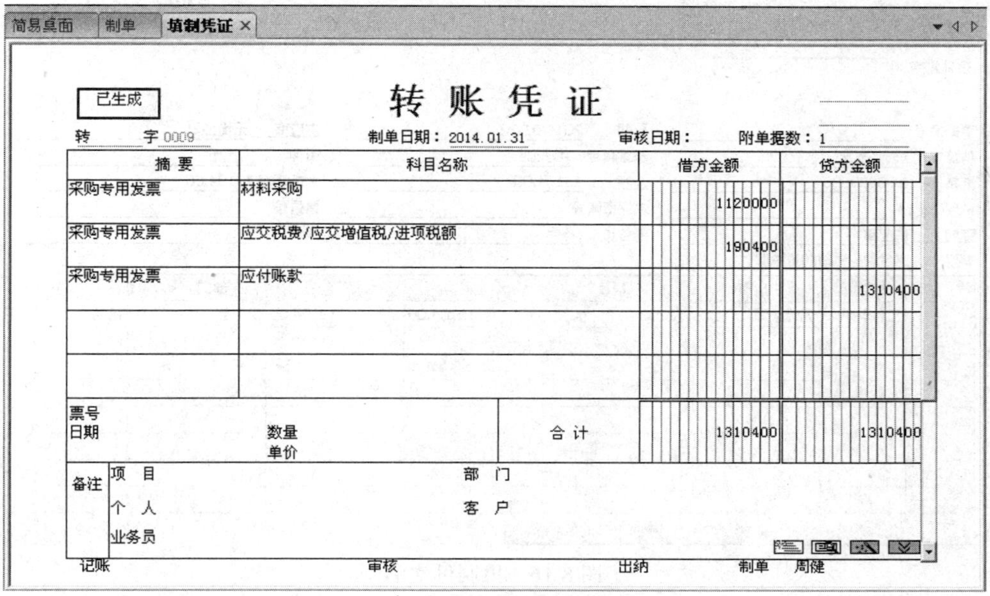

图 8-15 生成采购转账凭证

(6) 单击"下张"按钮，再单击"保存"按钮，完成全部单据的制单。

提示：

◆ 在"制单查询"对话框中，系统已默认制单内容为"发票制单"，如果需要选中其他内容进行制单，可以选中要制单内容前的复选框。

◆ 如果所选择的凭证类型错误，可以在生成凭证后再修改。

◆ 如果一次生成了多张记账凭证，可以在保存了一张凭证后再打开其他的凭证，直到全部保存完毕为止，未保存的凭证视为放弃本次凭证生成的操作。

◆ 只有在凭证保存后才能传递到总账系统，再在总账系统中进行审核和记账等操作。

◆ 第 1 号转账凭证是根据普通发票填制的，其运费中应抵扣的进项税为价内税，因此进项税为 5.60 元，而物资采购为 74.40 元。

7. 填制付款单

操作步骤：

(1) 在应付款管理系统中，执行"付款单据处理"|"付款单据录入"命令，进入"付款单"窗口。

(2) 单击"增加"按钮。修改开票日期为"2014-1-22"；在"供应商"栏录入"01"，或单击"供应商"栏的参照按钮，选择"无忧公司"；在"结算方式"栏录入"3"，或单击"结算方式"栏的下三角按钮，选择"转账支票"；在"金额"栏录入"13 104"，在"摘要"栏录入"支付购买钢材的货税款",单击明细栏位后,结果如图 8-16 所示。

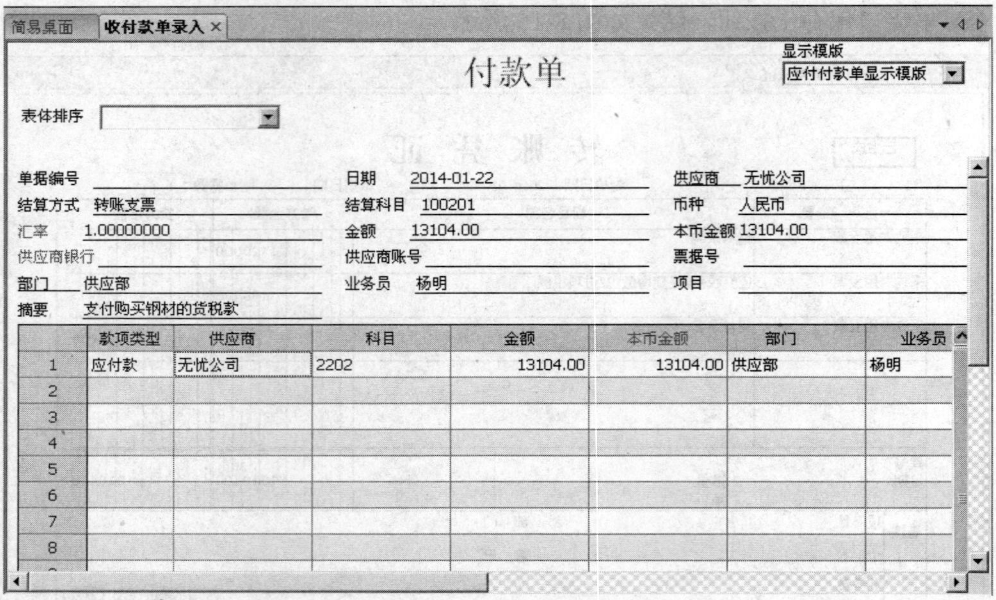

图 8-16　填制付款单

(3) 单击"保存"按钮。再单击"增加"按钮,继续录入第 2 张及第 3 张付款单。

提示:

◆　在单击付款单的"保存"按钮后,系统会自动生成付款单表体的内容。

◆　表体中的款项类型系统默认为"应付款",可以修改。款项类型还包括"预付款"和"其他费用"。

◆　若一张付款单中,表头供应商与表体供应商不同,则视表体供应商的款项为代收款。

◆　在填制付款单后,可以直接单击"核销"按钮进行单据核销的操作。

◆　如果是供应商退款,则可以单击"切换"按钮,填制红字付款单。

8. 修改付款单

操作步骤:

(1) 在应付款管理系统中,执行"付款单据处理"|"付款单据录入"命令,进入"付款单"窗口。

(2) 单击"下张"按钮,找到要修改的付款单,在要修改的付款单中,单击"修改"按钮,将表头部分的金额修改为"15 000",在表体中增加一行,款项类型选择"预付款",修改摘要,如图 8-17 所示。

(3) 单击"保存"按钮,再单击"退出"按钮退出。

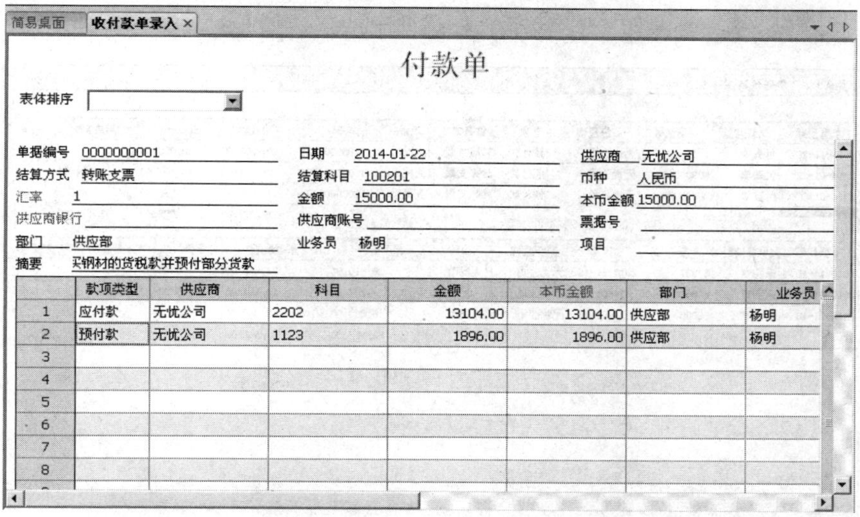

图 8-17　部分付款为预付款

9. 删除付款单

操作步骤：

(1) 在应付款管理系统中，执行"付款单据处理"|"付款单据录入"命令，进入"付款单"窗口。

(2) 单击"下张"按钮，找到要删除的付款单。

(3) 单击"删除"按钮，系统提示："单据删除后不能恢复，是否继续？"。

(4) 单击"是"按钮，再单击"退出"按钮退出。

10. 审核付款单

操作步骤：

(1) 在应付款管理系统中，执行"付款单据处理"|"付款单据审核"命令，打开"付款单查询条件"对话框。

(2) 单击"确定"按钮，打开"收付款单列表"窗口。

(3) 单击"全选"按钮，再单击"审核"按钮，系统提示："本次审核成功单据[2]张"。

(4) 单击"确定"按钮，再单击"退出"按钮退出。

11. 核销付款单

操作步骤：

(1) 在应付款管理系统中，执行"核销处理"|"手工核销"命令，打开"核销条件"对话框。

(2) 在"供应商"栏中录入"01"，或单击"供应商"栏的参照按钮，选择"无忧公司"。

(3) 单击"确定"按钮，打开"单据核销"窗口。在上半部分的"本次结算"栏的第 2 行录入"13 104"，在下半部分的"本次结算"栏的第 2 行录入"13 104"，如图 8-18

所示。

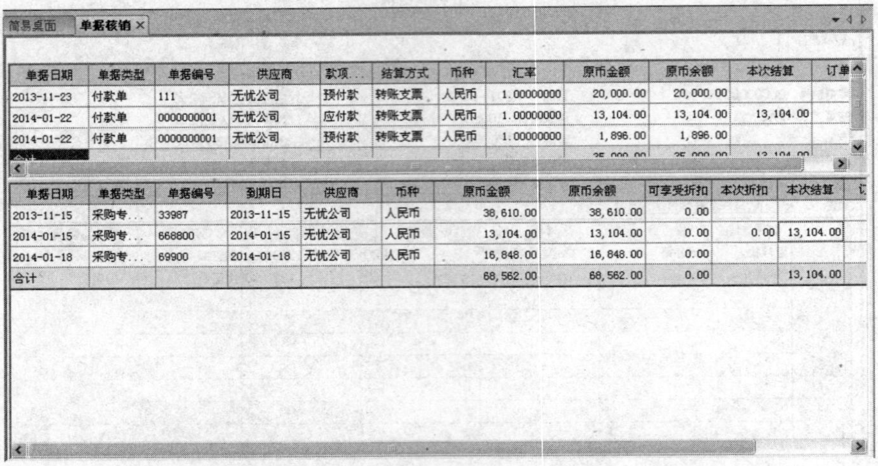

单据日期	单据类型	单据编号	供应商	款项...	结算方式	币种	汇率	原币金额	原币余额	本次结算	订单
2013-11-23	付款单	111	无忧公司	预付款	转账支票	人民币	1.00000000	20,000.00	20,000.00		
2014-01-22	付款单	0000000001	无忧公司	应付款	转账支票	人民币	1.00000000	13,104.00	13,104.00	13,104.00	
2014-01-22	付款单	0000000001	无忧公司	预付款	转账支票	人民币	1.00000000	1,896.00	1,896.00		

单据日期	单据类型	单据编号	到期日	供应商	币种	原币金额	原币余额	可享受折扣	本次折扣	本次结算
2013-11-15	采购专...	33987	2013-11-15	无忧公司	人民币	38,610.00	38,610.00	0.00		
2014-01-15	采购专...	668800	2014-01-15	无忧公司	人民币	13,104.00	13,104.00	0.00	0.00	13,104.00
2014-01-18	采购专...	69900	2014-01-18	无忧公司	人民币	16,848.00	16,848.00	0.00		
合计						68,562.00	68,562.00	0.00		13,104.00

图 8-18　单据核销

(4) 单击“保存”按钮，再单击“退出”按钮退出。

提示：

- 在保存核销内容后，“单据核销”窗口中将不再显示已被核销的内容。
- 结算单列表显示的是款项类型为应付款和预付款的记录，而款项类型为其他费用的记录不允许在此作为核销记录。
- 核销时，结算单列表中款项类型为应付款的记录默认本次结算金额为该记录上的原币金额；款项类型为预付款的记录默认的本次结算金额为空。核销时可以修改本次结算金额，但是不能大于该记录的原币金额。
- 在结算单列表中，单击“分摊”按钮，系统将当前结算单列表中的本次结算金额合计自动分摊到被核销单据列表的“本次结算”栏中。核销顺序依据被核销单据的排序顺序。
- 手工核销时一次只能显示一个供应商的单据记录，且结算单列表根据表体记录明细显示。当结算单有代付处理时，只显示当前所选供应商的记录。
- 一次只能对一种结算单类型进行核销，即手工核销的情况下需要将收款单和付款单分开核销。
- 保存手工核销时，若结算单列表的本次结算金额大于或小于被核销单据列表的本次结算金额合计，系统将提示：结算金额不相等，不能保存。
- 若发票中同时存在红蓝记录，则核销时先进行单据的内部对冲。
- 如果核销后未进行其他处理，可以在期末处理的“取消操作”功能中取消核销操作。

12. 制单

操作步骤：

(1) 在应付款管理系统中，执行“制单处理”命令，打开“制单查询”对话框。

(2) 选中"收付款单制单"复选框，单击"确定"按钮，打开"收付款单制单"窗口。

(3) 单击"全选"按钮，如图 8-19 所示。

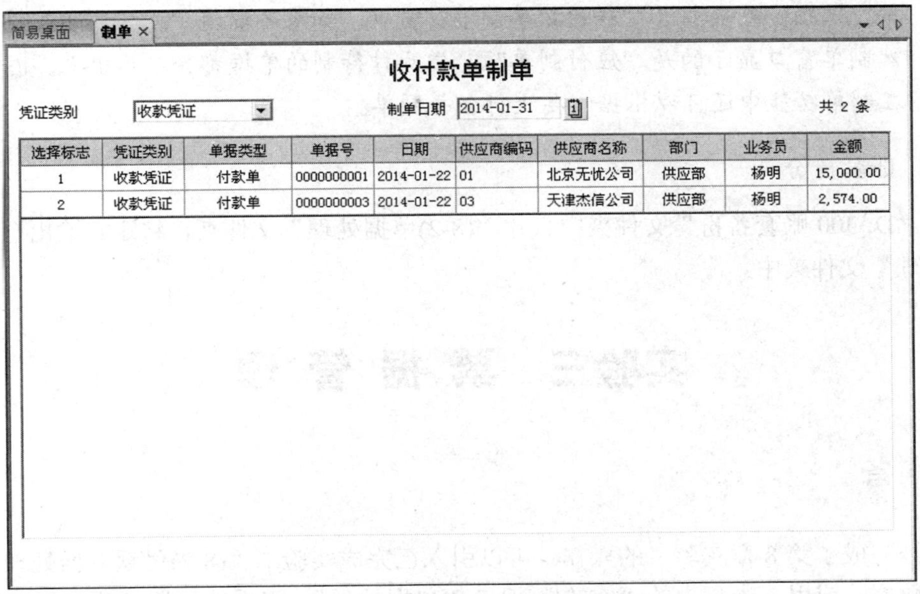

图 8-19　收付款单制单

(4) 单击"制单"按钮，生成记账凭证。

(5) 修改第 1 张凭证的凭证类别为"付款凭证"，再单击"保存"按钮，结果如图 8-20 所示。

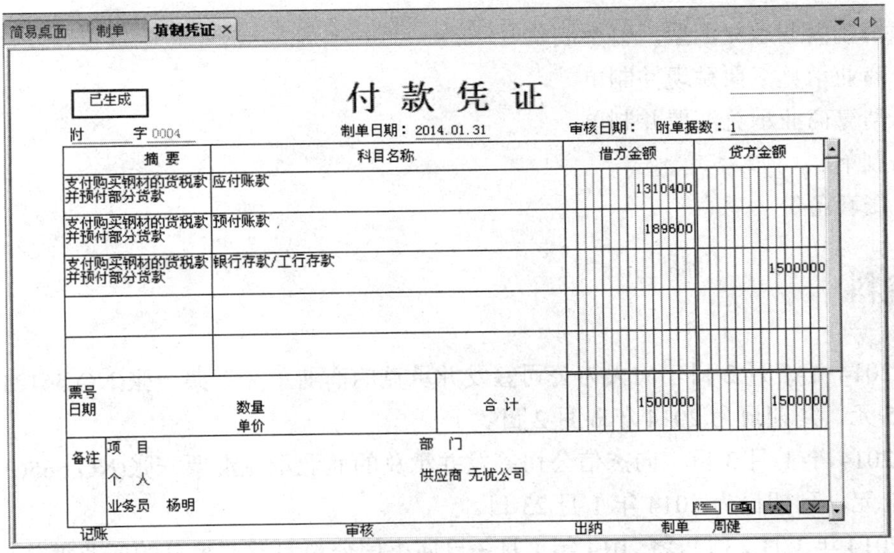

图 8-20　生成付款凭证

(6) 单击"下张"按钮，修改凭证类别为"付款凭证"，单击"保存"按钮，再单击"退出"按钮退出。

提示：

♦ 如果在"制单查询"对话框中，选中"收付款单制单"后，再取消选中"发票制单"选项，则会打开"收付款单制单"窗口。如果不取消"发票制单"选项，虽然制单窗口显示的是"应付制单"，但两种待制的单据都会显示出来。

♦ 在制单功能中还可以根据需要进行合并制单。

13. 账套备份

在"D:\300 账套备份"文件夹中新建"(8-2)单据处理"文件夹，将账套输出至"(8-2)单据处理"文件夹中。

实验三 票 据 管 理

实验准备

已经完成了第 8 章实验二的操作。可以引入已完成实验二"(8-2)付款单据处理"的账套备份数据，或引入光盘中的"实验账套\(8-2)单据处理"。将系统日期修改为"2014 年 1 月 31 日"，注册进入应付款管理系统。

实验要求

- 填制商业承兑汇票，暂不制单
- 商业承兑汇票贴现并制单
- 结算商业承兑汇票并制单
- 制单
- 账套备份

实验资料

(1) 2014 年 1 月 2 日，向大为公司签发并承兑的商业承兑汇票一张(NO.56121)，面值为 57 915 元，到期日为 2014 年 6 月 2 日。

(2) 2014 年 1 月 3 日，向杰信公司签发并承兑的商业承兑汇票一张(NO.56561)，面值为 23 400 元，到期日为 2014 年 1 月 23 日。

(3) 2014 年 1 月 23 日，将 2014 年 1 月 3 日向杰信公司签发并承兑的商业承兑汇票(NO.56561)结算。

实验指导

1. 填制商业承兑汇票

操作步骤：

(1) 在应付款管理系统中，执行"票据管理"命令，打开"查询条件选择"对话框。

(2) 单击"确定"按钮，进入"票据管理"窗口。

(3) 单击"增加"按钮，进入"应付票据"窗口。

(4) 单击"票据类型"与"结算方式"栏的下三角按钮，选择"商业承兑汇票"；在"票据编号"栏录入"56121"；在"收款人"栏录入"02"，或单击参照按钮，选择"大为公司"；在"金额"栏录入"57 915"；在"收到日期"与"出票日期"栏录入"2014-01-02"；在"到期日"栏录入"2014-06-02"；在"票据摘要"栏录入"签发并承兑商业汇票"，如图 8-21 所示。

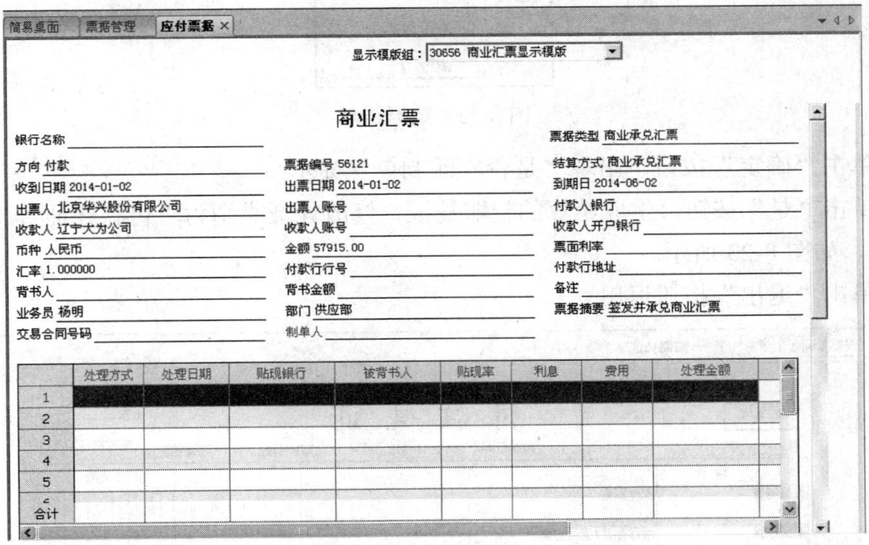

图 8-21　填制商业汇票

(5) 单击"保存"按钮，保存信息。以此方法继续录入第 2 张商业承兑汇票。

提示：

◆ 保存一张商业承兑汇票后，系统会自动生成一张付款单。这张付款单还需经过审核之后才能生成记账凭证。

◆ 由票据生成的付款单不能修改。

◆ 在"票据管理"功能中可以对商业承兑汇票和银行承兑汇票进行日常业务处理，包括票据的取得、结算、背书、转出及计息等。

◆ 商业承兑汇票不能有承兑银行，银行承兑汇票必须有承兑银行。

2. 商业承兑汇票结算

操作步骤:

(1) 在应付款管理系统中,执行"票据管理"命令,打开"查询条件选择"对话框。

(2) 单击"确定"按钮,进入"票据管理"窗口。

(3) 单击选中向杰信公司签发并承兑的商业承兑汇票(NO.56561)。

(4) 单击"结算"按钮,打开"票据结算"对话框。

(5) 修改结算日期为"2014-01-23",录入结算金额"23 400";在"结算科目"栏录入"100201",或单击"结算科目"栏的参照按钮,选择"100201 工行存款",如图 8-22 所示。

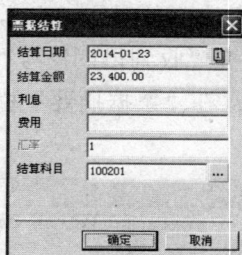

图 8-22 票据结算

(6) 单击"确定"按钮,出现"是否立即制单"提示:。

(7) 单击"是"按钮,生成结算的记账凭证,修改凭证类别为"付款凭证",单击"保存"按钮,如图 8-23 所示。

(8) 单击"退出"按钮退出。

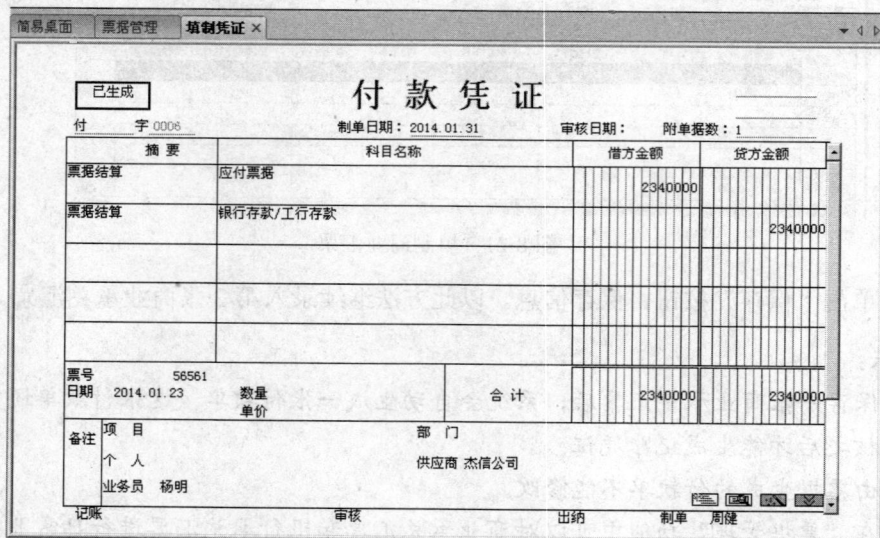

图 8-23 生成票据结算凭证

提示:

◆ 当票据到期付款时,执行票据结算处理。

◆　进行票据结算时，结算金额应是通过结算实际支付的金额。

◆　票据结算后，不能再进行其他与票据相关的处理。

3．审核付款单

操作步骤：

(1) 在应付款管理系统中，执行"付款单据处理"|"付款单据审核"命令，打开"付款单查询条件"对话框。

(2) 单击"确定"按钮，打开"收付款单列表"窗口。

(3) 单击"全选"按钮，再单击"审核"按钮，出现"本次审核成功单据[2]张"的提示：。

(4) 单击"确定"按钮，在"审核人"栏出现了审核人的签字。

(5) 单击"退出"按钮退出。

提示：

在票据保存后由系统自动生成了一张付款单，这张付款单应在审核后再到制单处理中生成记账凭证，才可完成应付账款转为应付票据的核算过程。

4．制单

操作步骤：

(1) 在应付款管理系统中，执行"制单处理"命令，打开"制单查询"对话框。

(2) 单击选中"收付款单制单"，单击"确定"按钮，打开"收付款单制单"窗口。单击"凭证类别"栏的下三角按钮，选择"转账凭证"，再单击"全选"按钮。

(3) 单击"制单"按钮，出现第 1 张记账凭证；单击"保存"按钮，保存第 1 张记账凭证。单击"下张"按钮，再单击"保存"按钮，保存第 2 张记账凭证，如图 8-24 所示。

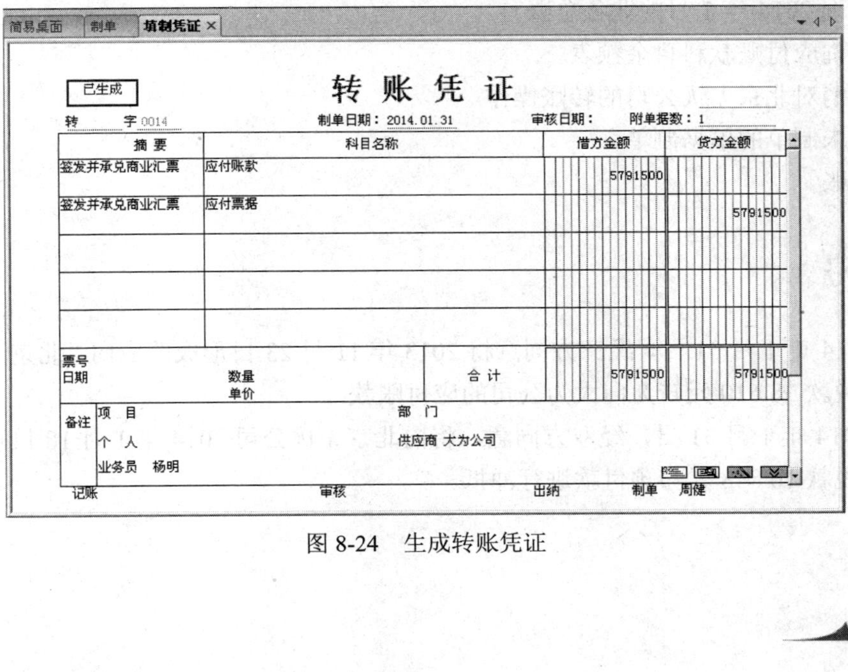

图 8-24　生成转账凭证

(4) 单击"退出"按钮退出。

5. 账套备份

在"D:\300 账套备份"文件夹中新建"(8-3)票据处理"文件夹,将账套输出至"(8-3)票据处理"文件夹中。

实验四　转账处理、账表查询及其他处理

实验准备

已经完成了第 8 章实验三的操作。可以引入已完成实验三"(8-3)票据处理"的账套备份数据,或引入光盘中的"实验账套\(8-3)票据处理"。将系统日期修改为"2014 年 1 月 31 日",注册后进入应付款管理系统。

实验要求

- 应付冲应付暂不制单
- 预付冲应付暂不制单
- 应付冲应付、预付冲应付制单
- 查询发票
- 查询收付款单
- 查询并删除凭证
- 对供应商进行付款账龄分析
- 查询 2014 年 1 月的业务总账
- 查询应付账款科目余额表
- 取消对北京无忧公司的转账操作
- 将未制单的单据制单
- 结账

实验资料

(1) 2014 年 1 月 31 日,经三方同意将 2013 年 11 月 23 日形成的应向"北京无忧公司"支付的货税款 38 610 元转为向大为公司的应付账款。

(2) 2014 年 1 月 31 日,经双方同意,将向北京无忧公司 2014 年 1 月 18 日购买 12 吨钢材的货税款 16 848 元与预付款进行冲抵。

实验指导

1. 将应付账款冲抵应付账款

操作步骤:

(1) 在应付款管理系统中,执行"转账"|"应付冲应付"命令,打开"应付冲应付"对话框。

(2) 在"供应商"栏录入"01",或单击"供应商"栏的参照按钮,选择"北京无忧公司";再在"转入"栏下的"供应商"处录入"02"或单击参照按钮,选择"大为公司",如图 8-25 所示。

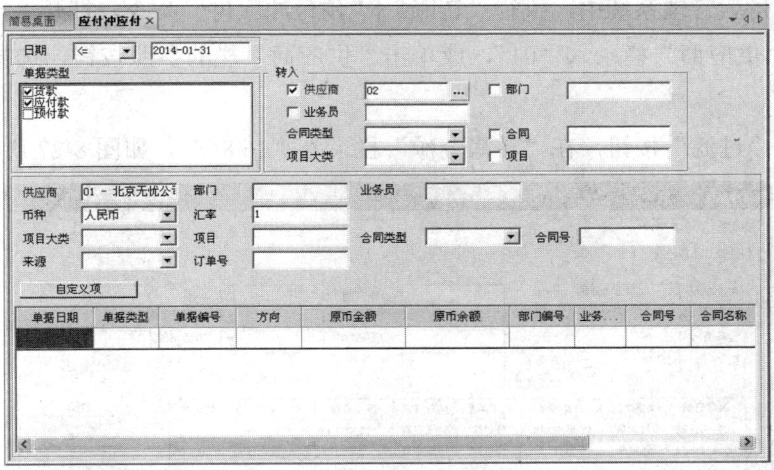

图 8-25 "应付冲应付"对话框

(3) 单击"查询"按钮,在第 1 行"并账金额"栏录入"38 610",如图 8-26 所示。

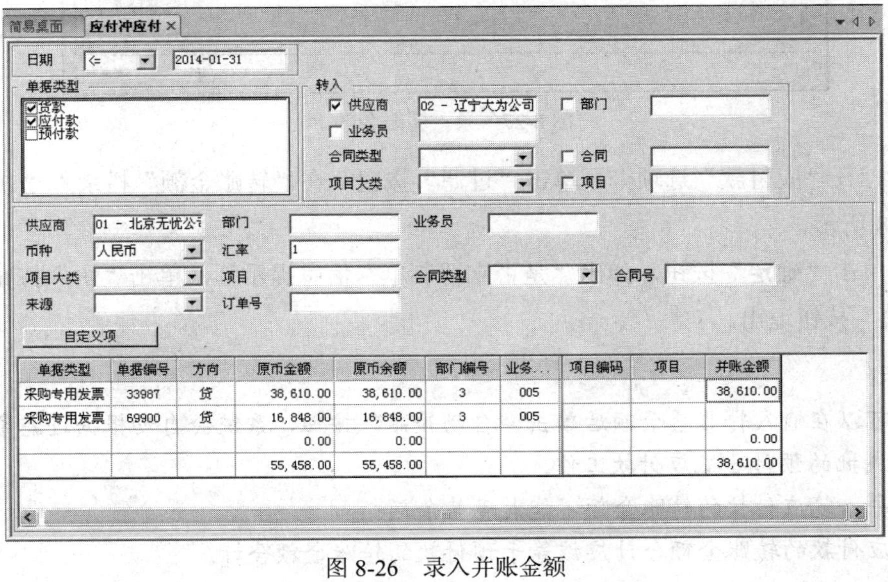

图 8-26 录入并账金额

(4) 单击"保存"按钮,弹出"是否立即制单"信息提示框,单击"否"按钮,再单击"取消"按钮退出。

提示:

♦ 每一笔应付款的转账金额不能大于其余额。

♦ 每次只能选择一个转入单位。

2. 将预付账款冲抵应付账款

操作步骤:

(1) 在应付款管理系统中,执行"转账"|"预付冲应付"命令,打开"预付冲应付"对话框。在"供应商"栏录入"01",或单击"供应商"栏的参照按钮,选择"北京无忧公司"。

(2) 单击"过滤"按钮,在"转账金额"栏录入"16 848",如图 8-27 所示。

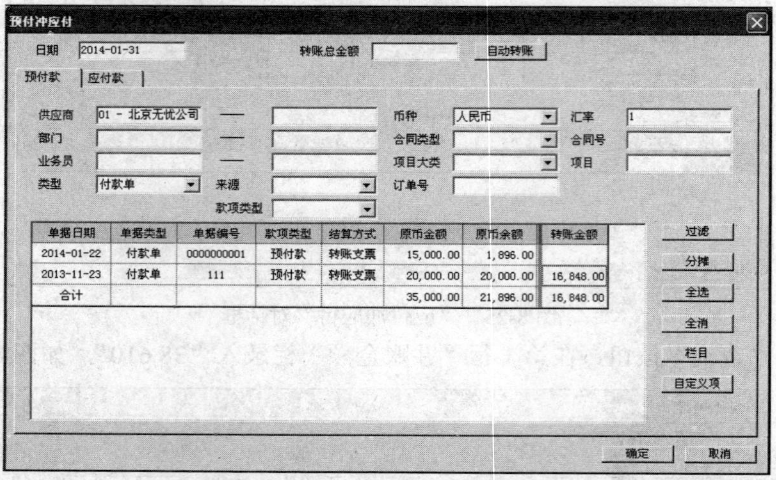

图 8-27 录入转账金额 1

(3) 打开"应付款"选项卡,单击"过滤"按钮,在"转账金额"栏录入"16 848",如图 8-28 所示。

(4) 单击"确定"按钮,弹出"是否立即制单"信息提示框,单击"否"按钮,再单击"取消"按钮退出。

提示:

♦ 可以在输入转账总金额后单击"自动转账"按钮,系统会自动根据过滤条件进行成批的预付冲抵应付款工作。

♦ 每一笔应付款的转账金额不能大于其余额。

♦ 应付款的转账金额合计应该等于预付款的转账金额合计。

◆ 如果是红字预付款和红字应付单进行冲销，要把过滤条件中的"类型"选为"收款单"。

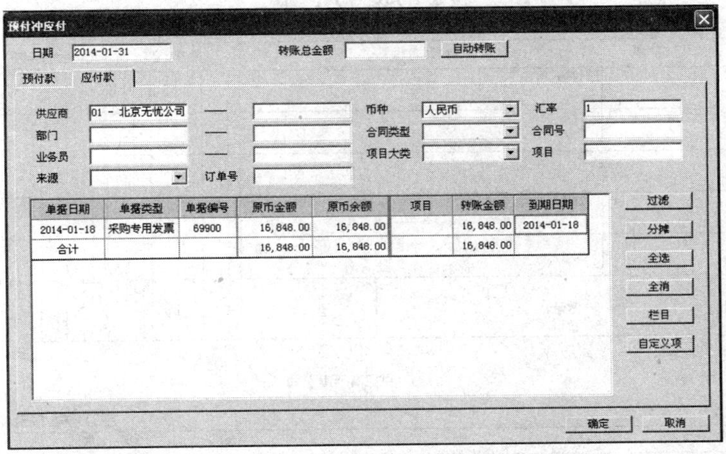

图 8-28　录入转账金额 2

3. 制单

操作步骤：

(1) 在应付款管理系统中，执行"制单处理"命令，打开"制单查询"对话框。

(2) 单击选中"应付冲应付制单"和"预付冲应付制单"复选框。

(3) 单击"确定"按钮，打开"应付制单"窗口。单击"全选"按钮，再单击"凭证类别"栏的参照按钮，选择"转账凭证"，如图 8-29 所示。

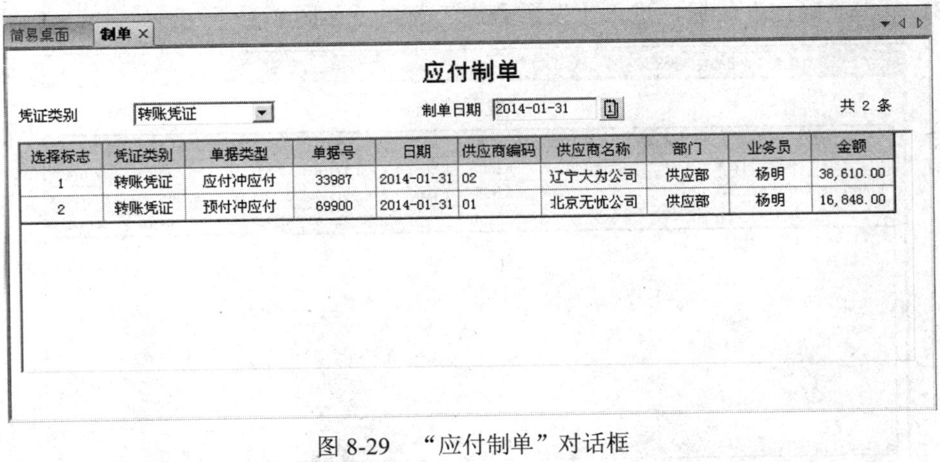

图 8-29　"应付制单"对话框

(4) 单击"制单"按钮，出现第 1 张记账凭证；单击"保存"按钮，保存第 1 张记账凭证。

(5) 单击"下张"按钮，再单击"保存"按钮，保存第 2 张记账凭证，如图 8-30 所示。

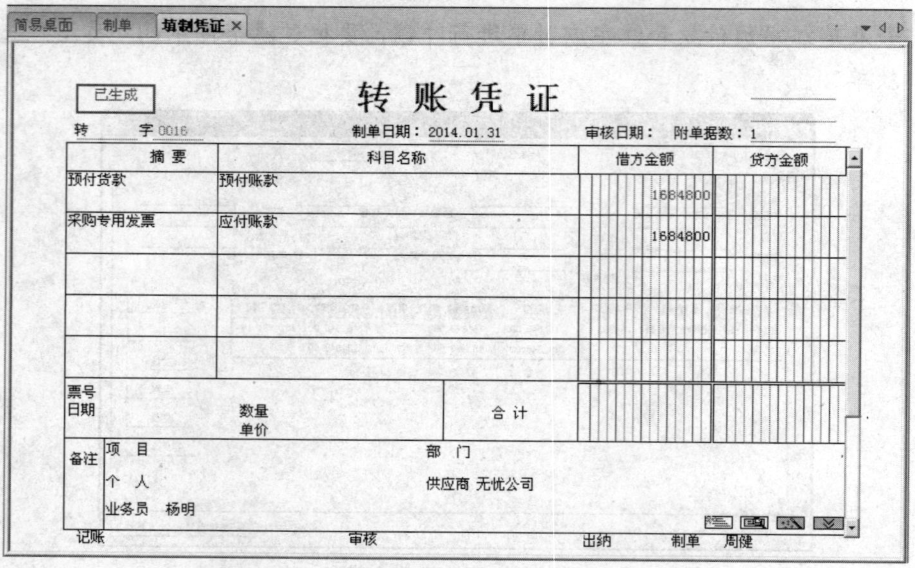

图 8-30　生成预付冲应付转账凭证

(6) 单击"退出"按钮退出。

4. 查询 1 月份填制的所有采购专用发票

操作步骤：

(1) 在应付款管理系统中，执行"单据查询"|"发票查询"命令，打开"发票查询"对话框。

(2) 单击"发票类型"栏的下三角按钮，选择"采购专用发票"。

(3) 单击"确定"按钮，进入"发票查询"窗口，如图 8-31 所示。

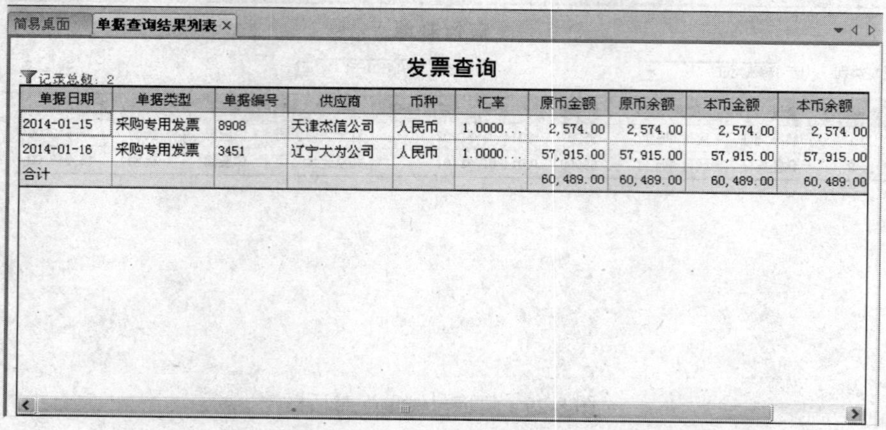

图 8-31　"发票查询"窗口

(4) 单击"退出"按钮退出。

提示：

◆ 在"发票查询"功能中可以分别查询"已审核"、"未审核"、"已核销"及"未核销"的发票，还可以按"发票号"、"单据日期"、"金额范围"或"余额范围"等条件进行查询。

◆ 在"发票查询"窗口中，单击"查询"按钮，可以重新输入查询条件；单击"单据"按钮，可以调出原始单据卡片；单击"详细"按钮，可以查看当前单据的详细结算情况；单击"凭证"按钮，可以查询单据所对应的凭证；单击"栏目"按钮，可以设置当前查询列表的显示栏目、栏目顺序、栏目名称、排序方式，并可以保存设置内容。

5. 查询 1 月份所有的收付款单

操作步骤：

(1) 在应付款管理系统中，执行"单据查询"|"收付款单查询"命令，打开"收付款单查询"对话框。

(2) 单击"确定"按钮，打开"收付款单查询"窗口，如图 8-32 所示。

选择打印	单据日期	单据类型	单据编号	供应商	币种	汇率	原币金额	原币余额	本币金额	本币余额
	2014-01-02	付款单	0000000004	辽宁大为公司	人民币	1.00000000	57,915.00	57,915.00	57,915.00	57,915.00
	2014-01-03	付款单	0000000005	天津杰信公司	人民币	1.00000000	23,400.00	23,400.00	23,400.00	23,400.00
	2014-01-22	付款单	0000000001	北京无忧公司	人民币	1.00000000	1,896.00	1,896.00	1,896.00	1,896.00
	2014-01-22	付款单	0000000003	天津杰信公司	人民币	1.00000000	2,574.00	2,574.00	2,574.00	2,574.00
合计							85,785.00	85,785.00	85,785.00	85,785.00

图 8-32　"收付款单查询"窗口

(3) 单击"退出"按钮退出。

提示：

◆ 在"收付款单查询"功能中可以分别查询"已核销"、"未核销"、"应付款"、"预付款"及"费用"的收付款情况。还可以按"单据编号"、"金额范围"、"余额范围"或"单据日期"等条件进行查询。

◆ 在"收付款单查询"窗口中，也可以分别单击"查询"、"详细"、"单据"及"凭证"等按钮，查询到相应的内容。

6. 删除 1 月 22 日填制的支付北京无忧公司货款的记账凭证

操作步骤：

(1) 在应付款管理系统中，执行"单据查询"|"凭证查询"命令，打开"凭证查询条件"对话框。

(2) 单击"业务类型"栏的下三角按钮，选择"收付款单制单"；在"供应商"栏输入"01"或单击"供应商"栏的参照按钮，选择"北京无忧公司"。

(3) 单击"确定"按钮，打开"凭证查询"窗口。

(4) 单击选中"收付款单制单"的记账凭证，如图 8-33 所示。

凭证查询

凭证总数：1 张

业务日期	业务类型	业务号	制单人	凭证日期	凭证号	标志
2014-01-22	付款单	0000000001	周健	2014-01-31	付-0004	

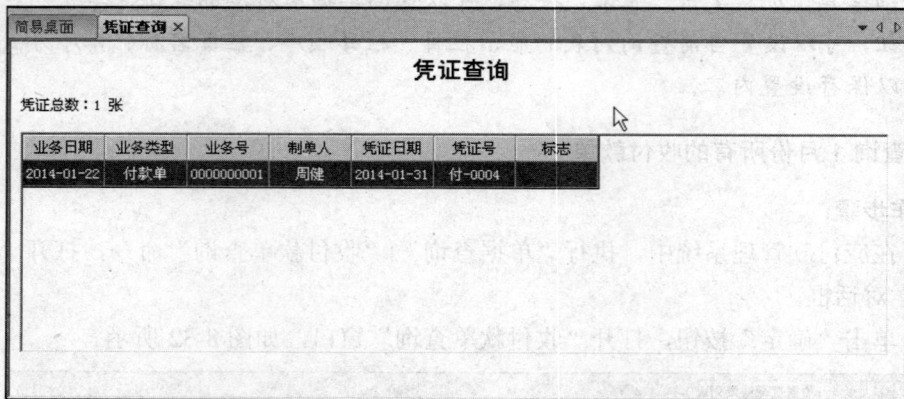

图 8-33　"凭证查询"窗口

(5) 单击"删除"按钮，系统提示"确定要删除此凭证吗？"。

(6) 单击"是"按钮，即删除了此张凭证。

(7) 单击"退出"按钮退出。

提示：

♦ 在"凭证查询"功能中，可以查看、修改、删除或冲销由应付款系统生成并传递到总账系统中的记账凭证。

♦ 如果凭证已经在总账系统中记账，又需要对形成凭证的原始单据进行修改，则可以通过冲销方式来冲销凭证，然后对原始单据进行其他操作后再重新生成凭证。

♦ 一张凭证被删除(或被冲销)后，它所对应的原始单据及相应的操作内容可以重新制单。

♦ 只有未在总账系统中审核的凭证才能删除。如果已经在总账系统中进行了出纳签字，应取消出纳签字后再进行删除操作。

7. 应付账龄分析

操作步骤：

(1) 在应付款管理系统中，执行"账表管理"|"统计分析"|"付款账龄分析"命令，打开"付款账龄分析"对话框。

(2) 单击"确定"按钮，打开"付款账龄分析"窗口，如图 8-34 所示。

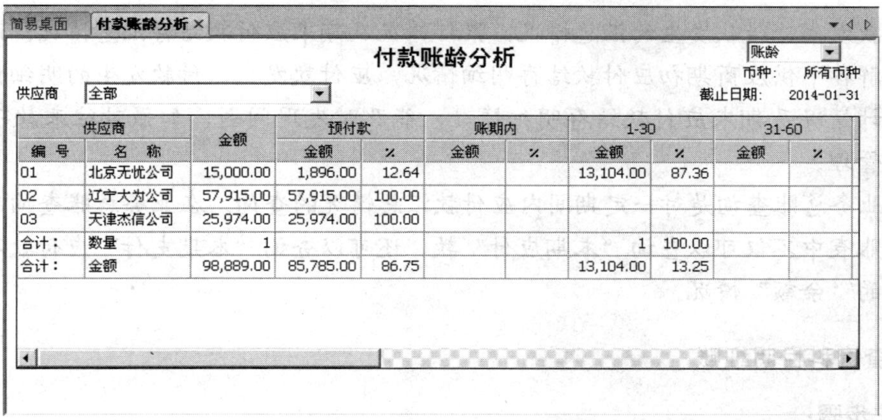

供应商		金额	预付款		账期内		1-30		31-60	
编　号	名　称		金额	%	金额	%	金额	%	金额	%
01	北京无忧公司	15,000.00	1,896.00	12.64			13,104.00	87.36		
02	辽宁大为公司	57,915.00	57,915.00	100.00						
03	天津杰信公司	25,974.00	25,974.00	100.00						
合计：	数量	1					1	100.00		
合计：	金额	98,889.00	85,785.00	86.75			13,104.00	13.25		

图 8-34　“付款账龄分析”窗口

(3) 单击“退出”按钮退出。

提示：

在“统计分析”功能中，可以按定义的账龄区间，进行一定期间内应付款账龄分析、付款账龄分析、往来账龄分析；了解向各个供应商付款的周转天数、周转率；了解各个账龄区间内应付款、付款及往来情况，并能及时发现问题，以加强对往来款项动态的监督管理。

8. 查询业务总账

操作步骤：

(1) 在应付款管理系统中，执行“账表管理”|“业务账表”|“业务总账”命令，打开“应付总账表”对话框。

(2) 单击“确定”按钮，进入“应付总账表”窗口，如图 8-35 所示。

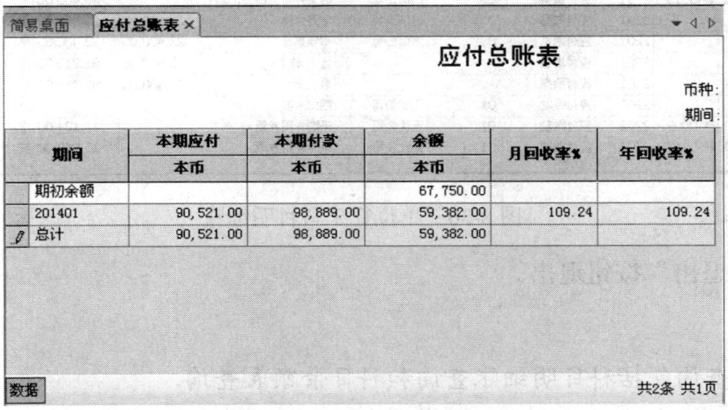

期间	本期应付	本期付款	余额	月回收率%	年回收率%
	本币	本币	本币		
期初余额			67,750.00		
201401	90,521.00	98,889.00	59,382.00	109.24	109.24
总计	90,521.00	98,889.00	59,382.00		

图 8-35　应付总账表

(3) 单击“退出”按钮退出。

提示：

◆ 通过业务账表查询，可以及时地了解一定期间内期初应付款结存汇总情况，应付款发生、付款发生的汇总情况，累计情况及期末应付款结存汇总情况；还可以了解各个供应商期初应付款结存明细情况，应付款发生、付款发生的明细情况、累计情况及期末应付款结存明细情况，能及时发现问题，加强对往来款项的监督管理。

♦ 业务总账查询是对一定期间内应付款汇总情况的查询。在业务总账查询的应付总账表中不仅可以查询“本期应付”款、还可以查询“本期支付”应付款及应付款的“余额”情况。

9. 查询科目明细账

操作步骤：

(1) 在应付款管理系统中，执行“账表管理”|“科目账查询”|“科目明细账”命令，打开“供应商往来科目明细账”对话框。

(2) 单击“确定”按钮，进入“科目明细账”窗口，如图 8-36 所示。

简易桌面 | 单位往来科目明细账

科目明细账

金额式

科目 全部　　　　期间：2014.01-2014.01

年	月	日	凭证号	科目 编号	科目 名称	供应商 编号	供应商 名称	摘要	借方 本币	贷方 本币	方向	余额 本币
				1123	预付账款	01	无忧公司	期初余额			借	20,000.00
2014	01	31	转-0016	1123	预付账款	01	无忧公司	预付货款	-16,848.00		借	3,152.00
2014	01			1123	预付账款	01	无忧公司	本月合计	-16,848.00		借	3,152.00
2014	01			1123	预付账款	01	无忧公司	本年累计	-16,848.00		借	3,152.00
				1123	预付账款			合　计	-16,848.00		借	3,152.00
				1123	预付账款			累　计	-16,848.00		借	3,152.00
				2201	应付票据	02	大为公司	期初余额			贷	25,740.00
2014	01	31	转-0014	2201	应付票据	02	大为公司	签发并承兑商业汇票		57,915.00	贷	83,655.00
2014	01			2201	应付票据	02	大为公司	本月合计		57,915.00	贷	83,655.00
2014	01			2201	应付票据	02	大为公司	本年累计		57,915.00	贷	83,655.00
2014	01	31	付-0006	2201	应付票据	03	杰信公司	票据结算	23,400.00		借	23,400.00
2014	01	31	转-0015	2201	应付票据	03	杰信公司	签发并承兑商业汇票		23,400.00	平	
2014	01			2201	应付票据	03	杰信公司	本月合计	23,400.00	23,400.00	平	
2014	01			2201	应付票据	03	杰信公司	本年累计	23,400.00	23,400.00	平	
				2201	应付票据			合　计	23,400.00	81,315.00	贷	83,655.00
				2201	应付票据			累　计	23,400.00	81,315.00	贷	83,655.00
				2202	应付账款	01	无忧公司	期初余额			贷	38,610.00
2014	01	31	转-0009	2202	应付账款	01	无忧公司	采购专用发票		13,104.00	贷	51,714.00
2014	01	31	转-0013	2202	应付账款	01	无忧公司	采购专用发票		16,848.00	贷	68,562.00

图 8-36　单位往来科目明细账

(3) 单击“退出”按钮退出。

提示：

♦ 科目账查询包括科目明细账查询和科目余额表查询。

♦ 科目明细账查询可以查询供应商往来科目下往来供应商的往来明细账。细分为科目明细账、供应商明细账、三栏明细账、部门明细账、项目明细账、业务员明细账等。

♦ 科目余额表查询可以查询应付受控科目各个供应商的期初余额、本期借方发生额合计、本期贷方发生额合计及期末余额。细分为科目余额表、供应商余额表、三栏余额表、部门余额表、项目余额表、业务员余额表、供应商分类余额表及地区分类余额表。

10. 取消转账操作

操作步骤:

(1) 在应付款管理系统中,执行"其他处理"|"取消操作"命令,打开"取消操作条件"对话框。在"供应商"栏录入"01",或单击"供应商"栏的参照按钮,选择"无忧公司"。

(2) 单击"确定"按钮,进入"取消操作"窗口。

(3) 在"取消操作"窗口中,双击"选择标志"栏,如图 8-37 所示。

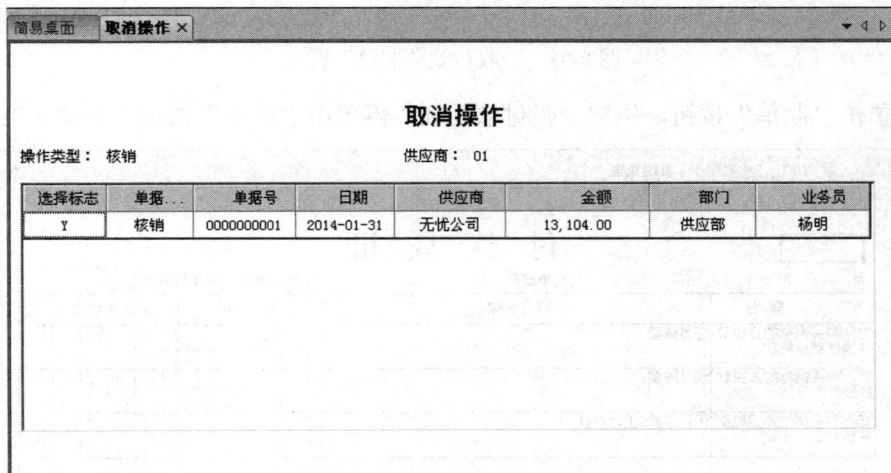

取消操作

操作类型: 核销				供应商: 01			
选择标志	单据...	单据号	日期	供应商	金额	部门	业务员
Y	核销	0000000001	2014-01-31	无忧公司	13,104.00	供应部	杨明

图 8-37 "取消操作"窗口

(4) 单击"OK 确认"按钮。

(5) 单击"退出"按钮退出。

提示:

◆ 取消操作类型包括取消核销、取消转账、取消汇兑损益、取消票据处理、取消并账等几类。

◆ 取消操作必须在未进行后序操作的情况下进行,如果已经进行了后序操作则应在恢复后序操作后再取消操作。

11. 制单

操作步骤:

(1) 在应付款管理系统中,执行"制单处理"命令,打开"制单查询"对话框。

(2) 选中"收付款单制单"复选框,取消其他选项,单击"确定"按钮,进入"收付款单制单"窗口。

(3) 单击"全选"按钮,选择"付款凭证",如图 8-38 所示。

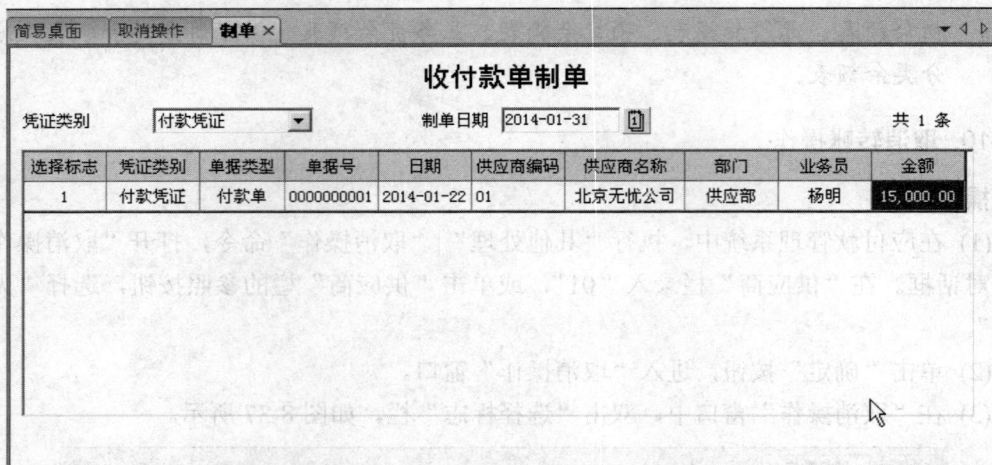

图 8-38　"收付款单制单"窗口

(4) 单击"制单"按钮，生成一张付款凭证，再单击"保存"按钮，如图 8-39 所示。

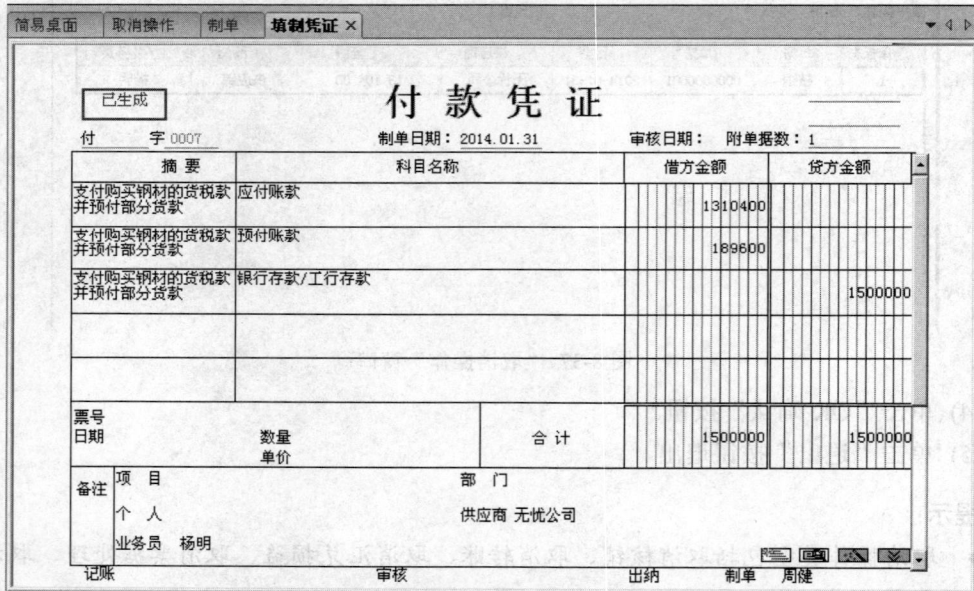

图 8-39　生成付款凭证

12. 结账

操作步骤：

(1) 在应付款管理系统中，执行"期末处理"|"月末结账"命令，打开"月末处理"对话框。

(2) 双击一月"结账标志"栏，出现选中标记"Y"，如图 8-40 所示。

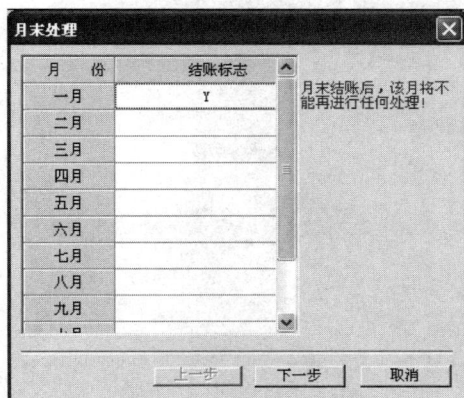

图 8-40　"月末处理"对话框

(3) 单击"下一步"按钮，弹出"月末处理—处理情况表"对话框。

(4) 单击"完成"按钮，弹出"1 月份结账成功"信息提示对话框。

(5) 单击"确定"按钮。

提示：

◆　如果当月业务已经全部处理完毕，应进行月末结账。只有当月结账后，才能开始下月的工作。

◆　进行月末处理时，一次只能选择一个月进行结账；若前一个月未结账，则本月不能结账。

◆　在执行了月末结账后，该月将不能再进行任何处理。

附录

综 合 实 验

实验一　系统管理与基础设置

实验准备

正确安装用友 ERP-U8 V10.1 版软件，将系统日期修改为"2014 年 1 月 31 日"

实验要求

- 增加用户
- 建立账套(不进行系统启用的设置)
- 设置用户权限
- 201 号操作员在企业应用平台中分别启用"总账"、"应收款管理"、"应付款管理"、"固定资产"及"薪资管理"，启用日期为 2014 年 1 月 1 日
- 设置部门档案、人员类别、职员档案、供应商分类 、供应商档案、客户档案
- 备份账套

实验资料

1. 操作员及其权限(如表附录-1 所示)

表附录-1　操作员及其权限

编　号	姓　名	口　令	所属部门	角　色	权　限
201	张强	A01	财务部	账套主管	账套主管的全部权限
202	陈红	A02	财务部		总账、公用目录设置

(续表)

编　号	姓　名	口　令	所属部门	角　色	权　限
203	李乐	A03	财务部		总账系统中出纳签字(GL0203) 及出纳(GL04)的所有权限

2. 账套信息

账套号：200

单位名称：实达股份有限公司

单位简称：实达公司

单位地址：北京市西城区西四大街 11 号

法人代表：李明

邮政编码：100055

税号：100011010255669

启用会计期：2014 年 1 月

企业类型：工业

行业性质：2007 年新会计制度科目

账套主管：张强

基础信息：对供应商进行分类

分类编码方案如下。

- 科目编码级次：4222
- 供应商分类编码级次：123
- 部门编码级次：122

3. 部门档案(如表附录-2 所示)

表附录-2　部门档案

部门编码	部门名称
1	人事部
2	财务部
3	供销中心
301	采购部
302	销售部
4	生产车间

4. 人员类别

在职人员分为企业管理人员、经营人员和生产人员。

5. 人员档案(如表附录-3 所示)

表附录-3 人员档案

人员编码	人员姓名	性别	人员类别	行政部门	是否业务员
001	李 明	男	企业管理人员	人事部	是
002	江 平	男	企业管理人员	人事部	
003	张 强	男	企业管理人员	财务部	
004	陈 红	女	企业管理人员	财务部	
005	李 乐	男	企业管理人员	财务部	
006	王 芳	女	经营人员	采购部	是
007	周 莹	女	经营人员	销售部	是
008	马文杰	男	生产人员	生产车间	

6. 供应商分类(如表附录-4 所示)

表附录-4 供应商分类

类别编码	类别名称
1	主料供应商
2	配件供应商

7. 供应商档案(如表附录-5 所示)

表附录-5 供应商档案

供应商编码	供应商名称/简称	所属分类	税号	分管部门	专管业务员
01	大发公司	1 主料供应商	110287346501234	采购部	王芳
02	光华集团	2 配件供应商	110548357292443	采购部	王芳

8. 客户档案(如表附录-6 所示)

表附录-6 客户档案

客户编码	客户名称/简称	税号	分管部门	专管业务员
01	前进公司	430432432893257	销售部	周莹
02	建达公司	225832700549099	销售部	周莹

实验二　总账系统初始化

实验准备

已经完成了实验一的操作。将系统日期修改为"2014 年 1 月 31 日"，由 201 号操作员注册进入企业应用平台进行操作。

实验要求

- 设置会计科目
- 指定会计科目
- 设置凭证类别
- 设置选项
- 输入期初余额
- 设置结算方式
- 设置项目目录
- 账套备份

实验资料

1. 会计科目

(1)　"1001 库存现金"为现金总账科目、"1002 银行存款"为银行总账科目。

(2)　增加会计科目(如表附录-7 所示)

表附录-7　增加的会计科目

科 目 编 码	科 目 名 称	辅 助 账 类 型
100201	建行存款	日记账 银行账
122101	职工个人借款	个人往来
660201	差旅费	部门核算
660202	办公费	部门核算
660203	工资	部门核算
660204	福利费	部门核算
660205	折旧费	部门核算
660206	其他	

(3) 修改会计科目

"1121 应收票据"、"1122 应收账款"、"2203 预收账款"科目辅助账类型为"客户往来"(受控系统为应收系统)。

"2201 应付票据"、"2202 应付账款"、"1123 预付账款"科目辅助账类型为"供应商往来"(受控系统为应付系统)。

"1605 工程物资"科目及所属明细科目辅助账类型为"项目核算"。

2. 凭证类别(如表附录-8 所示)

表附录-8 凭证类别

类 别 名 称	限 制 类 型	限 制 科 目
收款凭证	借方必有	1001,1002
付款凭证	贷方必有	1001,1002
转账凭证	凭证必无	1001,1002

3. 选项

不允许修改、作废他人填制的凭证;出纳凭证必须由出纳签字;可以使用应收、应付系统的受控科目。

4. 期初余额

库存现金:9 000 元(借)

建行存款:191 000 元(借)

应收账款:30 000 元(借)(前进公司)

预付账款:30 000 元(借)(大发公司)

职工个人借款——李明:7 000 元(借)

固定资产:869 000 元

累计折旧:72 515 元

库存商品:13 000 元(借)

短期借款:100 000 元(贷)

长期贷款:496 485 元(贷)

实收资本:480 000 元(贷)

5. 结算方式

结算方式包括现金结算、现金支票结算、转账支票结算及其他结算。

6. 项目目录

项目大类为"工程";核算科目为"工程物资"及明细科目;项目内容为"办公楼"和"商务楼",其中"商务楼"包括"1 号楼"和"2 号楼"两项工程。

实验三 总账系统日常业务处理

实验准备

已经完成了实验二的操作。将系统日期修改为"2014 年 1 月 31 日"。

实验要求

- 由 201 号操作员设置常用摘要并审核凭证；由 202 号操作员对除设置常用摘要、审核凭证和出纳签字以外的业务进行操作；由 203 号操作员进行出纳签字
- 设置账套参数
- 填制凭证
- 审核凭证
- 出纳签字
- 修改第 2 号付款凭证的金额为 51 000 元
- 删除第 1 号收款凭证并整理断号
- 设置常用凭证
- 记账
- 查询已记账的第 1 号转账凭证
- 银行对账
- 定义转账分录
- 生成机制凭证
- 对账
- 冲销第 1 号付款凭证

实验资料

1. 常用摘要(如表附录-9 所示)

表附录-9 常 用 摘 要

摘 要 编 码	摘 要 内 容
1	报销办公费
2	提现金
3	报销差旅费

2. 2014 年 1 月发生如下经济业务

(1) 1 月 8 日，以现金支付修理费 920 元。

借：管理费用——其他　　　920

贷：库存现金　　　　　　920

(2) 1 月 8 日，以建行存款 50 000 元支付销售部广告费。

借：销售费用　　　　　　　　　　　　　50 000

贷：银行存款——建行存款(转账支票 6355)　　50 000

(3) 1 月 12 日，销售给前进公司库存商品一批，货税款 93 600 元(其中货款 80 000 元，税款 13 600 元)已存入银行。

借：银行存款——建行存款　　　　　93 600

贷：主营业务收入　　　　　　　　80 000

应交税费——应交增值税——销项税额　　13 600

(4) 1 月 22 日，李明借差旅费 7 000 元。

借：其他应收款——职工个人借款——李明　7 000

贷：库存现金　　　　　　　　　　　7 000

3. 常用凭证

摘要：从建行提现金；凭证类别：付款凭证；科目编码：1001 和 100201。

4. 银行对账期初数据

单位日记账余额为 391 000 元，银行对账单期初余额为 300 000 元，有银行已付而企业未收的未达账(2013 年 12 月 20 日)91 000 元。

5. 2014 年 1 月的银行对账单(如表附录-10 所示)

表附录-10　银行对账单

日　　期	结 算 方 式	票　　号	借 方 金 额	贷 方 金 额	余　　额
2014-01-08	转账支票	1122		51 000	249 000
2014-01-22	转账支票	1234	1 000		250 000

6. 期末转账的内容

"应交税费——应交增值税——销项税额"贷方发生额转入"应交税费——未交增值税"；"期间损益"转入"本年利润"。

实验四　编制报表

实验准备

在完成上述实验的基础上，由 201 操作员进入"UFO 报表"进行编制报表的操作。

实验要求

- 设计利润表的格式
- 按新会计制度设计利润表的计算公式
- 生成自制利润表的数据
- 将已生成数据的自制利润表另存为 "1 月份利润表"
- 利用报表模板按新会计制度科目生成资产负债表
- 保存 "资产负债表"

实验资料

1. 表样内容(如表附录-11 所示)

表附录-11 利润表样

	A	B	C	D
1	利 润 表			
2				
3	单位名称:　　　　　　　　　年　　月			
4	项　　目	行数	本 月 数	本年累计数
5	一、营业收入	1		
6	减:营业成本	2		
7	营业税金及附加	3		
8	销售费用	4		
9	管理费用	5		
10	财务费用(收益以 "—" 号填列)	6		
11	资产减值损失	7		
12	加:公允价值变动净收益(净损失以 "—" 号填列)	8		
13	投资净收益(净损失以 "—" 号填列)	9		
14	其中对联营企业与合营企业的投资收益	10		
15	二、营业利润	11		
16	加:营业外收入	12		
17	减:营业外支出	13		
18	其中:非流动资产处置损失	14		
19	三、利润总额	15		
20	减:所得税费用	16		
21	四、净利润(净亏损以 "—" 号填列)	17		

2. 报表中的计算公式(如表附录-12 所示)

表附录-12　计 算 公 式

位置	单 元 公 式	位置	单 元 公 式
C5	fs(6001,月,"贷",,年)	D4	?C5+select(?D5,年@=年 and 月@=月+1)
C6	fs(6401,月,"借",,年)	D5	?C6+select(?D6,年@=年 and 月@=月+1)
C7	fs(6403,月,"借",,年)	D7	?C7+select(?D7,年@=年 and 月@=月+1)
C8	fs(6601,月,"借",,年)	D8	?C8+select(?D8,年@=年 and 月@=月+1)
C9	fs(6602,月,"借",,年)	D9	?C9+select(?D9,年@=年 and 月@=月+1)
C10	fs(6603,月,"借",,年)	D10	?C10+select(?D10,年@=年 and 月@=月+1)
C11	fs(6701,月,"借",,年)	D11	?C11+select(?D11,年@=年 and 月@=月+1)
C12	fs(6101,月,"借",,年)	D12	?C12+select(?D12,年@=年 and 月@=月+1)
C13	fs(6111,月,"借",,年)	D13	?C13+select(?D13,年@=年 and 月@=月+1)
C14		D14	
C15	C5-C6-C7-C8-C9-C10-C11+C12+C13	D15	?C15+select(?D15,年@=年 and 月@=月+1)
C16	fs(6301,月,"贷",,年)	D16	?C16+select(?D16,年@=年 and 月@=月+1)
C17	fs(6711,月,"借",,年)	D17	?C17+select(?D17,年@=年 and 月@=月+1)
C18		D18	
C19	C15+C16-C17	D19	?C19+select(?D19,年@=年 and 月@=月+1)
C20	fs(6801,月,"借",,年)	D20	?C20+select(?D20,年@=年 and 月@=月+1)
C21	C19~C20	D21	?C21+select(?D21,年@=年 and 月@=月+1)

实验五　薪 资 管 理

实验准备

已经完成了"总账系统初始化"的操作,将系统日期修改为"2014 年 1 月 8 日",由 201 号操作员注册进入 200 账套的薪资管理系统。

实验要求

- 建立工资账套
- 基础设置
- 工资类别管理
- 设置基本人员工资账套的工资项目

- 设置人员档案
- 设置计算公式
- 录入并计算 1 月份的工资数据
- 扣缴所得税
- 银行代发工资
- 分摊工资并生成转账凭证

实验资料

1. 200 账套工资系统的参数

工资类别有两个,工资核算本位币为人民币,不核算计件工资,自动代扣个人所得税,进行扣零设置且扣零到元,人员编码长度采用系统默认的 10 位。工资类别为"基本人员"和"退休人员",并且总人员分布在各个部门,而退休人员只属于人事部门。

2. 人员附加信息

人员的附加信息为"学历"和"技术职称"。

3. "基本人员"的工资项目(如表附录-13 所示)

表附录-13 工 资 项 目

工资项目名称	类　型	长度	小数	增　减　项
基本工资	数字	8	2	增项
职务补贴	数字	8	2	增项
交通补贴	数字	8	2	增项
奖金	数字	8	2	增项
缺勤扣款	数字	8	2	减项
缺勤天数	数字	8	2	其他

4. 银行名称

银行名称为"建设银行"。账号长度为 11 位,录入时自动带出的账号长度为 8 位。

5. 工资类别

基本人员和退休人员(注:如果在建立工资账套后已经设置了"基本人员"的工资类别,此处只需设置"退休人员"的工资类别,否则,两处工资类别均需在此进行设置)。

6. 基本人员档案(如表附录-14 所示)

表附录-14　基本人员档案表

职 员 编 号	人员姓名	学　历	职　称	所属部门	人员类别	银行代发账号
0000000001	李明	大学	经济师	人事部(1)	企业管理人员	11020138001
0000000002	江平	大学	经济师	人事部(1)	企业管理人员	11020138002
0000000003	张强	大学	会计师	财务部(2)	企业管理人员	11020138003
0000000004	陈红	大专	助理会计师	财务部(2)	企业管理人员	11020138004
0000000005	王芳	大学		采购部(301)	采购人员	11020138005
0000000006	周莹	大专		销售部(301)	销售人员	11020138006

7. 计算公式

缺勤扣款＝基本工资÷22×缺勤天数

采购人员和销售人员的交通补贴为 200 元,其他人员的交通补助为 100 元。

8. 个人所得税

按"实发工资"扣除"3 500"元后计税。

9. 2014 年 1 月有关的工资数据(如表附录-15 所示)

表附录-15　工资数据表

人 员 编 号	人员姓名	所属部门	人员类别	基本工资	职务补贴	奖金	缺勤天数
001	李明	人事部(1)	企业管理人员	4 000	2 000	800	
002	江平	人事部(1)	企业管理人员	3 000	1 500	700	2
003	张强	财务部(2)	企业管理人员	4 000	1 500	800	
004	陈红	财务部(2)	企业管理人员	1 500	900	1 000	
005	王芳	采购部(301)	经营人员	1 500	900	1 200	
006	周莹	销售部(302)	经营人员	1 200	800	1 100	

10. 分摊构成设置

按工资总额的 14%计提福利费，按工资总额的 2%计提工会经费，如表附录-16 所示。

表附录-16　分摊构成设置

计提类型名称	部 门 名 称	人 员 类 别	项　　目	借 方 科 目	贷 方 科 目
应付工资	人事部、财务部	企业管理人员	应发合计	管理费用——工资(660203)	应付职工薪酬——应付工资(221101)
	采购部、销售部	经营人员	应发合计	销售费用(6601)	应付职工薪酬——应付工资(221101)
应付福利费	人事部、财务部	企业管理人员	应发合计	管理费用——福利费(660204)	应付职工薪酬——应付福利费(221102)
	采购部、销售部	经营人员	应发合计	销售费用(6601)	应付职工薪酬——应付福利费(221102)
工会经费	人事部、财务部	企业管理人员	应发合计	管理费用——其他(660206)	应付职工薪酬——工会经费(221103)
	采购部、销售部	采购人员	应发合计	销售费用(6601)	应付职工薪酬——工会经费(221103)

实验六　固定资产系统

实验准备

已经完成了"总账系统初始化"的操作，将系统日期修改为"2014 年 1 月 8 日"，由 201 号操作员注册进入 200 账套的"固定资产"。

实验要求

- 建立固定资产子账套
- 基础设置
- 录入原始卡片
- 修改固定资产卡片

- 增加固定资产
- 计提本月折旧并制单
- 生成增加固定资产的记账凭证

实验资料

1. 200 账套固定资产系统的参数

固定资产账套的启用月份为"2014 年 1 月",固定资产采用"平均年限法"计提折旧,折旧汇总分配周期为一个月;当"月初已计提月份=可使用月份–1"时将剩余折旧全部提足。固定资产编码方式为"2-1-1-2";固定资产编码方式采用手工输入方法,编码方式为"类别编码+序号";序号长度为"5"。要求固定资产系统与总账进行对账;固定资产对账科目为"1601 固定资产";累计折旧对账科目为"1602 累计折旧";在对账不平衡的情况下允许固定资产月末结账。

2. 部门对应折旧科目(如表附录-17 所示)

表附录-17 部门对应折旧科目

部 门 名 称	贷 方 科 目
人事部	管理费用——折旧费(660205)
财务部	管理费用——折旧费(660205)
采购部	销售费用(6601)
销售部	销售费用(6601)
生产车间	制造费用(5101)

3. 固定资产类别(如表附录-18 所示)

表附录-18 固定资产类别

类别编码	类 别 名 称	使用年限	净残值率	计 提 属 性	折 旧 方 法	卡 片 样 式
01	房屋及建筑物				平均年限法(一)	通用样式
011	行政楼	30	2%	正常计提	平均年限法(一)	通用样式
012	厂房	30	2%	正常计提	平均年限法(一)	通用样式
02	机器设备				平均年限法(一)	通用样式
021	办公设备	5	3%	正常计提	平均年限法(一)	通用样式

4. 固定资产增减方式(如表附录-19 所示)

表附录-19 固定资产增减方式

增 加 方 式	对应入账科目	减 少 方 式	对应入账科目
直接购入	银行存款——建行存款(100201)	出售	固定资产清理(1606)
投资者投入	实收资本(4001)	投资转出	长期股权投资(1511)
捐赠	营业外收入(6301)	捐赠转出	固定资产清理(1606)
盘盈	待处理固定资产损溢(1901102)	盘亏	待处理固定资产损溢(190102)
在建工程转入	在建工程(1604)	报废	固定资产清理(1606)

5. 固定资产原始卡片(如表附录-20 所示)

表附录-20 固定资产原始卡片

卡片编号	00001	00002	00003
固定资产编号	01100001	01200001	02100001
固定资产名称	8 号楼	12 号楼	电脑
类别编号	011	012	021
类别名称	行政楼	厂房	办公设备
部门名称	人事部	生产车间	财务部
增加方式	在建工程转入	在建工程转入	直接购入
使用状况	在用	在用	在用
使用年限/年	30	30	5
折旧方法	平均年限法(一)	平均年限法(一)	平均年限法(一)
开始使用日期	2009-01-08	2009-03-10	2009-06-01
币种	人民币	人民币	人民币
原值/元	500 000	350 000	19 000
净残值率/%	2	2	3
累计折旧/元	40 000	30 515	2 000
对应折旧科目	管理费用——折旧费	制造费用	管理费用——折旧费

6. 修改固定资产卡片

将卡片编号为"00003"的固定资产(电脑)的折旧方式由"平均年限法(一)"修改为"年数总和法"。

7. 新增固定资产

2014 年 1 月 15 日直接购入并交付销售部使用一台电脑,预计使用年限为 5 年,原值为 21 000 元，净残值率为 3%，采用"双倍余额递减法"计提折旧。

实验七　应收款系统

一、初始设置

实验准备

已经完成了"总账系统初始化"的操作，将系统日期修改为"2014 年 1 月 8 日"，由 201 号操作员注册进入 200 账套的"应收款管理"。

实验要求

- 设置系统参数
- 设置科目
- 坏账准备设置
- 账龄区间设置
- 报警级别设置
- 录入期初余额

实验资料

1. 200 账套应收款系统的参数

坏账处理方式为"应收余额百分比法"，启用客户权限，并且按信用方式根据单据提前 7 天自动报警。

2. 基本科目

应收科目为"1122 应收账款"，销售收入科目为"6601 主营业务收入"，应交增值税科目为"22210102 应交税费——应交增值税——销项税额"，销售退回科目为"6601 主营业务收入"，商业承兑科目为"1121 应收票据"。

3. 结算方式科目

现金支票结算方式科目为"1001 库存现金"，转账支票结算方式科目为"100201 建行存款"。

4. 坏账准备

提取比率为 0.3%，坏账准备期初余额为 0，坏账准备科目为 "1231 坏账准备"，坏账准备对方科目为 "6602 管理费用"。

5. 账龄区间

总天数分别为 120 天和 240 天。

6. 报警级别

A 级时的总比率为 20%，B 级时的总比率为 30%，总比率在 30% 以上为 C 级。

7. 期初余额(如表附录-21 所示)

表附录-21   期初余额情况

单 据 名 称	方　向	开 票 日 期	客 户 名 称	销 售 部 门	科 目 编 码	价税合计
其他应收单	正	2013-12-22	前进公司(01)	销售部(302)	1122	30 000

二、日常业务处理

实验要求

- 录入应收单据(其他应收单)并在审核后制单
- 录入收款单据并在审核后制单
- 核销收款单据
- 填制商业承兑汇票并制单
- 应收冲应收暂不制单
- 处理坏账发生业务并制单
- 取消对同达公司的核销操作
- 将未制单的单据制单

实验资料

(1) 2014 年 1 月 15 日，向 "前进公司" 销售产品，形成应收款共计 90 000 元，向 "建达集团" 销售产品，形成应收款共计 60 000 元。

(2) 2014 年 1 月 20 日，收到 "前进公司" 转账支票一张，还款共计 80 000 元。

(3) 2014 年 1 月 22 日，收到 "建达公司" 签发并承兑的商业承兑汇票一张(NO.6902)，面值为 50 000 元，到期日为 2014 年 5 月 20 日。

(4) 2014 年 1 月 22 日，经三方同意将 1 月 15 日形成的应向"建达公司"收取的应收款余款 10 000 元转为向前进公司的应收账款。

(5) 2014 年 1 月 31 日，将 1 月 15 日形成的应向"前进公司"收取的应收账款的余款 10 000 元转为坏账。

实验八 应付款系统

一、初始设置

实验准备

已经完成了"总账系统初始化"的操作，将系统日期修改为"2014 年 1 月 8 日"，由 201 号操作员注册进入 200 账套的"应付款管理"。

实验要求

- 设置系统参数
- 基础设置
- 报警级别设置
- 录入期初余额

实验资料

1. 200 账套应付款系统的参数

启用供应商权限，并且按信用方式根据单据提前 7 天自动报警。

2. 基本科目

应付科目为"2202 应付账款"，预付科目为"1123 预付账款"，采购科目为"1401 材料采购"，采购税金科目为"22210101 应交税费——应交增值税——进项税额"，商业承兑科目为"2201 应付票据"。

3. 结算方式科目

转账支票结算方式科目为"100201 建行存款"。

4. 报警级别

A 级时的总比率为 30%，B 级时的总比率为 40%，总比率在 40%以上为 C 级。

5. 期初余额(开票日期为 2013 年，如表附录-22 所示)

表附录-22　期初余额

单据名称	方　向	开票日期	结算方式	供应商名称	采购部门	科目编码	金额
预付款单	正	2013-12-23	转账支票	大发公司(01)	采购部(301)	1123	30 000

二、日常业务处理

实验要求

- 录入应付单据(其他应付单)并审核暂不制单
- 修改应付单据并审核
- 录入付款单据并在审核后制单
- 核销大发公司的付款单据
- 填制商业承兑汇票并制单
- 预付冲应付并制单
- 查询并删除凭证
- 取消对大发公司的转账操作
- 将未制单的单据制单

实验资料

(1) 2014 年 1 月 15 日，从"大发公司"采购原材料 20 吨，单价为每吨 800 元，增值税率为 17%，原材料已验收入库，货税款尚未支付。

(2) 2014 年 1 月 15 日，从"大发公司"采购原材料 20 桶，单价为每桶 2 000 元，增值税率为 17%，原材料已验收入库，货税款尚未支付。

(3) 2014 年 1 月 18 日，发现 2014 年 1 月 15 日从"大发公司"采购原材料 20 吨的单价应为每吨 790 元。

(4) 2014 年 1 月 22 日，以转账支票向"大发公司"支付采购原材料 20 吨的货税款 18 486 元。

(5) 2014 年 1 月 22 日，向"大发公司"签发并承兑商业承兑汇票一张(NO.58891)，面值为 20 000 元，到期日为 2014 年 6 月 22 日。

(6) 2014 年 1 月 28 日，经双方同意，将向大发公司 2014 年 1 月 15 日购买原材料 20 桶货税款的余款 16 800 元与预付款冲抵。

(7) 删除 1 月 22 日填制的签发并承兑商业承兑汇票的记账凭证。

(8) 取消对大发公司的转账操作。